Wolfgang Ihle
Christiane Possmayer

ETERNITY

DER WEG INS LICHT

Der Kunstmaler Wolfgang Ihle lädt zu einem tiefen Blick hinter die Kulissen seines Kunstprojektes ETERNITY - *The Voyage Home* ein. Er schreibt über die hermetischen Grundprinzipien, enthüllt, warum die Wissenschaft und die Quantenphysik so etwas wie einen göttlichen Geist nachweisen können und erklärt, welche Bedürfnisse die Seele hat, um in Harmonie mit den schöpferischen Kräften zu existieren.

Die Leserinnen und Leser begeben sich auf eine Pilgerreise, um das göttliche Licht in sich selbst zu entdecken. Ergänzt wird das Buch durch die Poesie der Co-Autorin Christiane Possmayer, die mit ihren Gedichten einen lyrischen Zugang zu den Themen findet.

Wolfgang Ihle

ETERNITY
DER WEG INS LICHT

Eine Pilgerreise durch die Zeit auf der Suche nach den Geheimnissen des Universums

Lyrik, Titelbild & Grafiken:
Christiane Possmayer

Bibliografische Information der Deutschen Nationalbibliothek:
Die Deutsche Nationalbibliothek verzeichnet diese Publikation in der Deutschen Nationalbibliografie; detaillierte bibliografische Daten sind im Internet über http://dnb.dnb.de abrufbar.

1. Auflage Dezember 2021
© 2021 by Wolfgang Ihle & Christiane Possmayer
Alle Rechte vorbehalten.

Lektorat & Korrektorat: Betz Lektorat + Redaktion, Tübingen

Herstellung und Verlag: BoD – Books on Demand, Norderstedt

ISBN: 978-3-7557-0074-6

*Leiser Hoffnung zarter Funke,
schimmerst durch die düstre Nacht.
Weist den Weg, der einst entschwunden,
aus der Welten dunkler Macht.
Leuchte durch den dichten Nebel,
der die Seele unterdrückt.
Nimm mich mit auf deinen Schwingen,
hoch empor ins goldene Licht.*

INHALT

Vorwort 9

Kapitel 1 Das Projekt „ETERNITY" 15

Kapitel 2 Die Bilder 20

Kapitel 3 Der Maler 27

Kapitel 4 Hermetik / Kybalion 35
Universelle Grundgesetze

Kapitel 5 Das Universum & Universelle Gesetze 45
Was war vor dem Urknall?

Kapitel 6 Quantenphysik 70
Wissenschaft & Spiritualität

Kapitel 7 Die duale Welt 86
Ist Materie eine Illusion?

Kapitel 8 Wer sind wir? Woher kommen wir?
Wohin gehen wir? 96
Stimmt die Evolutionsgeschichte?

Kapitel 9 Die dunkle Seite des Menschen 109
Negative Gefühle und ihre zerstörerische Macht

Kapitel 10 The Power of Love 116
Der Weg ins Licht

Kapitel 11 Altägyptisches Wissen 127
Ist die Archäologie wirklich auf der richtigen Spur?

Kapitel 12 Das Rätsel der Pyramiden 136
Wie, warum und wann wurden sie gebaut?

Kapitel 13 Frühchristliche Kirchengeschichte 146
Der Streit um den Sternensohn

Kapitel 14 Die verbotenen Evangelien
und die Schriftrollen vom Toten Meer 163
Einblicke in das frühe Christentum

Kapitel 15 Die kanonischen Evangelien 167
Die Schriften der Bibel im Neuen Testament

Kapitel 16 Logen und Geheimbünde 174
Von Templern, Katharern, Freimaurern und Rosenkreuzern

Kapitel 17 Boten und Lehrer 181
Warum es sich lohnt, auf Botschaften zu achten

Kapitel 18 Träume und Visionen 193
Transzendente Grenzen überschreiten

Kapitel 19 Die Seele 201
Das göttliche Spiel

Kapitel 20 Die Suche nach dem Heiligen Gral 217
Dem Mythos auf der Spur

Schlusswort 233

ETERNITY MMXX 236

Über die Autoren 241

Quellen und Literaturhinweise 243

Gedichte 108, 115, 126, 216, 230, 235

VORWORT

Um das Konzept und die Idee hinter dem Kunstprojekt ETERNITY zu verstehen, bedarf es einer genaueren Analyse der Hintergründe und eines intimen Blickes hinter die Kulissen. Mit diesem Buch und auf den folgenden Seiten möchte ich meine Erlebnisse und Erfahrungen, meine Gedanken und Wahrnehmungen zu den Ereignissen wiedergeben, die schließlich zur Idee und Umsetzung des Projekts ETERNITY führten.

Bei der Vorbereitung des Projekts wurde mir allerdings sehr schnell bewusst, dass ich mich aus der sicheren Deckung wagen und mich in die grellen Lichter einer Bühne stellen muss, die weder verschont noch verzeiht oder schützt. Die Vorstellung, derart persönliche Gedanken und Erfahrungen einem Publikum zu präsentieren und mit der Öffentlichkeit zu teilen, war mir am Anfang sehr unangenehm, und mit der Zeit wurde mir immer mehr bewusst, welche Reaktionen und Vorgänge ich damit provozieren und auslösen kann. An dieser Stelle muss ich zugeben, dass in meinem Inneren ein Kampf ausgefochten wurde, der lange ohne Sieger blieb. Das Für und Wider, der Respekt vor heftigen Reaktionen, die Aussicht, mental und emotional in ein Wechselbad der Gefühle zu geraten und die Gefahr, in ganz großem Stil zu scheitern, begleiteten mich über lange Zeit. Dann setzte der Verstand (und nicht die Vernunft) ein: Jemand, der im Sternzeichen Widder geboren und damit eng mit dem Kriegsgott Mars verbunden ist, kann und darf sich davon nicht beeindrucken lassen. Oder noch schlimmer, sich in irgendeinem Loch verstecken! Damit setzte sich der *Krieger des Lichts* durch, ein Schicksal, mit dem ich leben kann und leben will – und wie ich meine, einem höheren Ziel dienend.

Was mich zusätzlich belastete, war die Aussicht und die Wahrscheinlichkeit, durch meine Nachforschungen und Recherchen und der daraus resultierenden Analyse Menschen in ihrer Weltsicht oder ihrem tiefen religiösen Verständnis anzugreifen oder gar zu verletzen. Obwohl mir das zutiefst widerspricht, ist mir gleichzeitig auch bewusst, dass ich das gar nicht verhindern oder ändern kann. Die Aussichten jedoch, mit dem Projekt auch so viel positive Energie, Freude und Hoffnung in die Welt zu bringen, überwogen auch hier. Die Sonne besiegt die Nacht, das Licht triumphiert über die Finsternis – ein Leitmotiv, das uns während des gesamten Projektes begleiten wird.

Kontroverse Diskussionen, bis hin zur Ablehnung, werden meine Erlebnisse und Erzählungen, bei denen ich mich mit den Themen Universum, der Seele oder der Suche nach dem Heiligen Gral und dem Besuch der Quelle beschäftige, auslösen. Das zu verhindern ist nicht möglich. Im Gegenteil, eine heftige Debatte oder kritisches Hinterfragen der Schilderungen führen unweigerlich dazu, dass sich der eine oder die andere dazu entschließt, sich einmal näher mit diesen Themen zu beschäftigen. Und damit ist eines der Ziele erreicht. Ich kann nur einen Impuls setzen, die Aufmerksamkeit der Öffentlichkeit erregen und dabei vielleicht bei manchen Menschen ein Interesse wecken. Der Impuls kann nur der Funken sein, der das Feuer entzündet. In wieweit dieser Hoffnungsfunken in einem weiter brennt und ins Licht führt, bleibt jedem selbst überlassen.

Ich möchte darauf hinweisen, dass meine Analyse und meine Schlussfolgerungen, die ich nach dem Studium aller für mich und das Projekt relevanter Themen ziehe, ausschließlich auf nackten Tatsachen und Fakten, wissenschaftlichen Ergebnissen und seriösen Quellen beruhen. Und dennoch sind es sehr persönliche und zum Teil sehr intime Betrachtungen und Bewertungen, die auf andere Personen möglicherweise weltfremd, verzerrt dargestellt oder gar frei erfunden wirken. Ich selbst wurde bei den Nachforschungen immer wieder davon überrascht, wie unglaublich kompliziert, umstritten und unerforscht vieles ist, was wir in der breiten Öffentlichkeit als sichere historische Tatsache wahrnehmen. Und was noch schlimmer ist, weiterhin so überliefert und gelehrt wird. Je mehr ich mich damit beschäftigte, desto mehr wurde mir parallel dazu bewusst, dass wir eigentlich **nichts** wissen!

Beim Thema Universum belegen neueste Erkenntnisse und Forschungen aus der Quantenphysik, dass Vieles überholt, unerklärlich oder gar ganz falsch ist. Ja, dass wir möglicherweise sogar unser ganzes Weltbild radikal ändern müssen, was den Kosmos und den Ursprung des Universums betrifft.

Die Auseinandersetzung mit der frühchristlichen Kirchengeschichte und den historischen Ereignissen um Jesus führen eigentlich eher dazu, den letzten Funken Vertrauen oder Glauben in die Kirche, den man noch hatte, endgültig zu verlieren.

Das Bild, das man uns von den alten Ägyptern übermittelt oder lehrt, ist unvollständig, undurchsichtig und zum Teil schlicht unwahr.

Die Beschäftigung mit geheimen Orden und Logen wie den Templern, den Freimaurern, den Rosenkreuzer oder Opus Dei bringt unweigerlich zutage, dass es Dinge und Wissen gibt, die der Öffentlichkeit verborgen bleiben.

Die Beobachtung, wie niedrige menschliche Gefühle wie Neid, Hass oder Gier körperliche und mentale Schäden an Körper und Geist von Menschen hinterlassen und wie zerstörerisch deren Kraft sein kann, wird noch immer fatal unterschätzt. Dass in unserer angeblich so fortgeschrittenen Gesellschaft im medizinischen Bereich nur die Symptome, aber nicht die Ursachen behandelt werden, ist rückständig, gefährlich und eigentlich grob fahrlässig und unentschuldbar. Allerdings wird mit kranken und verzweifelten Menschen viel Geld verdient, ein Wirtschaftszweig, der jährlich Milliarden umsetzt.

Der Druck auf die Menschen allgemein und auf jeden einzelnen von uns im Beruf und in den Familien wird immer größer. In der von uns aufgebauten Gesellschaftsform wird bewertet nach Verdienst, Status, Dienstgrad und Besitz. Im Beruf werden Rivalität und Auseinandersetzungen um begehrte Posten gefördert und bewusst forciert. Nationen und ganze Kontinente kämpfen um Ressourcen und um immer weiter ansteigende positive Bilanzen und Gewinne. Es ist ein „Jeder gegen jeden" und wenn es sein muss, auch ein „Alle gegen einen".

Wohin wird das führen?

Was wird aus der Menschheit?

Wie sieht die Zukunft aus?

Werden aus uns in ferner Zukunft Ersatzteillager, aus denen fehlerhafte Teile ausgetauscht werden und die kybernetisch so aufgerüstet sind, dass wir mehr Robotern und Androiden ähneln ... und ewig leben? Oder entwickeln wir uns mental und spirituell so weiter, dass wir irgendwann auf unseren Körper verzichten können und nur noch als reine Energie, als Lichtwesen existieren?

All diese Themen in die Bilder zu integrieren und als Allegorien so darzustellen, dass der Betrachtende emotional davon ergriffen und berührt wird, ist die ganz große Herausforderung, vor dem wir als Kunstschaffende stehen.

In den folgenden Kapiteln behandeln wir sämtliche, für das Projekt relevanten Themen im Detail und beantworten Fragen, die einen tiefen Einblick gewähren und auf aktuellsten Ergebnissen der Forschung und der Wissenschaft basieren. Selbstverständlich sind das darüber hinaus meine ganz persönlichen Interpretationen und Bewertungen der vorliegenden Ergebnisse. Die interessierte Leserschaft kann und soll sich aber selbst ein eigenes Urteil zu den vorliegenden Fakten bilden.

In wieweit Leserinnen und Leser meinen Erlebnissen in den Kapiteln *Träume & Visionen, Die Suche nach dem Heiligen Gral* sowie dem Kapitel *Universum* Glauben schenken, wird in den meisten Fällen davon abhängen, wieweit sie oder er dazu bereit ist, sich diesen mysteriösen Ereignissen zu öffnen und **neu** zu denken.

Ohne vorgreifen zu wollen und diesen Kapiteln die Spannung zu nehmen, ist es dennoch so, dass ich diese Dinge genauso erlebt und wahrgenommen habe. Auch wenn es für viele nahezu unglaublich erscheint. Und dennoch ist es so, dass die hier geschilderten Erlebnisse auf

Erfahrungen basieren, die ich seit Jahrzehnten ganz bewusst und gewollt einsetze, um dem Wunsch der Seele nach Erfüllung und höherem Bewusstsein nachzukommen.

Die Gewissheit, welche Macht und Kraft die Seele entfalten kann, wenn man gezielt dieses Spiel mit den universellen Energien dazu nutzt, seine sehnlichsten Wünsche, Bedürfnisse und Träume zu erfüllen, ist eine Botschaft, die voller Freude und Hoffnung aufgenommen werden sollte. Hier gilt „Sky ist the limit", so unglaublich sich das auch anhören mag.

Das alles hat **null**, absolut **nichts** mit elitärem Denken oder einem Gefühl der Überlegenheit zu tun, sondern diese Möglichkeiten stehen jedem zur Verfügung, der davon weiß und daran glaubt. Auch hier kommen wieder die Begriffe „Glauben" und „Wissen" ins Spiel, Bausteine, die bei Hermetikern die Basis ihres Denkens und Handelns sind.

Auf den folgenden Seiten wünsche ich Ihnen, liebe Leserin und lieber Leser, nun einen spannenden und tiefen Einblick in viele Themen und Thesen, die Sie vielleicht mit Erstaunen und gelegentlich auch mit Zweifel wahrnehmen und beurteilen werden. Ich gebe Ihnen den Rat, die Kapitel und das Buch in der vorgegebenen Reihenfolge zu lesen, da sie aufeinander aufbauen. Vielleicht gelingt es mir, Sie auf das Kunstprojekt ETERNITY aufmerksam zu machen, möglicherweise fühlen sich manche dazu inspiriert, sich selbst näher mit einigen dieser Themen und Geschichten zu beschäftigen. Für all diejenigen aber, die nach dem Lesen des Buches bereit sind, **neu** zu denken, neue Erfahrungen zu machen oder dem Weg ins Licht zu folgen – wünsche ich eine gute Reise.

Ihr
Wolfgang Ihle

KAPITEL 1

Das Projekt „ETERNITY"

Herr Ihle, was war für Sie die Geburtsstunde, um Ihre Erlebnisse und Nachforschungen in einem Kunstprojekt einer breiten Öffentlichkeit zu präsentieren?
Die Begegnung mit mir selbst. Also mit dem Licht, das nach dem Tod als feinstoffliche Lebensform weiter existieren wird. So ein außergewöhnliches Ereignis hinterlässt Spuren und bringt eine gewisse Dynamik in Vorgänge, die so nicht geplant waren.

Nun kann es passieren, dass die ersten beim Lesen hier schon aussteigen, weil diese Aussage stark polarisiert und für viele zu spirituell oder esoterisch ist.
Ja, das kann passieren. Wäre aber schade, weil sie die Möglichkeit verpassen, sich selbst **neu** zu entdecken, zu entdecken, welche vielfältigen Kräfte in ihnen schlummern und in welche Dimensionen sie durch ihr Denken und Handeln vorstoßen können.

Aha, Sie sind ein Politiker, der Dinge in Aussicht stellt, die Hoffnung machen sollen.
Nein, bin ich nicht. Denn Politiker versprechen meist Dinge, an die sie sich später entweder nicht erinnern können, oder diese Dinge so verbiegen, dass man das Ergebnis nachher nicht wiedererkennt. Mein Versprechen ist der Weg ins Licht. Nach dem Lesen dieses Buches kann dann jeder selbst entscheiden, ob er den Weg mitgehen möchte oder nicht.

Es wäre natürlich schön, zu erfahren, was sich hinter Ihrem Versprechen verbirgt. Der Weg ins Licht? Ist das eine Art poetische und kreative Pilgerreise, an der am Ende sowas wie Erleuchtung wartet?

Nun, ich zögere jetzt mit einer Antwort, weil ich verhindern möchte, dass ich die Leserschaft um ihren Spaß oder die Belohnung bringe. Denn wenn ich jetzt schon, an dieser Stelle, alles rauslasse, sind Sie und die Lesenden auch am Ziel. Aber die Reise wäre vorbei ... und Sie hätten den Weg dahin nicht genießen können. Ich kann und möchte hier nur eines sagen: Es ist wichtig, nein, entscheidend zu begreifen, wie **alles** zusammenhängt. Deshalb lohnt es sich, die Kapitel genau in dieser Reihenfolge zu lesen und zu lernen. Am Schluss des Buches können die Leserinnen und Leser dann ihre eigenen Wahrnehmungen und Erkenntnisse mit meinem Fazit vergleichen.

Was waren beim Start des Projekts Ihre ersten Erkenntnisse?
Erstens, dass Bilder allein für meine Vision des Projekts nicht ausreichen werden. Zweitens, dass die Bilder sehr groß, ja riesig sein müssen. Drittens, dass ich zur optimalen Umsetzung Installationen, Skulpturen, Gedichte, Lyrik und Musik als zusätzlichen Reiz einsetzen möchte. Und viertens – dass ich das unmöglich alleine stemmen kann.

Und das führte, wie Sie mir erzählten, gleich zu Beginn zu ersten Problemen.
Ja, denn die Auswahl der anderen Mitwirkenden, der anderen Künstlerinnen und Künstler, ist hierbei natürlich ein entscheidender Faktor. Sie müssen sich vorstellen, da wird im Prinzip von allen verlangt, sich einer Idee und einem Konzept unterzuordnen, das doch auf sehr persönlichen Ereignissen, Erlebnissen und Interessen beruht. Da müssen die anderen schon ein hohes Maß an Verständnis, Toleranz und Begeisterung mitbringen. In dieser Gemeinschaft muss dann nicht nur die sprichwörtliche „Chemie" stimmen. Die Erwartungshaltung an jeden, seinen Part so beizusteuern, dass der angestrebte hohe Level gehalten wird, ist doch sehr groß und kann zur Belastung werden.

Das führte dann relativ schnell dazu, dass es bei der Umsetzung der verschiedenen Aufgaben unterschiedliche Auffassungen gab und manche sich in ihrer kreativen Freiheit eingeschränkt fühlten. Andere haben Sinn, Inhalt und Zweck des Projekts in grundsätzlichen Dingen nicht verstanden oder sich nicht ernsthaft damit auseinandergesetzt und haben versucht, „ihr Ding" durchzuziehen. Beides führte zu Spannungen, die für so ein Projekt schädlich sind. Der Austausch dieser Mitglieder und die Suche nach geeignetem Ersatz, führte schließlich zum harten Kern, der nun seit vielen Monaten ernsthaft an seinen Aufgaben arbeitet.

Ich denke, an dieser Stelle wäre es nun angebracht, diese anderen Mitglieder einmal kurz vorzustellen.
Die erste, die mir wie eine Schneeflocke zutrieb, war **Martina Saur**. Ich sage das deshalb so poetisch, weil sie nicht nur von Beginn an, ein ganz wichtiger Bestandteil des Projekts wurde, sondern weil das Schicksal dies genauso wollte und sie dafür bestimmt war. Mir war es wichtig, eine weitere Malerin für das Projekt zu gewinnen, weil ich gezwungen war, in meinen Bildern – auch wegen der Klimt-Versionen – sehr personenbezogen zu malen, um so die Botschaft am besten weitergeben zu können. Ihre Malweise, die viel freier und abstrakter ist, gab uns die Möglichkeit, zusätzliche Bilder zu integrieren, die einen perfekten Gegenpol zu den großen Gemälden gewährleisten. Außerdem ist sie eine Powerfrau, eine Macherin, die keiner Schwierigkeit aus dem Weg geht und dazu auch noch eine sehr angenehme und positive Energie ins Team bringt. Hat man eine Martina im Team, gehört man zu den Gewinnern! Ihr mangelnder Respekt, vor Kameras oder vor großen Menschengruppen zu reden, macht sie zur perfekten Botschafterin des Projekts.

Christiane Possmayer ist die Poetin und die Stille und Geheimnisvolle in unserem Projektteam, die sich nicht so gern im Rampenlicht oder vorn an der Front aufhält. Allerdings entfaltet sie ein unglaubliches Potenzial an poetischer Kraft und lyrischer Fantasie, welches wir wie ein Geschenk des Himmels empfangen durften. Ich bin mir sicher, dass sich viele, sehr viele Menschen an ihren Gedichten erfreuen werden. Denn diese wunderschöne Lyrik passt nicht nur perfekt zu den Bildern, sondern entwickelt eine fast göttliche, ja beinahe transzendente Atmosphäre, von der man liebevoll umhüllt wird.
Typisch für ihren Charakter ist, dass sie sich dessen nicht wirklich bewusst ist. Unsere stille Fee ist ein ätherisches Wesen, das ihre Geheim-

nisse, Gedanken und Träume gern verborgen hält, die sich dann aber in ihrer Poesie zu sinnlichen Gemälden formen.

Des Weiteren ist sie unsere fleißige Biene, die nicht nur die Tuscheskizzen für meine großen Gemälde mit Aquarellfarben koloriert, sondern auch noch maßgeblich für die Installationen rund um die Bilder verantwortlich ist. Auch die Gestaltung und Pflege der ETERNITY-Webseite gehört zu ihren Aufgaben.

Renate Chisari ist die Frau im Hintergrund, die von dort alle Zügel in der Hand hält und für die Öffentlichkeits- und Pressearbeit zuständig ist. Termine für Interviews, Anfragen für Berichte in den Medien, Kontakte zu Sponsoren und Unterstützern laufen über ihren Tisch. Unsere Auftritte in den Sozialen Medien fallen ebenfalls in ihren Aufgabenbereich. Um hier den Überblick zu behalten und unsere Truppe am Leben zu erhalten, braucht es jemanden, der organisatorisch gefestigt und geschult ist. Ihre kreative Aufgabe im Team ist die der Autorin. Sie schreibt Kurzgeschichten, die das Thema und den Hintergrund der Bilder aufgreifen und somit dem interessierten Publikum einen weiteren Blick in die Thematik der Ausstellung verschaffen.

Ferdinand Maria Walter kam als letzter ins Team und fügte sich völlig unkompliziert und schnell ins Team ein – der perfekte Mann für die Aufgaben, denen er sich stellen muss. Wenn wir die Möglichkeit gehabt hätten, einen für uns zu zeichnen, wäre er dabei herausgekommen. Optisch ein Hingucker für sich, kreativ und handwerklich eine Offenbarung, als Mensch ein Typ mit Charakter, festen Werten und klaren Richtlinien. Seine ruhige Art, Dinge anzugehen und zu bewerten, ist ein wertvoller Gegenpol im Team, der die dynamische, ja expressive Art von Martina und mir angenehm entspannt und auflöst.Ferdi, wie er bei uns genannt wird, ist zuständig für alle Skulpturen in Groß und Klein. Stein, Holz, Metall und Bronze sind seine Materialien, aus denen Kunstwerke entstehen, die perfekt die Aussagen unserer Bilder ergänzen. Auch ist er an der Umsetzung der Installationen, welche vorerst die Bilder verbergen, beteiligt.

Welche Ziele verfolgen Sie mit der Umsetzung des Projekts?
Ich erzähle Ihnen jetzt eine Vision, die wir alle fünf in uns tragen: Besucherinnen und Besucher verlassen die Ausstellung mit der Erkenntnis und dem Gefühl, ihr Licht in ihrem Inneren entdeckt zu haben und gehen mit diesem Bewusstsein nach Hause. Ein weiteres Licht, das leuchten wird und dazu beiträgt, die Welt ein bisschen heller zu machen.

Sie sind ein Romantiker und Träumer. Ich bin nicht sicher, welchen Empfindungen, die ich gerade in mir wahrnehme, ich nachgehen soll. Dem Gefühl, ich erlebe ein Märchen und lasse mich voller Vertrauen in dieses goldene Licht fallen, oder ob ich resignierend an die harte, ja grausame Realität da draußen in der Welt denken soll.
Jetzt geben Sie mir eine gute Vorlage, die ich volley und trocken im Tor versenke. Und ich bitte um Verzeihung, dass ich diese Metapher aus dem Fußballbereich übernehme, aber die passt so gut. Sie selbst können darüber entscheiden, welchen Gedanken Sie nachgehen wollen. Sie selbst entscheiden, kraft Ihrer Gedanken, über Ihre Realität und Ihre Umgebung. Sie entscheiden mit jedem Gedanken, welchen Weg Sie nehmen wollen. Den in der Dunkelheit, oder den im Licht. Himmel oder Hölle. Das ist den meisten Menschen nicht bewusst, nicht mal annähernd, wie entscheidend Ihre Gedanken mit Ihrer aktuellen Situation zu tun haben.

Die Welt ein bisschen heller zu machen, ist ein schönes Ziel und eine dankbare Aufgabe.
Um zu begreifen, was das wirklich heißt, gebe ich Ihnen jetzt noch eine Hausaufgabe auf den Weg mit. Gehen Sie mal nachts in einen dunklen Wald und zünden mittendrin eine Kerze an. Sie werden kaum glauben, was dieses kleine Licht bewirken wird.

KAPITEL 2

Die Bilder

Wir haben von Ihnen ja schon einen ersten Überblick über die Ziele, den Ursprung und Sinn des Projekts bekommen. Lassen Sie uns deshalb nun etwas näher und detaillierter über die Aussage und den Hintergrund zu den jeweiligen Bildern sprechen. **Das erste, was mir dabei auffällt – warum sind die Gemälde so riesig? Bis zu zehn Meter lang.**

Um die Botschaft der Bilder unmissverständlich und klar zu vermitteln, bin ich gezwungen, möglichst viel über Figuren und Personen darzustellen. Dazu kommt, dass bei den Klimt-Versionen Figuren zwingend notwendig sind. Das ist nun mal sein Stil.

Speziell bei den Versuchen, menschliche Gefühle darzustellen, habe ich sehr schnell gemerkt, dass die Wirkung auf den Betrachtenden und die Emotion, die dabei ausgelöst wird, bei lebensgroß gemalten Figuren viel stärker und wirkungsvoller ausfällt. Dasselbe Thema mit den gleichen Figuren, gemalt auf einer Leinwand mit 1,50 x 2 Metern – was an für sich auch schon recht groß ist – erzeugt längst nicht die gleiche Wirkung, aber genau um die geht es mir. Das ist enorm wichtig.

Stellen Sie sich vor, Sie stehen vor der lebensgroß gemalten Figur „Hass" oder „Angst". Das ist zwar erschreckend – aber nur so wird Ihnen und jedem Betrachtenden bewusst, welche seelische und körperliche Zerstörung dieses Gefühl auslösen kann. Wenn Sie vor der Figur stehen, bin ich mir sicher, dass Ihnen in diesem Moment bewusst wird, dass Sie das nicht in Ihrem Geist oder Körper spüren wollen.

Das Zweite, das mir sofort aufgefallen ist: Licht! In jeglicher Form. Lichtquellen. Lichtstrahlen. Lichtwesen. Licht als Symbol und Botschaft?

Nun ja. Licht ist doch auch ein faszinierendes ... ja, was eigentlich? Bis heute kann die Wissenschaft nicht eindeutig erklären, was Licht wirklich ist. Erstaunlich, oder? Definiert wird es lediglich als ein Strom von Quantenobjekten und Photonen, doch seine wahre Natur bleibt rätselhaft. Wir werden aber im Kapitel Quantenphysik näher darauf eingehen und versuchen, das Rätsel zu lösen.

Also ist seine Bedeutung vor allem als Symbol zu verstehen. Als Metapher? Wofür? Erleuchtung? Erlösung?

Den Begriff Erleuchtung möchte ich im Zusammenhang mit Licht eigentlich bewusst vermeiden. Wer nach Erleuchtung sucht, wird sie nicht finden, denn ihm entgeht, dass der Gegenstand seiner Suche er selbst ist. Die Besucherinnen und Besucher der Ausstellung sollen vielmehr das Licht in ihrem Inneren entdecken. Ihnen soll bewusst werden, dass sie selbst eine Lichtquelle sind. Dieses Licht dann hinaus in die Welt zu entlassen, kann und soll dazu beitragen, die Welt ein bisschen besser zu machen.

Sie sind ein Romantiker und Träumer.

Ja, das hört sich jetzt sehr romantisch an. Aber was wäre die Welt für ein trostloser Ort ohne die Romantik?

Gehen wir ganz kurz auf die Bilder und ihre Bedeutung ein.

Gern. Allerdings bitte ich an dieser Stelle um Verständnis, dass ich mich bemühen werde, den Inhalt, den Sinn und den Hintergrund des Bildes zu erklären. Dabei gehe ich allerdings nicht zu sehr in die Tiefe oder in die Details, um allen Betrachtenden die Möglichkeit zu geben, das Gemälde mit eigenen Augen zu sehen. Ich möchte nicht schon im Vorfeld vorgeben, was im Detail zu sehen ist. Denn diese Interpretation sollte frei und unvoreingenommen geschehen. Aus Erfahrung wissen wir doch, dass jeder dabei etwas anderes wahrnimmt, sieht oder fühlt.

Sie sagten mir, gleich das erste Gemälde sei ein Schlüsselbild, weil es alles beinhaltet und darstellt, was Ihnen wichtig ist.

Im Bild „*Melancholic Memories of a Fallen Angel*" sieht man **alles**, was ich aussagen möchte. Die Geheimnisse des Universums und der Sinn unseres Lebens. **Alles** – allerdings teilweise nur angedeutet oder gar versteckt. Manchmal als Symbol dargestellt oder als Metapher oder Allegorie ... als Einladung für persönliche Interpretationen oder Sichtweisen. Leid, Schmerz und Verzweiflung, aber auch Freude, Hoffnung und Zuversicht, sowie das Wissen, ganz bewusst durch „Neues Denken" über sich selbst und sein Schicksal bestimmen zu können. Das ist im Prinzip die Botschaft dieses Bildes.

Was mir vor allem sofort auffällt: Es ist ein Selbstporträt.
Natürlich ist es ein Selbstporträt. Es sind ja meine Erfahrungen, die ich auf dem Bild darstelle. Aber jetzt kommt es, passen Sie auf. Es ist ein Selbstporträt von jeder Frau oder jedem Mann, der dieses Bild betrachtet. Denn die Gesetze gelten nicht nur für mich. Sie stehen jedem zur Verfügung. Dies zu erkennen und umzusetzen wird die Aufgabe für jeden einzelnen sein.

Engel, Heilige, dunkle Gestalten und ein Phönix. Der Phönix – ein Hinweis auf den Kreislauf von Tod und Wiedergeburt?
Sehen Sie, jetzt haben Sie schon angefangen, Ihre eigene Interpretation des Gesehenen zu formulieren. Prima! Jemand anderes sieht da vielleicht nur ganz banal einen goldenen Vogel. Andere entdecken möglicherweise in diesem Symbol die Auferstehung von Jesus von den Toten. Sie sehen, es gibt unzählige Variationen, das Gesehene zu deuten. Und das Bild ist voll mit Symbolen und versteckten Hinweisen. Es gibt also einiges zu entdecken.

Ich hätte da, ehrlich gesagt, tausend Fragen. Was bedeuten die Tränen der Madonna? Was stellt die leuchtende, blaue Kugel dar? Die Seele? Wer ist die Frau in Schwarz? Wohin schwebt der Träumer? Warum die Pyramiden? Und, und, und ...
Warten Sie es ab. Sie bekommen noch viele Antworten. Denn in den nächsten Kapiteln gehen wir auf all die Hintergründe ein, was wir mit dieser Ausstellung zeigen und bewirken wollen. Und das Publikum bekommt ja bei jedem Bild noch weitere Hinweise, um sich besser orientieren zu können.

Sie meinen, die Installationen und die Lyrik?

Ja. Bei diesem Bild malt zum Beispiel Martina zwei lebensgroße Wächter, welche die Besucherinnen und Besucher am goldenen Tor, durch das sie laufen müssen, erwarten. Ferdis Skulptur stellt einen riesigen Engelsflügel dar. Und die Lyrik trägt ihre eigene Interpretation zum Bild bei.

Von diesem Bild gibt es eine zweite Version, die Sie im Stil und mit der Maltechnik von Gustav Klimt gemalt haben. Das gleiche Motiv. Die gleiche Aussage. Und doch unterscheiden sich die beiden Bilder immens voneinander. Wo waren die Schwierigkeiten, dies umzusetzen?

Ja, man erkennt den Unterschied sofort. Meine Malweise: dynamisch, modern, fast abstrakt, mit viel Bewegung. Bei Klimt ist alles ruhig, statisch, nahezu bewegungslos. Dazu kommen seine provozierenden Elemente, die vor allem seine weiblichen Figuren aufweisen. Malen Sie mal eine Madonna, also eine heilige Figur, mit Klimts provozierenden Aussagen, ohne über das Ziel hinauszuschießen. Eine Gratwanderung.

„Der Triumph des Lichts über die Finsternis" stellt, so wie Sie es beschreiben, eine ziemlich dunkle und düstere Szenerie dar. Da das fertige Gemälde zu diesem Zeitpunkt noch nicht existiert, orientiere ich mich an Ihren Skizzen und Vorzeichnungen. Ich kann mir vorstellen, dass dieses Bild das Publikum sicher zum Nachdenken anregen wird. Die Szenerie wirkt beinahe bedrohlich.

Wenn das zutrifft, hätten wir alles erreicht, was wir damit bewirken wollen. Und dennoch stellt es wie kein anderes Bild der Ausstellung das Wirken der dualen Welt dar. Denn es besteht aus zwei Teilen. Schwarz trifft auf Weiß! Der erste, sehr dunkle und bedrohliche Teil stellt die negativen menschlichen Gefühle dar. Um den Besucherinnen und Besuchern diese Aussage dementsprechend zu vermitteln, nutzen wir natürlich jede Möglichkeit, dies auch emotional zu übertragen. Die Betrachtenden sollen sich in dem Moment auch nicht wirklich wohl fühlen.

Danach verlassen sie aber den Raum und gehen ins **Licht**. Alles wird hell und weiß und angenehm. Dieser Effekt, dieser krasse Gegensatz, diese verwirrende Gefühlswelt muss auf die Besuchenden dann auch wie eine Erlösung wirken.

Der Bildtitel vermittelt ja eigentlich eine frohe, hoffnungsvolle Botschaft. Dass die Dunkelheit besiegt werden kann. Ist hier das LICHT wieder das Symbol für die Befreiung und das Glück?

Nein. In diesem Fall benutzen wir das **Licht** symbolisch für ein anderes, wertvolles und positives Gefühl – die **Liebe**. Denn die Liebe bewirkt, also in ihrer reinen Form, diese Metamorphose von Schwarz in Weiß, von Dunkel in Hell, von Trauer in Glück. Aber auch darauf gehen wir später in den Kapiteln noch sehr ausführlich ein.

„CIRCLE OF LIFE. *Wer sind wir – Woher kommen wir – Wohin gehen wir"*. **Die großen philosophischen Fragen seit Bestehen der Menschheit. Haben Sie eine Antwort gefunden? Und wenn ja, ist dies ein ungeschöntes Sittengemälde unserer Zeit, oder versuchen Sie da doch Hoffnung zu vermitteln? Was werde ich auf diesem Gemälde zu sehen bekommen?**

Als erstes auch zwei Versionen. Meine und die Klimt-Variante. Was es schon mal grundsätzlich spannend macht. Weiterhin stelle ich natürlich die verschiedenen Stationen eines Menschenlebens dar, von der Geburt bis zum Tod – und darüber hinaus. Was kommt dann? Geht einfach nur das Licht aus und ich hab' meine Ruhe, oder beginnt dann erst das Abenteuer? Ich stelle mir auf dem Gemälde auch die Frage, wohin sich die Menschheit in der Zukunft entwickeln wird. Wie sieht der Mensch in 300 Jahren aus? Wie denkt, fühlt und handelt er? Wie in 1000 Jahren? In 10.000 Jahren?

Ich kann mir das Thema bei „Ihrem" Malstil sehr gut vorstellen. Aber wie, um Himmels Willen, wollen Sie das im Klimt'schen Stil umsetzen? Das ist ja im Prinzip Science Fiction. Und das bei Klimt? Na, auf das Ergebnis bin ich gespannt!

Wie gesagt: Ich liebe Herausforderungen. Und das ist zweifellos eine – die nehme ich gern an. Die Schwierigkeit liegt ja darin, die ganzen Elemente, die ein Klimt-Bild ausmachen, zu integrieren, sodass es sofort als ein Gemälde im Stile Klimts erkannt wird. Ich habe die Vorzeichnung im Maßstab 1:10 hier. Wenn Sie mir versprechen, nichts davon zu verraten, lasse ich Sie einen Blick darauf werfen.

Okay, das ist jetzt eine Überraschung! Ich bin zu neugierig. Ja, ich gelobe Verschwiegenheit!

(30 Sekunden später ...) Ich bin sprachlos! Mit allem habe ich gerechnet, aber damit nicht! Das muss ich jetzt erstmal verarbeiten. Das sieht in Originalgröße ganz sicher beeindruckend aus. Wie groß wird es? 7,50 Meter breit? Auch all das Gold! Ist das denn wirklich Gold, das Sie hier verarbeiten?

Ja, das ist 24-Karat-Blattgold. Sehr aufwendig zu verarbeiten und auch teuer. Aber es lohnt sich, denn man sieht den Unterschied zu Imitaten sofort.

Der Titel des Bildes „The Power of Soul" hört sich auch vielversprechend und geheimnisvoll an. Was dürfen wir da erwarten?

Grundsätzlich kann und will ich zu diesem Bild gar nicht so viel erzählen, denn dieses große Bild malt Martina Saur, und sie hat zur Umsetzung der Idee auf die Leinwand alle kreativen und künstlerischen Freiheiten. Das heißt, wir haben natürlich über Sinn, Aussage und Bedeutung dieses Bildes gesprochen, aber wie sie es letztendlich umsetzt, bleibt ganz ihr überlassen. Und da sich ihr Malstil von meinem komplett unterscheidet, wird dies ein spannendes Element werden. Allerdings bin ich mir gleichzeitig sicher, dass es genial wird. Schauen Sie sich nur das Titelbild des Projekts an, das ja auch von ihr gemalt wurde. Hohes Niveau, künstlerisch wertvoll und emotional ein Volltreffer.

Gut, das kann ich verstehen und auch akzeptieren. Allerdings habe ich ja auch eher nach der Aussage und nicht nach der Umsetzung gefragt.

Um es in einem Satz zusammenzufassen: Es geht im Prinzip darum, den Besuchenden die Erkenntnis zu vermitteln, welche Macht sie kraft ihrer Seele haben und wie sie dies für ihr weiteres Leben nutzen können, um mehr Freude, Liebe und Glück zu erfahren.

Wir haben nun einen ersten Eindruck davon, was wir erwarten dürfen, erhalten. Ich denke, die Größe der Bilder und die Kombination mit den Installationen, den Skulpturen, der Musik und der Lyrik wird wohl ein Erlebnis werden, das sicher im Gedächtnis bleiben wird.

Noch wichtiger wäre es, wenn die Besucherinnen und Besucher den „Moment der Erkenntnis" erleben, dies dankbar annehmen und versuchen, ihr Licht mit der Welt zu teilen.

KAPITEL 3

Der Maler

Wenn Sie an Ihre eigene Entwicklung als Kunstmaler zurückdenken: Was waren Ihre Einflüsse? Was hat Sie inspiriert oder interessiert? Oder noch direkter gefragt: Welche anderen Künstler haben Sie begeistert?
Gustav Klimt, Paul Gauguin, Vincent van Gogh, Ernst Ludwig Kirchner, Bernhard Vogel und VOKA.

Das sind Maler mit völlig unterschiedlichen Malstilen aus verschiedenen Epochen.
Ja. Und wenn Sie noch eine ganz andere Epoche hinzufügen wollen: Botticelli und Raffael.

Sie wollen damit sagen, dass Maler der italienischen Renaissance, die vor 500 Jahren lebten und malten, die Gestaltung und Ideen Ihrer Bilder von heute beeinflussten?
Ja, natürlich. Speziell Sandro Botticelli malte rätselhafte Bilder, die bis heute die Forschung beschäftigen und offene Fragen hinterlassen. Schauen Sie sich meine Bilder an. Die Ideen zu meinen Bildern entstehen mit der gleichen Intention wie bei ihm – viel zeigen und wenig erklären. Also viele Varianten einer Lösung offenlassen. Sie ähneln sich sogar im Aufbau und in der Art und Weise, wie die Figuren auf der Leinwand platziert werden. Wer meine Bilder betrachtet und sich in der Kunstgeschichte ein wenig auskennt, erkennt den Einfluss von Botticelli sofort. Am deutlichsten sieht man es bei seinen großformatigen Bildern *„Geburt der Venus"* und *„La Primavera"*.
Verstehen Sie mich jetzt nicht falsch. Ich will mich natürlich nicht direkt mit der Genialität von Botticelli vergleichen. Es ging um die Frage der Quelle, des Einflusses.

Paul Gauguin. Ein Rebell und Raufbold, ein Wilder! Ein Aussteiger, der mit sich und der Welt nicht wirklich zurechtkam.
Ja, aber auch einer mit einem Sinn für Selbstbestimmung und Gerechtigkeit, und ein Visionär! Deshalb auch ständig im Kampf mit der katholischen Kirche. Das gefällt mir, weil er auch wagt, vermeintlich unangreifbare Machtzentralen wie die Kirche oder den Staat herauszufordern und zu hinterfragen. Dazu kommt: Wussten Sie, dass er vermutlich das erste abstrakte Bild schuf, zu einer Zeit, als der Impressionismus für Aufregung sorgte? Und – er war in die Affäre um das abgeschnittene Ohr von Vincent van Gogh verwickelt. Was damals wirklich geschah, ist bis heute ein Rätsel.

Sie haben sogar einen Bildtitel von ihm übernommen. Was war der Grund dafür?
Ja. Wer sind wir? Woher kommen wir? Wohin gehen wir? Die großen Fragen, welche die Menschheit seit ihrer Existenz beschäftigen. Der erste Grund war, den großen Meister zu ehren. Der zweite Grund war, dass der Bildtitel und seine Bedeutung absolut passten, um meine Bildideen und die Hintergründe dazu umzusetzen.

Gauguin malte das Bild, von Krankheiten und dem Tod schon gezeichnet, vor über hundert Jahren in seinem Südseeparadies Tahiti. Kann man das 130 Jahre später im Europa des 21. Jahrhunderts wiederholen?
Ja, das geht, aber man sieht sofort den Unterschied, obwohl es um das gleiche Thema geht. Um Geburt und Tod, den Kreislauf des Lebens. Bei seiner Interpretation des Themas wird man Zeuge einer fremden, exotischen Welt. Eingeborene Frauen und Männer, fremde Tiere und Pflanzen sowie Götzenbilder entführen uns in eine geheimnisvolle, friedliche Welt.

Das kann ich auf meinen Bildern so natürlich nicht mehr wiederholen oder darstellen, denn seitdem hat sich doch einiges ereignet, was das Bild einer so friedlichen Landschaft und Gemeinschaft zerstört. Übrigens auch in der Südsee, wenn man nur allein an die Atombombenversuche der Amerikaner dort vor Ort denkt.

Was gibt es zu Ernst Ludwig Kirchner zu sagen?
Eine ganz andere Welt. Dresden um die Jahrhundertwende. Der Aufbruch in die Moderne. Die Industrialisierung beherrscht das Geschehen. Der Erste Weltkrieg hinterlässt eine Wunde, die nie mehr heilen wird. Berlin in den aufregenden 20er-Jahren. Die Entstehung der Künstlervereinigung *„Die Brücke"*. Dann der Bruch. Raus aus dem Moloch Großstadt. Rein in die Natur. Weiter in die Bergwelt von Davos in der Schweiz und wie bei so vielen Künstlern – ein tragisches Ende.

Auch Kirchner war ein Mensch, der mit sich und seinem Umfeld überhaupt nicht zurechtkam und sein Leben lang unter Krankheiten und dem Einfluss von Drogen litt. Psychisch wie physisch ein Beispiel des Leidens und Verfalls. Faszination oder Abschreckung?
Beides! Es gibt kaum einen anderen Künstler, der dieses Leid und dazu die Geißel der Einsamkeit besser in seinen Bildern manifestiert hat als Kirchner. Wenn Sie vor einem Kirchnergemälde stehen, spüren Sie diese Emotionen, sie übertragen sich auf den Betrachtenden. Das zu erreichen ist höchste Kunst.

Ein Vorbild für Sie, wie sich Emotionen von der Leinwand auf den Betrachtenden übertragen lassen?
Nicht nur, aber ein ganz wichtiger Aspekt. Kirchners Bilder wie *„Potsdamer Platz"* oder *„Selbstbildnis als Soldat"*, um nur einige zu nennen, sind brutal, ehrlich und schockierend. Das lässt niemanden kalt. Aber auch der Mut zur Farbigkeit oder wie er die Farben einsetzt, ist faszinierend und zur damaligen Zeit revolutionär. Seine späten Bilder aus der Schweiz *„Davos im Schnee"*, *„Mondnacht im Winter"* oder *„Almabtrieb"* sind genial und treiben einem vor Ehrfurcht und Freude die Tränen in die Augen.

Ein weiterer Name, der fiel: Vincent van Gogh. Eine tragische Figur, gescheitert vor allem an sich selbst?
Vincent van Gogh ist der breiten Öffentlichkeit vor allem bekannt als der, der sich selbst ein Ohr abschnitt. Dabei ist das gar nicht bewiesen, denn diese Geschichte ist sehr undurchsichtig. Vor allem die Rolle Paul Gauguins, der zu dem Zeitpunkt mit van Gogh in einer Gemeinschaft

zusammenlebte, in der sie ständig in Streit gerieten, ist noch zu klären. Van Gogh auf diesen Vorfall zu reduzieren, ist aber erbärmlich, denn er war ein Genie. Ein Meister der Farben und des Lichts.

Ein Meister, der Zeit seines Lebens am Existenzminimum dahinvegetierte. Der, so lange er lebte, lediglich ein Bild verkaufen konnte und weder von seinen Mitbürgern noch den Kunstkritikern anerkannt wurde.

Auch das ist ein Mythos. Die Legende vom unverstandenen, leidenden Künstler stimmt nicht. Gegen Ende seines Lebens waren viele seiner Bilder in Kunstausstellungen in Europa zu sehen und auch bei den Kunstkritikern gab es anerkanntes Lob über den revolutionären expressionistischen Stil. Schon kurz nach seinem Tod verkauften sich seine Bilder zu erstaunlich hohen Summen.

Sie haben ein Faible für tragische Geschichten und gescheiterte Existenzen?

Nein. Ich habe eine Vorliebe für Schönheit. Kennen Sie die Bilder van Goghs? Eines seiner letzten war *„Weizenfeld mit Krähen"*. Eine Landschaftsszene, ganz ohne das Abbild eines Menschen, in die er doch all seine Schwermut, seine Verzweiflung und den Schmerz seiner tiefen Seelenkrise hineinmalte. Das Bild ist verstörend, auf eine seltsame Weise sentimental und drückt auf traurige Weise seine Einsamkeit aus.

Dann seine weltberühmten Nachtbilder *„Caféterrasse am Abend"*, *„Sternennacht"* und *„Sternennacht über der Rhône"*. Meisterwerke! Es gab und gibt bis heute nichts Vergleichbares.

Was macht ein Bild von van Gogh so einzigartig?

Sein fast schon hektischer Pinselstrich, wie er die Farbe direkt aus der Tube auf die Leinwand gedrückt hat, der pastöse Farbauftrag. Und für alle Bilder gilt: Die Art und Weise, wie van Gogh die Farbe GELB zum Leuchten brachte. Ein nahezu göttliches, transzendentes Licht.

Dennoch beendete er sein Leben im Alter von 37 Jahren durch einen Pistolenschuss in die Brust.

Das ist der offizielle Tathergang mit vielen offenen Fragen.

Sie hinterfragen ernsthaft die offizielle Selbstmordversion?
Natürlich. Ein Mann steht mit seiner Staffelei beim Malen auf einem Feld, schießt sich mit einer Pistole eine Kugel in die Brust und schleppt sich noch über Kilometer, tödlich verletzt, in seine Herberge, um sich dann seelenruhig ins Bett zu legen und Pfeife zu rauchen?
Lächerlich! Schauen Sie sich den Film „Loving Vincent" an. Der bietet einige Optionen dieser Geschichte und präsentiert zugleich ein paar hauptverdächtige Schützen.

Sie sehen mein Gesicht vor Erstaunen erstarren.
Was immer damals auch passiert sein mag, so war es jedenfalls nicht. Es gibt ja viele Gerüchte und Spekulationen über den Tod von Vincent van Gogh. Aber auch die kommentiere ich nicht.

Bernhard Vogel und VOKA sind Künstler der Gegenwart, die noch leben und erfolgreich sind. Warum werden Sie von diesen beiden Künstlern beeinflusst?
Beide zeichnen sich durch ihren expressiven Malstil und den Mut zur Farbe aus. Bernhard Vogel hat sich im Lauf der Zeit mit sensationellen Ergebnissen zum wohl weltbesten Aquarellmaler entwickelt. VOKA hat den „Typ" moderner Künstler als erfolgreiches Geschäftsmodell etabliert.

Nun zum letzten der genannten künstlerischen Vorbilder. Ist Gustav Klimt Gott?
Kurze und knappe Antwort: Ja!

Autsch! Im Mittelalter wäre das Ketzerei gewesen.
Ist es in gewissen Kreisen auch heute noch. Aber wir sind alle aus Sternenstaub und damit göttlich. Das relativiert meine Aussage wieder etwas. Dennoch bin ich sicher: Der ist im Olymp.

Warum Klimt ?
Waren Sie schon mal in Wien im Belvedere? Haben Sie schon einmal vor dem Bild *„Der Kuss"* gestanden? Wenn ja, wissen Sie, dass Sie vor der Himmelstür weilten. Von diesem Bild geht ein absolut göttlicher

Glanz aus. Eine Faszination, die nur schwer zu beschreiben, aber stets spürbar ist. Das gleiche gilt für das Bildnis „*Adele Bloch-Bauer*". Diese Bilder waren die Höhepunkte seiner goldenen Phase. Gold ist die transzendente Sphäre des Göttlichen und Klimt hat sie in seinen Bildern genau zu diesem Zweck eingesetzt.

Klimt hat um die Jahrhundertwende in Wien einen Skandal nach dem anderen ausgelöst. Vor allem seine provozierende Darstellung nackter Frauen stieß im Bürgertum, den Medien und vor allem bei den staatlichen Stellen auf wenig Verständnis. Und das ist noch nett ausgedrückt. Wien war empört!

Ein Skandal hat einem Künstler, um im Gespräch zu bleiben, noch nie geschadet. Und er produzierte einen nach dem anderen – und war somit immer präsent. Damals war die Darstellung nackter Frauenkörper nur in Verbindung mit historischen Figuren aus der Antike oder der Götterwelt, oder eben in allegorischen Gemälden erlaubt. Klimt brach mit dem Tabu und malte Wassernixen, Amazonen und Nymphen und zeigte auch, zur damaligen Zeit noch undenkbar, Schamhaare ... ein Sakrileg!

Was macht ihn für Sie und Ihr Kunstprojekt ETERNITY so interessant?

Die Tatsache, dass man einen Klimt sofort als Klimt erkennt. Einzigartig. Unverwechselbar. Malerisch auf höchstem Niveau. Immer die Avantgarde. Rebellisch. Direkt. Provokant. Und Klimt begeistert die Massen – zumindest heutzutage. Außerdem verehre ich ihn.

Deshalb die Idee – oder der Versuch – zu zwei eigenen Bildern Ihres Projekts gleichzeitig Versionen zu schaffen, wie Klimt das Thema wohl gemalt hätte?

Zum Teil trifft das zu, ja. Ich will ihn aber nicht direkt kopieren, sondern mich nur von ihm und seinem Malstil inspirieren lassen. Es soll schon auch noch ein Teil von mir, von Ihle, zu erkennen sein. Das ist die Herausforderung dabei. Da sich unsere Malstile so eklatant unterscheiden, muss ich mich nicht nur in Pinselführung, Farbauftrag und so weiter in ihn hineinversetzen, sondern auch in seine Denkweise und seine

Sicht auf das Thema. Ich muss versuchen, das Thema und den Titel des Bildes mit seinen Augen wiederzugeben. Wie gesagt – eine Herausforderung.

Gestatten Sie mir nach all den Lobpreisungen und Huldigungen der erwähnten Maler eine kritische Zwischenfrage, die ich unbedingt loswerden möchte?
Nur zu, Sie stellen die Frage und ich überlege mir, ob ich sie beantworten möchte.

Bei Klimt, Kirchner und Gauguin ist das Verhältnis zu Frauen, um es einmal vorsichtig auszudrücken, aus verschiedenen Gründen zumindest kritisch zu hinterfragen.
Die Liste können Sie aber gleich mal mit Egon Schiele, Oskar Kokoschka, Auguste Rodin, Wassily Kandinsky, Franz Marc und so weiter locker ergänzen. Auf was wollen Sie hinaus?

Klimt war ein triebgesteuerter Egomane, der zahlreiche Affären mit seinen Modellen und Kundinnen gleichzeitig auslebte. Darüber hinaus schwängerte er viele davon und kümmerte sich dann nicht um die Kinder. Gauguin ließ seine Frau mit fünf Kindern sitzen und lebte in Tahiti zweimal mit eingeborenen Mädchen zusammen, die deutlich jünger als 15 Jahre alt waren. Bei Kirchner und den Malern der „Brücke" ist das Verhältnis zur minderjährigen „Fränzi", die mehrmals als Akt dargestellt wurde und zu dem Zeitpunkt 12 Jahre alt war, auch undurchsichtig und aus heutiger Sicht moralisch durchaus kritisch zu betrachten. Freie Kunst hin oder her.
Und dennoch war es so. Schmälert das ihre Leistung? Klimt hat die Frauen aber auch verehrt und ihnen durch seine Bilder und Porträts ein Denkmal gesetzt. Ich weiß ja, auf was Sie hinauswollen. Und dennoch halte ich es für einen Fehler, die Zu- und Umstände der Epoche vor 100 Jahren in die heutige Zeit zu transferieren. Zumindest im Ansehen und der Rolle der Frau hat sich da zum Glück vieles zum Besseren gewendet. Und ja, da ist noch Luft nach oben, weil Frauen noch immer viel zu oft Opfer von Gewalt werden und unter Benachteiligung zu leiden haben. Es gibt ja auch noch immer Institutionen, in denen Frauen nahezu aus-

geschlossen bleiben, denken Sie mal an die katholische Kirche und an die Frauenbewegung Maria 2.0. Übrigens einer der Gründe, warum meine Madonnen auf den Bildern weinen.

Danke für die offene und ehrliche Klarstellung. Um zum Abschluss noch einmal versöhnlichere Töne anzustimmen: Glauben Sie, dass die Tränen Ihrer Madonnen, die mich persönlich übrigens sehr berühren, dazu beitragen, die Welt, in der wir leben, für Frauen und die Unterdrückten und Benachteiligten erträglicher und rücksichtsvoller zu gestalten?

Gibt es denn ein höheres Ziel, als das zu erreichen? Wir können als Gesellschaft und Nationen nur wachsen, wenn wir uns vornehmen, Umstände, die offensichtlich falsch, moralisch bedenklich oder untragbar sind, zu korrigieren und zum Besseren zu verändern. Nur eines vorweg: Das als Kollektiv zu erreichen, ist die eine Aufgabe. Es fängt allerdings schon bei jedem einzelnen von uns an, Veränderungen in seinem persönlichen Umfeld oder seinem Denken und Handeln einzuleiten. Es kann und darf sich niemand aus der persönlichen Verantwortung entlassen, diese Dinge bewusst und aus Überzeugung anzugehen.

KAPITEL 4

Hermetik / Kybalion

Universelle Grundgesetze

Was bedeutet der Begriff Kybalion und welche historische Geschichte steht hinter den Texten und Gesetzen des hermetischen Glaubens?
Die Urfassung dieser Texte ist die sogenannte Smaragdtafel *„Tabula Smaragdina"*, welche die erste Sammlung hermetischen Wissens beinhaltete. Die Ursprünge dieser Texte gehen bis weit in das 3. Jahrtausend vor Christi, in die alte, ägyptische Hochkultur zurück. Der Begriff *Kybalion* stammt von der ersten Übersetzung der Originaltexte ins Englische, etwa um 1900.

Als Urheber der Weisheiten wird *Hermes Trismegistos* verehrt. Ägypten war schon immer die Urquelle aller grundlegenden, verborgenen und geheimen Lehren. Dieses Wissen wurde von ehrwürdigen Meistern nur an die weitergegeben, die bereit und reif dafür waren, dieses Wissen zu erkennen und zu verstehen. Denn es war viel zu gefährlich, dieses Wissen unwürdigen Menschen zur Verfügung zu stellen. Die Gefahr, dass diese Macht und das Wissen missbraucht und zur Befriedigung persönlicher Wünsche oder Neigungen benutzt werden könnte, war zu groß.

Wer oder was verbirgt sich hinter der historischen Figur Hermes Trismegistos?
Die alten Ägypter verehrten ihn als Meister und Propheten, später sogar als Gott. Er gilt als Urahne aller Weisheit, der Astronomie und philosophischen und theologischen Gedankenguts. Er galt als prophetischer Seher und Lehrer, Entdecker der Alchemie, ein Magier und Zauberer. Der Name entstand wohl aus der Vereinigung des ägyptischen

Gottes Thot mit dem griechischem Gott Hermes, nachdem Alexander der Große nach seinen Eroberungen dafür sorgte, dass die griechische Philosophie mit ägyptischen Göttern und Geheimkulten zu einer eigenen Kultur verschmolz.

Daraus entstand dann diese mysteriöse Bibel *Tabula Smaragdina*?
Diese Quelle der Weisheit wurde von vielen Gelehrten und Philosophen anerkannt und verehrt. Sie war sozusagen der geheime Zugang zur Schöpfung und zu den Geheimnissen des Universums. Hermetisches Wissen floss später in die Lehren des Juden- sowie des gnostischen Christentums ein. Es beeinflusste Religionen und Philosophien in Indien, Persien, Arabien und Griechenland. Selbst die Großmacht Rom stand unter dem Einfluss hermetischer Glaubensbekenntnisse.

Kommen wir auf die Texte und Regeln zu sprechen. Was sind Inhalt und Aussage dieses Kybalions?
Es sind genau sieben hermetische Grundprinzipien, auf denen sich die ganze Philosophie gründet. Ich zitiere jetzt vorab einen Satz aus dem Kybalion: *„Es gibt 7 Prinzipien der Wahrheit. Derjenige, der Sie kennt mit vollem Verständnis, besitzt den magischen Schlüssel, bei dessen Berührung sich alle Tore des Tempels öffnen."* Dieser Satz mit dem Öffnen der Tore und dem Eintritt in den Tempel wird übrigens im letzten Kapitel dieses Buches eine bedeutende, ja, entscheidende Rolle spielen. Mit diesem Satz beginnt und endet dieses Buch.

Hört sich vielversprechend und gleichzeitig sehr geheimnisvoll an. Wollen Sie uns diese sieben Prinzipien näher vorstellen und erklären?
Das erste der großen Prinzipien ist das **Gesetz der Geistigkeit** und lautet: *„Das All ist Geist, das Universum ist geistig."* Für uns bedeutet das übersetzt: Das All ist Bewusstsein, das Universum ist mental. Es besteht aus einem göttlichen Geist und ist der Schöpfer von allem.

Mit dem All ist also nicht nur unser Universum gemeint, sondern etwas, das über all dem steht, ein Schöpfer?
Sie können diesen Schöpfer auch Gott nennen. Ist nichts dabei.

Aber ja, das **All** ist **Alles**, was wirklich ist und es gibt nichts, das außerhalb davon existiert. Das **All** ist unendlich, hat schon immer existiert und wird auch für immer existieren, für alle Zeiten, absolut ewig und unveränderlich. Nennen Sie es zum besseren Verständnis „The Great Spirit".

Aber wer hat denn dann das All erschaffen?
Sie haben es noch nicht verstanden! Niemand hat das All erschaffen. Wie oben erklärt besteht es schon immer und wird immer existieren. Wer hätte es denn erschaffen sollen? Wie kann aus dem Nichts etwas entstehen?

Was ist dann bitteschön mit unserem Universum: Was ist es und wer hat es erschaffen, wenn aus dem Nichts – nichts entstehen kann? Sie hinterfragen ernsthaft die Theorie des Urknalls?
Nein, das tue ich natürlich nicht. Aber Sie verwechseln jetzt entscheidende Begriffe. Wie schon gesagt, ist das All ewig und unveränderlich. Beides trifft auf unser Universum nicht zu, denn es verändert sich ständig. Die hermetischen Lehren besagen, dass das All unser Universum und vermutlich tausende anderer Universen mental erschaffen hat, aus reinem Geist. So, wie wir Menschen aus unserem Geist und Gedanken unsere eigenen Universen im Traum oder in Fantasien erschaffen können, so erschafft das All aus seinem Geist Universen.

Sie meinen, so wie ich mir eine Geschichte oder Fantasie ausdenken und mich darin in meiner Traumwelt verlieren kann, träumt oder denkt das All unsere Realität?
Ja genau! Jetzt ist der Groschen gefallen. Respekt, das ging ja schneller als erwartet.

Aber das wäre ja unglaublich! Das Universum und alles, was es enthält, ist eine mentale Schöpfung des Alls?
Ja. Aber ich muss jetzt noch einen draufsetzen, was noch viel unglaublicher ist.

Sie sehen mich völlig sprachlos. Ich bin im Moment total davon überfordert, mich mit dieser Aussage auseinanderzusetzen. Und Sie sagen, da kommt noch mehr, das war noch nicht alles? Was um Gottes Willen soll denn diese Aussage noch toppen?

Es geschieht alles im selben Augenblick! Die Geburt, der Verfall und die Zerstörung von Sternen, Galaxien und ganzen Universen dauert nicht länger als ein Wimpernschlag.

Entschuldigung, aber ich bin fassungslos. Uns wird gelehrt, unser Universum sei 13,8 Milliarden Jahre alt. Wissen Sie, was das für eine unglaublich lange Zeit ist? Und Sie sagen, das alles findet gleichzeitig und in einem Augenblick statt.

Sie bringen jetzt die Faktoren Raum und Zeit ins Spiel und das ist falsch. Aber wir sind hier in diesem Kapitel bei der Erklärung der hermetischen Grundgesetze und sind wohl schon zu tief und detailliert in das Thema Universum eingestiegen. Lassen Sie uns all das im Kapitel *Das Universum* erforschen.

Es fällt mir, ehrlich gesagt, richtig schwer, hier abzubrechen, aber Sie haben recht. Machen wir weiter mit den Themen dieses Kapitels.

Das zweite große Prinzip ist das **Gesetz der Entsprechung**, der Analogie. Es bezieht sich auf Hermes Satz: *„Wie oben, so unten".* Die Anhänger der Hermetik unterteilen das Universum in drei Ebenen der Existenz. Die Physische, die geistige und die spirituelle Ebene. Jede dieser Ebenen schwingt auf einer anderen Frequenz und existiert in der vierten Dimension. Das zweite hermetische Prinzip erklärt die harmonischen Übereinstimmungen zwischen den Ebenen der festen Materie und den spirituellen Welten.

Reicht die Zeit, um ganz kurz diese drei Ebenen zu erklären?

• **Die Physische Ebene** umfasst alle materiellen Stoffe, Flüssigkeiten und Gase. Zudem die Physik und Chemie, Elektrizität, Magnetismus sowie Licht und alle ätherischen Substanzen. Hierbei ist nach wie vor zu beachten, dass wir in der Hermetik Materie als dichte Energieform mit langsamer Schwingung betrachten.

- **Die Geistige Ebene** umfasst alles Lebendige, also Mineralien, Pflanzen, Tiere und uns Menschen. Und ja, bevor Sie jetzt nachfragen: Die Hermetischen Lehren sehen Minerale, also Steine und auch Pflanzen als Leben, als seelisch an. Die moderne Wissenschaft nähert sich zurzeit auch der Tatsache an, dass Atome und Moleküle Empfindungen haben.
- **Die große Spirituelle Ebene** enthält Wesen, die auf den höchsten Ebenen schwingen. Wir nennen diese Wesen aufgestiegene Meister, Engel oder Erzengel. Himmlische Helfer, die gelegentlich eingreifen, um Einfluss auf die Evolution und den gesamten kosmischen Prozess zu nehmen. Diese Wesen sind aber trotz ihrer überlegenen Daseinsform und ihrer ätherischen Natur Schöpfungen des Alls und Teil des Universums. Deshalb unterliegen sie wie wir den universellen Gesetzen.

Mit der Erwähnung des Begriffs „Engel" sind wir an einem Punkt angekommen, der sicher von vielen als kontrovers, verstörend und kaum glaubhaft verstanden wird.

Nennen wir sie also Lichtwesen. Viele Menschen glauben, dass es nur dieses Leben gibt, das wir mit dem bloßen Auge erfassen können. Dennoch werden Engel und Erzengel seit Tausenden von Jahren verehrt, ohne dass ihre Existenz wissenschaftlich belegt werden könnte. Alle alten Kulturen in der Geschichte der Menschheit haben sich mit ihrer Existenz auseinandergesetzt.

Das Wort Engel leitet sich aus dem Griechischen ab und bedeutet Bote. Sie sind also Boten des Göttlichen, bestehen aus feinstofflicher, ätherischer Energie und kümmern sich auch um die Umsetzung des göttlichen Plans. Wenn Sie einmal so einem Wesen begegnen, werden Sie das erkennen und **nie** mehr vergessen.

Melancholic Memories of a Fallen Angel! **Ich verstehe immer mehr, wie all diese Themen mit dem Projekt ETERNITY und den Bildern zusammenhängen.**

Wenn Sie dieses Bild betrachten, werden Sie viel über sich selbst, die Gesetze des Universums und ja, auch über Engel und Lichtwesen erfahren.

Machen wir mit den hermetischen Prinzipien weiter.
Das dritte Prinzip ist das **Gesetz der Schwingung.** „*Nichts ruht, alles bewegt sich, alles schwingt.*" Das All schwingt ständig auf einer sehr hohen Frequenz. Der Gegenpol dazu ist die Materie mit dem niedersten Schwingungsfaktor. Zwischen diesen beiden Extremen gibt es unzählige weitere, unterschiedliche Schwingungsfrequenzen. Wenn ein Objekt also „schnell und hoch genug schwingt, zersetzen sich seine Moleküle in die einzelnen Bestandteile. Diese lösen sich dann irgendwann ganz auf, wenn sich die Schwingung weiter erhöht. Zurück bleibt dann nur noch reine Energie. Licht, das sich schlussendlich wieder mit dem All vereint.

Wie kann ich dieses Gesetz in meinen Alltag integrieren und ist es richtig, dass es Töne und Farben gibt, die wir Menschen nicht mehr wahrnehmen?
Ja, das mit den Tönen und Farben ist richtig. Violett ist die Farbe, die für uns am höchsten schwingt und die wir noch wahrnehmen können. Farben, die hinter diesem Spektrum liegen, sehen wir nicht.

Sie meinen, es gibt Farben, die wir gar nicht kennen und somit auch Töne oder Klänge, die uns völlig unbekannt sind und für die wir demnach keine Namen haben?
Genauso ist es. Verwirrend, aber Fakt.

Zurück zu der Frage, wie ich das Gesetz im Alltag nutzen kann.
Wenn wir in unserem Leben bessere Erfahrungen machen wollen, müssen wir unsere Gedanken und Gefühle in eine höhere Schwingung bringen, um ähnlich hoch schwingende, positive Energie anzuziehen. Das heißt, wenn es uns gelingt, unsere Gedanken und Gefühle besser zu kontrollieren, beeinflussen wir die Energien, die unser Umfeld bestimmen. Wir halten also, wie es einer der hermetischen Grundsätze besagt, das Zepter der Macht in unseren Händen.

Kommen wir nun zum vierten hermetischen Prinzip.
Das vierte große Prinzip ist das **Gesetz der Polarität.** „*Alles hat sein Gegenstück, Gegensätze sind wesensgleich und unterscheiden sich nur gradu-*

ell, alle Widersprüche lassen sich in Einklang bringen." Das vierte Gesetz sagt uns, dass alles zwei Aspekte oder Pole hat. Das Prinzip der Polarität befähigt uns, eine unerwünschte Situation in ihr Gegenteil zu verwandeln und kann somit eine angenehmere Situation für unser Selbst schaffen.

Heißt das für mich, ich kann etwa Angst in sein polares Gegenteil wie zum Beispiel Mut verwandeln? Oder schlechte Gefühle in gute?
Exakt. Sie können, indem Sie positive Gedanken oder Gefühle entwickeln, Ihre Schwingung erhöhen und Unerwünschtes auflösen. Gleichzeitig ziehen Sie bessere und angenehmere Energien und Erfahrungen an. Kennen Sie das Märchen oder den Film *„Der Zauberer von Oz"*? Ein Musterbeispiel, wie hermetische Grundsätze in eine Geschichte integriert werden. Der Blechmann, der gern ein Herz hätte. Die Vogelscheuche, die sich einen Verstand wünscht. Der Löwe, der Mut sucht. Alle wünschen sich etwas, das Sie schon längst haben, aber nicht erkennen.

Lassen Sie uns weitermachen. Wie heißt das nächste Prinzip?
Das fünfte hermetische Prinzip ist das **Gesetz des Rhythmus**. *„Alles fließt aus und ein, alles steigt und fällt. Das Schwingen des Pendels zeigt sich in allem. Das Maß des Schwunges nach rechts ist das Maß des Schwunges nach links. Rhythmus gleicht aus."* Dieses Gesetz drückt aus, dass alles in Bewegung ist, es ist wie bei einem Pendel ein Hin und Her, oder wie im Ozean mit Ebbe und Flut. Es gibt immer Aktion – und Reaktion.

Im Alltag heißt das für mich, dass jegliches Handeln von mir dafür verantwortlich ist, wie weit das Pendel ausschlägt und dementsprechend als Reaktion wieder zurückpendelt?
Ja. Das Pendel bestimmt das Maß des Ausschlags in beide Richtungen. Im mentalen Bereich bedeutet dies: Wenn ich dazu neige, großes Leiden zu empfinden, kann ich auch großes Glück fühlen. Schlägt das Pendel jedoch nicht so stark aus, bleiben auch die Gefühle verhaltener. Dieser Rhythmus begleitet uns täglich durch den Alltag in unzähligen Situationen. Aber die Hermetiker haben gelernt, diese Reaktion auszugleichen, indem sie sich bewusst dem Zurückpendeln verweigern und sich auf die gewünschte Polarität ausrichten. Damit bleiben sie stabil auf

einem positiven Niveau. Dies nennt man das Gesetz der Neutralisierung. Damit erreichen Sie einen stabilen Grad an Gelassenheit und kontrollieren Ihre Stimmungen und Gefühle.

Eigentlich ist es ja schon erstaunlich, wie viel wir davon im Alltag anwenden und unser Leben und unsere Gefühle verbessern und stabilisieren können. Vorausgesetzt, man schafft es, sich stets daran zu erinnern.

Warten Sie mal das sechste Gesetz ab: Das **Prinzip von Ursache und Wirkung.** *„Jede Ursache hat ihre Wirkung, jede Wirkung ihre Ursache. Alles geschieht gesetzmäßig. Zufall ist nur ein Name für ein unbekanntes Gesetz. Es gibt viele Ebenen der Ursächlichkeit, aber nichts entgeht dem Gesetz."*

Es gibt keinen Zufall? Und ich kann also diesem Gesetz oder meinem Schicksal nicht ausweichen?

Dieses Gesetz sagt aus, dass nichts zufällig geschieht. Im Universum hat alles eine erkennbare Ursache. Denn jeder Gedanke, den wir denken und jede Handlung, die wir begehen, führen nach dem Gesetz von Ursache und Wirkung zu direkten Ergebnissen. Wer jedoch seine Stimmungen, Gefühle und Impulse beherrscht und dadurch den Rhythmus neutralisiert, entkommt Ursache und Wirkung auf der gewöhnlichen Ebene. Durchbricht man diesen niemals endenden Kreis von Ursache und Wirkung, erhebt man sich über seine gewöhnliche Umgebung und entgeht den äußeren Einflüssen, die mein Schicksal bestimmen.

Irgendwie wird nun alles komplexer und hängt gleichzeitig aber auch zusammen. Was kommt denn noch?

Das letzte und siebte Prinzip ist das **Gesetz des Geschlechts**. *„Geschlecht ist in allem, alles hat männliche und weibliche Prinzipien. Geschlecht offenbart sich auf allen Ebenen."*

Das ganze Universum besteht aus diesen beiden Energien, die sich einander brauchen, um schöpferisch wirksam zu sein. Mit dem Begriff des Geschlechts beziehen sich die Hermetiker auf die weibliche und männliche Energie, die sich verbinden, um Manifestationen und Materie zu erzeugen. Die weibliche Energie ist empfänglich und anziehend und produziert wundervolle Ideen, Empfindungen und Inspirationen.

Die männliche Energie ist handelnd und begeisterungsfähig und setzt diese Ideen um. Die Vorstellung davon, wie diese beiden Energien schöpferisch zusammenarbeiten, ist die mystische Verbindung, welche den Funken der Göttlichen Magie überspringen lässt.

Nun haben wir doch recht ausführlich die sieben Prinzipien oder Gesetze der Hermetik besprochen. Kann man abschließend zusammenfassen, dass wir mit der Macht und der Kontrolle unserer Gedanken und Gefühle eine Transformation vornehmen können, die unseren Gefühlszustand von schlecht in gut oder zumindest in besser verändert und wir somit gelassener und stabiler durchs Leben gehen?

Absolut richtig erkannt und wiedergegeben. Die Umwandlung und Manifestation von etwas Unangenehmem oder Negativem in etwas Angenehmes ist das Ziel dieser Praxis. Denn wenn das Universum von geistiger Natur ist, muss es möglich sein, mentale, aber auch materielle Zustände in seiner Polarität zu verändern. Wahre hermetische Verwandlung ist eine geistige Kunst.

Wir haben nun die Grundlagen hermetischer Gesetze gelernt, erforscht und uns mit ihnen auseinandergesetzt. Das ist sozusagen zum Start die Voraussetzung und Basis, um den Inhalt des Projekts und die Aussagen der Bilder zu verstehen. Wir gehen in vielen der Themen, die noch folgen, zum Teil sehr detailliert auf das eine oder andere Gesetz ein und erläutern den Umgang in der Praxis.

Ich hätte noch das Bedürfnis, Themen wie etwa Gebet & Dankbarkeit, Gedanken im Allgemeinen und den Bereich Beobachten & Bewerten in dieses Gespräch zu integrieren. Besprechen wir das im Laufe des Buches noch an einer anderen Stelle?

Da kann ich Sie gut verstehen. Diese Themen sind ebenfalls sehr wichtig und entscheidend für unser Wohlbefinden und haben eine große Auswirkung auf unsere Erfahrungen und die Ereignisse, die wir anziehen. Ich bin mir sicher, dass alle drei Themenbereiche noch ausführlich behandelt und besprochen werden.

Möchten Sie, um das Kapitel zu einem würdigen Abschluss zu bringen, noch eine Bemerkung machen oder einen Hinweis geben?
Denken Sie in Zukunft immer an die folgenden beiden Grundsätze. Die sollten Sie von nun an ständig begleiten.

„*Das All ist geistig, das All ist Bewusstsein. Das Universum ist mental.*"

„**Wer die sieben Prinzipien der Wahrheit erkennt und versteht, besitzt den magischen Schlüssel, mit dem sich alle Tore des Tempels öffnen.**"

KAPITEL 5

Das Universum & Universelle Gesetze

Was war vor dem Urknall?

Wie ich aus unseren Vorgesprächen erfahren habe, besitzen Sie eine sehr persönliche Meinung zu Entstehung und Aufbau des Universums. Lassen Sie uns deshalb zu Beginn dieses Kapitels auf die uns allen bekannten Fakten und Zahlen konzentrieren. Wie ist die allgemein gültige Lehrmeinung dazu?

Das Universum ist im übertragenen Sinn die Gesamtheit von Raum, Zeit, Materie und Energie. Es entstand vor etwa 13,8 Milliarden Jahren aus einer Singularität. Die sogenannte Urknalltheorie kennen wir ja alle.

Moment. Was ist denn eine Singularität?

Eine Singularität ist ein unendlich dichter Punkt. Ein Ort, an dem die Gravitation so stark ist, dass die Krümmung der Raumzeit nicht mehr existiert, also unendlich ist. Das Universum entstand aus einem Atom, einem winzigen Punkt, welcher der Masse und der Dichte des gesamten Universums entspricht.

Das ist wahrlich fast unvorstellbar. Ein winziger Punkt, mit dem bloßen Auge nicht sichtbar, barg all das in sich, was wir als Universum kennen? Wie groß ist unser Universum, gibt es Zahlen oder Schätzungen?

Also nochmal. Das Universum ist vor etwa 13,8 Milliarden Jahren durch den Urknall entstanden. Die neuesten wissenschaftlichen Auswertungen gehen von einer Größe von etwa 78 Milliarden Lichtjahren aus. Aber das ist relativ, weil das Universum ständig expandiert.

Was heißt das nun wieder?

Ein Phänomen, das die Forschung „Dunkle Energie" nennt, ist mitverantwortlich dafür, dass sich das Universum schnell ausdehnt und damit immer größer wird. Diese dunkle Energie ist aber auch für einige andere Dinge verantwortlich, die im Universum vor sich gehen. Gleichzeitig ist sie uns noch völlig unbekannt und unerforscht. Die Relativitätstheorie und die Quantenphysik suchen nach der sogenannten Weltformel, die das alles erklärt. Wissenschaftlich ist noch nicht bewiesen, ob das Universum eventuell unendlich ist! Raum und Zeit sind mit der Entstehung des Universums entstanden. Es gab zuvor keinen Ort, wo es entstehen oder an dem sich etwas hätte ereignen können. Es gab natürlich auch keinen Raum. Jetzt sind wir aber plötzlich ganz nah, nein, nahezu konform mit dem Wissen und den Prinzipien der hermetischen Lehren. Wie soll etwas aus dem **Nichts** entstehen – das große Rätsel! Das Universum ist übrigens kalt und leer und dunkel. Da draußen ist im Prinzip **nichts** und doch so unendlich **viel**.

Widerspricht sich das nicht?

Nicht, wenn man die unglaubliche Größe und die Entfernungen zwischen der Materie im Universum mit in diese Formel einbezieht. Also die Entfernungen zwischen den Galaxien, Sternenhaufen, Sonnensystemen und Planeten.

Nichts – weil die Entfernung zwischen all diesen Körpern so unglaublich groß ist, dass wir uns das nur schwer vorstellen und verstehen können.

Unendlich viel - weil allein die geschätzte Anzahl der Galaxien sich auf etwa zwei Billionen beläuft.

Wie wird denn die Entfernung im Universum gemessen?

Wissenschaft und Forschung haben sich darauf geeinigt, Entfernungen in Lichtjahren zu messen. Um Ihnen diese unglaublichen Weiten da draußen besser verständlich zu machen, hier eine kleine Lehrstunde zum Thema Licht. Licht bewegt sich mit einer Geschwindigkeit von 300.000 Kilometern in der Sekunde. Das sind etwa 9,5 Billionen Kilometer in einem Jahr. Unser nächster Nachbarstern, also die nächste Sonne, ist *Proxima Centauri*, aus dem Doppelsternsystem *Alpha Centauri*.

Die Entfernung dorthin: 4,3 Lichtjahre, also 40,85 Billionen Kilometer. Der nächste Stern! Der Mond ist übrigens etwa 400.000 Kilometer weit weg. Eine nahezu lächerliche Entfernung. Dorthin waren wir aber drei Tage lang unterwegs.

Um es noch besser zu begreifen, versuche ich, das bildlich darzustellen. Wenn wir unsere Sonne auf eine Größe von 0,1 Millimeter reduzieren, ist *Proxima Centauri* etwa fünf Kilometer weit entfernt. Und wir sprechen vom nächsten Stern. Unsere Nachbargalaxie *Andromeda* ist 2,5 Millionen Lichtjahre entfernt. Das in Billionen Kilometer zu messen, geht schon gar nicht mehr. Die Rechnung wäre folgende: 2,5 Millionen Lichtjahre x 9,5 Billionen Kilometer = ?? Und wir sind hier erst bei der Nachbargalaxie. Es gibt aber etwa zwei Billionen Galaxien.

Um die Gleichung von oben nochmals aufzunehmen:
- Wir reduzieren die Sonne auf eine Größe von 0,1 Millimeter.
- Dann wäre *Proxima Centauri* – fünf Kilometer entfernt.
- Die Nachbargalaxie *Andromeda* – etwa drei Millionen Kilometer!

Wenn Sie nun über diese Zahlen erschrecken, ergeht es Ihnen wie mir. Wissen Sie, ich hatte die naive Vorstellung, ich dokumentiere diese Entfernungen im Buch mit einer Zeichnung. Nun gut: Schon die Sonne mit einer Größe von 0,1 Millimetern darzustellen, ist sehr schwierig, sie wäre nahezu unsichtbar. Um *Proxima Centauri* auf dieser Zeichnung unterzubringen, müsste ich ein Papier zum Aufklappen integrieren, das fünf Kilometer lang ist. Stellen Sie sich unsere Leserschaft mal vor, wie extrem genervt die wäre, aus ihrem Buch eine Zeichnung mit fünf Kilometer Länge auffalten zu müssen. Aber dabei bliebe es ja nicht. Ich wollte unbedingt auch noch die Nachbargalaxie *Andromeda* auf der Zeichnung unterbringen. Sie merken schon, jetzt wird's dramatisch. Denn der Aufklapptext hätte eine Länge von drei Millionen Kilometer. Und dabei haben wir die Sonne schon auf eine Größe von 0,1 Millimeter reduziert. Das hätte wohl niemand mehr mitgemacht. Also sorry, aber auf die schöne Zeichnung müssen Sie nun verzichten.

Sie haben Begriffe wie Galaxien und Sternensysteme ins Spiel gebracht. Können wir uns zum besseren Verständnis einmal all die

Körper, die es im Universum gibt, näher ansehen? Was zum Beispiel ist eine Galaxie? Ist unsere Milchstraße eine?

Eine Galaxie ist eine durch Gravitation gebundene, große Ansammlung von Sternen, Planetensystemen, Gas und Staubwolken. Unsere Milchstraße ist die Galaxie, in der sich unser Sonnensystem mit der Erde befindet. Sie ist eine Scheibe mit etwa 170.000 Lichtjahren Durchmesser und etwa 200 bis 400 Milliarden von Sternen. Jeder fünfte sonnenähnliche Stern wird von einem erdähnlichen Planeten in günstiger Entfernung umkreist. Das sind etwa 10 Milliarden mögliche Kandidaten für Leben – allein in unserer Galaxie!

Unsere Nachbargalaxie ist der *Andromeda-Nebel*, eine Spiralgalaxie wie unsere und etwa 2,5 Millionen Lichtjahre entfernt. Verstehen Sie jetzt die Entfernungen und die Weite?

Was ist ein Sonnensystem?

Ein Sonnensystem besteht aus Planeten, Zwergplaneten, Kometen, Asteroiden, die durch die Gravitation einer Sonne oder eines Doppelsternsystems in ihrer Umlaufbahn gehalten werden und diese umkreisen. Unser Sonnensystem ist etwa 4,6 Milliarden Jahre alt und besteht aus acht Planeten mit insgesamt 171 Monden. Es dehnt sich etwa sechs Milliarden Kilometer in den Raum aus. Zählt man den ringförmigen *Kuipergürtel* mit seinen unzähligen Kometen dazu, sind es dann schon 70 Milliarden. Rechnet man die *Oortsche Wolke* mit dazu, sind es schon 10 Billionen Kilometer, also 1,5 Lichtjahre. Wir rauschen übrigens auf der Erde mit ca. 800.000 Kilometern Geschwindigkeit pro Stunde durch den interstellaren Raum. Dafür sitzt Ihre Frisur übrigens hervorragend!

Ich mache mir gerade ehrlich gesagt keine großen Sorgen um meine Frisur, eher um meinen Verstand. Diese Zahlen sind wirklich erschreckend und beängstigend zugleich. Wohin reisen wir denn eigentlich so schnell? Und was ist der interstellare Raum?

Wir reisen mit der dynamischen Expansion des Universums ins Unbekannte, eine Fahrt ins Blaue sozusagen. Und wir reisen durch den interstellaren Raum. So bezeichnen Astronomen den Raum zwischen zwei Sternensystemen innerhalb einer Galaxie. Also zum Beispiel die Entfernung zwischen unserem Sonnensystem und *Alpha Centauri*.

Übrigens, ohne Sie beunruhigen oder Ihnen Angst machen zu wollen: Im Zentrum unserer Milchstraße befindet sich ein gewaltiges Schwarzes Loch mit der Masse von vier Millionen Sonnen, das alle Materie, die ihm zu nahe kommt, gierig verschlingt. Es ist sehr hungrig.

Sie machen jetzt einen Witz?
Nein, tue ich nicht.

Ein Schwarzes Loch? Was ist denn das genau?
Wir wollten doch eigentlich mit der Erklärung eines Planetensystems weitermachen.

Also ich habe gerade ein anderes Problem als Ihre Planeten. Ich gehe doch nachher nicht mit der Vorstellung nach Hause, demnächst in einem Schwarzen Loch zu verschwinden. Sie haben nun die Aufgabe, mich wieder zu beruhigen und mir irgendein Märchen mit Happy End zu erzählen. Also bitte!
Das kann ich nicht, das Schwarze Loch ist da. Nun ja, vielleicht beruhigt es Sie ja, dass Albert Einstein nicht an Schwarze Löcher glaubte. Aber er hat sich geirrt, es gibt sie, sie sind Realität. Allerdings weiß noch niemand so genau, was da vor sich geht. Eine Singularität, die noch unerforscht ist.

Wie muss ich mir denn so ein Monster vorstellen?
Es entsteht, wenn ein sehr großer, massereicher Stern seinen Brennstoff verbraucht hat und er unter seiner Schwerkraft kollabiert. Er verschwindet regelrecht in einem Raum-Zeitloch. Er zieht sich zu einer extrem kleinen Kugel zusammen und wegen seiner hohen Dichte und Schwerkraft kann Materie oder Strahlung nur noch von außen in das Schwarze Loch hineingeraten, jedoch nicht mehr hinaus. Ein riesiger kosmischer Staubsauger.

Was passiert mit der Materie, die in so einem Loch verschwindet?
??? Das weiß niemand. Wie gesagt, das Phänomen war bisher so unerforscht und unergründlich wie der Urknall. Später sage ich noch ein bisschen mehr dazu.

Also, Sie sind wirklich ein Naturtalent. Ein Meister darin, aufgebrachte und verängstigte Frauen zu beruhigen.
Vielen Dank.

Gibt es Theorien oder Vermutungen, was da so vor sich geht?
Es gibt im Bereich der Physik und Astronomie natürlich unzählige Theorien und Erklärungsversuche. Ich gebe mal drei davon bekannt, ohne sie zu kommentieren.
1. Schwarze Löcher sind Tore für Zeittunnel
2. Sie sind Portale in andere Universen
3. Die Entstehung eines Schwarzen Lochs ist gleichzeitig die Geburt eines neuen Universums. Wir erinnern uns. Auch unser Universum entstand aus einer Singularität.

Kann ich heute einschlafen, ohne mir vorzustellen, dass ich bald in einem Schwarzen Loch verschwinde?
Sie können ganz beruhigt zu Bett gehen. Selbst sehr große, Schwarze Löcher sind im Verhältnis zu den Ausdehnungen im Universum sehr klein, meist nicht größer als unser Sonnensystem. Im Vergleich zur Größe unserer Milchstraße ist das verschwindend klein. Also ist der Raum um so ein Schwarzes Loch – wie so viele Bereiche im Universum – kalt, leer und dunkel. Objekte, die sich nicht in unmittelbarer Nähe des Schwarzen Lochs befinden, werden auch nicht zu ihm hingezogen. Dazu kommt der Drehimpuls der Galaxie, der bewirkt, dass sich alles dreht und Sterne und Gaswolken davor zurückhält, in ein Schwarzes Loch zu stürzen.

Dann bin ich erstmal beruhigt und verlasse mich auf Ihre Ausführungen. Wir waren beim Sonnensystem stehengeblieben.
Ja, unser Sonnensystem besteht aus der Sonne, also dem Stern und acht Planeten. Vier davon sind Gesteinsplaneten: Merkur, Venus, Mars und Erde. Die anderen vier sind Gasplaneten und wesentlich größer: Neptun, Uranus, Saturn und Jupiter. Pluto, der ursprünglich neunte Planet, wurde zum Zwergplaneten degradiert und gehört nun als Objekt zum Kuipergürtel.

Der Planet Jupiter ist übrigens unsere Lebensversicherung. Denn er zieht dank seiner enormen Größe und Masse sämtliche Körper an, die da so unkontrolliert durchs All rasen und verhindert damit, dass die meisten bei uns einschlagen.

Welches ist der wissenschaftlich seriöse Hintergrund bei der Suche nach dem legendären neunten Planeten, der bisher noch nicht entdeckt wurde? Und wenn wir schon dabei sind: Es soll sogar noch einen geheimnisvollen zehnten Planeten irgendwo da draußen in unserem Sonnensystem geben?

Darf ich diese zwei Fragen streng getrennt voneinander beantworten? Das ist hier schon notwendig. Denn bei der Suche nach dem neunten Planeten handelt es sich um eine wissenschaftlich seriöse Unternehmung, während die Legende um den zehnten Planeten reine Spekulation ist.

Deshalb zuerst die Antwort auf Ihre Frage zum neunten Planeten. Wissenschaft und Astronomie vermuten schon seit längerer Zeit, dass sich in den Bereichen hinter Neptun noch ein weiterer, bisher unbekannter und unentdeckter Planet befinden muss. Darauf weisen Beobachtungen und Berechnungen im Bereich Neptun und des Kuipergürtels hin.

Beim zehnten Planeten handelt es sich um *Nibiru*. Dies behauptet der Journalist und Entdecker Zecharia Sitchin, der in seinen Büchern die These aufstellt, dass vor 450.000 Jahren Bewohner des Planeten *Nibiru* auf der Erde landeten und den Menschen erschufen, um ihn als billige Arbeitskraft beim Goldabbau einzusetzen. Diese „Götter" beeinflussten laut Sitchin auch die sumerische Zivilisation, die ja als Wiege der Menschheit gilt. Diese *Anunnaki* – so nennt Sitchin die Bewohner dieses Planeten – benötigten das Gold dringend, um die gefährdete Atmosphäre ihres Heimatplaneten *Nibiru* zu schützen und zu retten.

Und nun kommt das Interessante an der Geschichte: Dieser Planet hat eine stark elliptische Umlaufbahn um die Sonne. Das treibt ihn so weit aus unserem Sonnensystem hinaus, dass er nur alle 3600 Jahre die Bahn der Sonne und der Erde kreuzt. Sitchin's These beinhaltet auch, dass jedes Mal, wenn dieser Planet sich der Erde nähert, also alle 3600

Jahre, die *Anunnaki* maßgeblich in die Kultur und den Fortschritt der Menschheit eingreifen.

Das mit dem Planeten *Nibiru* hört sich aber sehr abstrakt und ein bisschen schräg an.
Ja, wenn Sie die Bücher von Zecharia Sitchin lesen, begeben Sie sich in eine Welt voller Wunder, Entdeckungen und Abenteuer. Er hat sich mit seinen Thesen und Spekulationen im Bereich der seriösen Wissenschaft keine Freunde gemacht. Für mich ist er der Karl May der Weltraum- und Göttersagen. Alles sehr, sehr spannend geschrieben, vieles sogar im Bereich des Möglichen oder Vorstellbaren. Aber die vermeintlichen Beweise für seine Thesen sind nicht wirklich haltbar, geschweige denn international anerkannt. Dennoch lohnt es sich, so ein Buch einmal zu lesen, da er viele Fragen stellt, die im Bereich der Wissenschaft oder der Archäologie noch nicht befriedigend beantwortet wurden. Seine Lösungen und Ergebnisse werden auch nicht alle bestritten. Dennoch ist vieles reine Spekulation oder wurde schon widerlegt.

Okay, machen wir beim Thema weiter. Was ist ein Stern?
Ein Stern ist ein massereicher, selbstleuchtender Himmelskörper aus sehr heißen Gasen. Sterne bestehen meist aus Wasserstoff und Helium in Form von heißem Plasma. Die Strahlungsenergie wird durch stellare Kernfusion erzeugt. Unsere Sonne ist so ein Stern.

Was ist ein Planet?
Planeten sind eine Ansammlung nicht selbstleuchtender, großer Himmelskörper, die durch die Gravitationskraft gebunden um eine Sonne kreisen. Also ein Himmelskörper, der in einer Umlaufbahn um einen Stern kreist, aber genug Masse hat, um durch seine Schwerkraft eine runde Form zu bilden.

Was ist der Unterschied zwischen einem Stern und einem Planeten? Am Nachthimmel sieht man sie ja beide leuchten?
Ein Stern ist eine riesige Gaswolke, die aus sich selbst heraus scheint. Wie unsere Sonne. Ein Planet kann kein Licht erzeugen, sondern lediglich reflektieren. Planeten kreisen um einen Stern.

Ich habe eine wichtige Frage, die Sterne betreffend, muss aber vorher noch etwas anderes loswerden. Wann ist ein Himmelskörper ein Planet oder ein Mond?

Also, was ein Planet ist, haben wir soeben geklärt. Der Unterschied zu einem Mond? Ein Mond ist ein natürlicher Satellit und kreist um einen Planeten und nicht um die Sonne. Wie unser Mond. Andere Planeten haben zwei oder drei oder noch viel mehr Monde. Der größte Mond in unserem Sonnensystem ist der Jupitermond *Ganymed*, ein Eismond und deutlich größer als unser Mond. Der nächst größte ist *Titan*, ein Saturnmond. Beide übrigens größer als der Planet Merkur.

Das heißt also, obwohl Ganymed und Titan deutlich größer sind als der Planet Merkur, sind sie Monde, weil sie um ihren jeweiligen Planeten kreisen. Während der kleinere Merkur ein Planet ist, weil er um die Sonne kreist?

Exakt.

Ich habe nun begriffen, dass unsere Sonne ein Stern ist. Mit einem Planetensystem von acht Planeten. Heißt das, dass alle Sterne, die ich am Nachthimmel sehe, aus so einem Sonnensystem mit kreisenden Planeten bestehen?

Vermutlich ja. Manche bestehen sogar aus einem Doppelsternsystem. Das heißt, zwei Sterne sind Mittelpunkt eines Sonnensystems.

Welches ist unser nächster Nachbarstern? Und wie weit ist er entfernt?

Das ist *Proxima Centauri* aus dem Doppelsternsystem Alpha Centauri. Diese Sterne sind etwa 4,3 Lichtjahre entfernt. Wir haben vorhin die gewaltigen Entfernungen angesprochen. Mit Lichtgeschwindigkeit benötigen Sie also über vier Jahre, um dort einzutreffen. Das sind etwa 40 Billionen Kilometer. Die schnellsten Raumsonden, die wir zur Zeit einsetzen, bräuchten für die Entfernung übrigens etwa 80.000 Jahre! Dieses Doppelsternsystem besteht aus *Alpha Centauri A*, der hellgelb leuchtet und *Alpha Centauri B*, der etwas kleiner ist und eine Orangefärbung hat. Das wird durch den Roten Zwerg *Proxima Centauri*, der auch noch dazuzählt, zu einem Dreiersystem.

Gibt es noch andere Sterne in unserer Nähe?
Naja, Nähe ist hier wirklich relativ! Der hellste Stern am Nachthimmel ist *Sirius* aus dem Doppelsternsystem „Großer Hund". Beide sind etwa 8,6 Lichtjahre entfernt. *Sirius B* ist ein Weißer Zwerg. *Aldebaran*, ein Roter Riese, ist ebenfalls ein Doppelsternsystem und etwa 67 Lichtjahre entfernt.

Roter Riese? Roter Zwerg? Weißer Zwerg? Was ist das nun schon wieder? Gibt's auch irgendetwas Blaues oder Grünes?
Auch wenn Ihre Frage ironisch gemeint war: Ja! Es gibt etwas Blaues. Blaue Überriesen! Witzig, oder?

Blaue Überriesen? Was bedeuten diese Bezeichnungen?
Damit wird der aktuelle Zustand eines Sterns definiert. Astronomie und Astrophysik klassifizieren Sterne in sogenannten Spektralklassen. Hierbei werden Größe und Leuchtkraft bewertet.

Rote Zwerge sind die kleinsten Sterne und leuchten so schwach, dass sie von der Erde mit bloßem Auge nicht zu sehen sind. Die Umwandlung von Wasserstoff in Helium geschieht hier langsamer. *Gliese 229A* ist so ein Stern, er ist etwa 18,8 Lichtjahre von uns entfernt. Übrigens sind die meisten Sterne unserer Galaxie, etwa 80 Prozent, rote Zwerge.

Ein **Weißer Zwerg** ist ein sehr kleiner, kompakter, alter Stern und nur unwesentlich größer als die Erde. Meist sind das die Überreste eines ausgebrannten blauen Riesen. *Sirius B* gehört dieser Spektralklasse an.

Ein **Blauer Riese** ist ein Riesenstern mit ca. 10- bis 50-facher Sonnenmasse. Er verbrennt im Vergleich zu anderen Sternen sehr schnell und bläht sich zu einem Roten Überriesen auf, um dann in einer Supernova zu explodieren. *Alnitak* aus dem Oriongürtel ist so ein Kandidat. *Deneb* ist noch sehr viel größer und erreicht die 300-fache Sonnenmasse.

Rote Riesen sind alternde Sterne mit großer Ausdehnung und hoher Leuchtkraft. *Aldebaran* ist ein Roter Riese und etwa 67 Lichtjahre entfernt. Rote Riesen, die weniger als die 8-fache Sonnenmasse haben, schrumpfen zu Weißen Zwergen. Ist der Stern größer als die 8-fache Sonnenmasse, explodiert er in einer Supernova und bildet eventuell ein neues Schwarzes Loch.

Der Oriongürtel ist ein perfektes Beispiel für Sterne mit verschiedenen Spektralklassen in einem Sternensystem. Ein Raumschiff, das mit Lichtgeschwindigkeit fliegt, würde als Besatzung mehr als 22 Generationen von Menschen erleben, um sein Ziel zu erreichen. Dieses Sternbild beinhaltet folgende Sterne:

Rigel – ein Dreifachsystem mit drei Sternen, 772 Lichtjahre entfernt
Beteigeuze – Roter Riese, achtmal größer als die Sonne, 640 Lichtjahre entfernt
Bellatrix – ein Blau/Weißer Riesenstern, 240 Lichtjahre entfernt
Alnilam – ein Blauer Überriese, 24 Mal größer als die Sonne, 1300 Lichtjahre entfernt
Alnitak – ein Dreifachsystem, 700 Lichtjahre entfernt
Saiph – Blauer Überriese, 16 Mal größer als die Sonne, 720 Lichtjahre entfernt
Mintaka – zwei Blaue Riesen, je 20 Mal größer als die Sonne, 900 Lichtjahre entfernt

All diese Sterne sehen wir mit bloßem Auge nachts am Himmel. Nehmen wir jetzt ruhig einmal den Blauen Überriesen *Alnilam*. Wir sehen nur das Licht, das er vor 1300 Jahren ausgestrahlt hat, weil das Licht so lange braucht, um zu uns zu kommen. Das heißt, vielleicht existiert er gar nicht mehr, sondern wir sehen nur noch sein Licht.

Wird dort nach Leben geforscht? Gibt es überhaupt Leben da draußen oder sind wir alleine?

Nun ja, die intensive Suche danach hat ja schon längst begonnen. Die Forschung konzentriert sich seit kurzem darauf, vor allem Rote Zwerge, also sehr kleine Sonnen, die in etwa die Größe des Planeten Jupiter haben, nach erdähnlichen Planeten abzusuchen. Weil so ein Planet, wenn er die Bahn seiner Sonne kreuzt, viel schneller und deutlicher erkannt werden kann, als das bei einem sehr großen Stern möglich wäre. Im Moment ist der Gesteinsplanet *Proxima b* in den Fokus der Astronomen geraten, also im System von *Alpha Centauri*, unserer Nachbargalaxie. Der umkreist den Roten Zwerg *Proxima Centauri* und scheint Bedingungen aufzuweisen, die Leben ermöglichen.

Wie muss ich mir die Entfernung von 4,3 Lichtjahren vorstellen, und wie sieht es auf *Proxima Centauri B* aus?
Ich sage Ihnen jetzt eine Zahl. 4,3 Lichtjahre sind – 40.680.000.000.000 Kilometer! Diese Zahl wird Ihnen aber erst dann in ihrer Größe bewusst, wenn ich Ihnen ein paar Ihrer Reisemöglichkeiten dazu benenne und die Zeit, die Sie brauchen, um an Ihr Ziel zu kommen.
Mit der Concorde sind Sie – über zwei Millionen Jahre unterwegs
Mit den zurzeit verfügbaren Raketensystemen – etwa 100.000 Jahre
Selbst unsere schnellsten Raumsonden bräuchten etwa 80.000 Jahre dorthin.
Der Gesteinsplanet *Proxima Centauri* kreist sehr nahe an seinem Stern, der allerdings viel kleiner als unsere Sonne und als Roter Zwerg nicht so heiß ist. Allerdings strahlt er wesentlich mehr UV- und Röntgenstrahlung ab, was das Leben dort sehr erschwert. Es gibt keine Jahreszeiten und er zeigt seinem Stern bei seiner Umkreisung, die 11 Tage dauert, immer dieselbe Seite, so wie unser Mond das auch tut. Sie kennen ja den Begriff „The Dark Side of the Moon". Dies teilt den Planeten in eine sehr heiße, sonnenzugewandte Seite und in eine sehr kalte Eiswüste, die sonnenabgewandte Seite. Um das Ganze noch spannender zu machen: Zurzeit untersuchen Astronomen ein auffälliges Signal, das aus Richtung *Proxima Centauri* auf einer Schmalbandfrequenz als Emission empfangen wurde. Der nächste, uns bisher bekannte Exoplanet, also ein Planet, auf dem nach unserer Auffassung Leben möglich wäre, ist *Kepler 186f*. Allerdings 500 Lichtjahre entfernt.

500 Lichtjahre? Bis zu uns? Wie kommen bei solchen Entfernungen überhaupt so etwas wie das UFO-Phänomen oder außerirdische Besucher ernsthaft in Betracht?
Bitte tun Sie mir einen Gefallen und lassen Sie uns nicht über dieses Thema diskutieren. Ich persönlich habe noch **nie** ein UFO gesehen, ebenso wenig bin ich jemals bewusst einem Außerirdischen begegnet. Das ist das, was ich beurteilen kann. Das ist meine persönliche Erfahrung. Damit sage ich jedoch nicht, dass wir auf der Erde noch nie von Außerirdischen besucht wurden, ich habe halt noch nie einen gesehen. Ich weiß, worauf Sie hinauswollen. Es gibt zweifellos unzählige Hinweise darauf, dass dies durchaus geschehen sein mag und dass die

Entwicklung der Menschheit davon stark beeinflusst wurde. Ich kann nur nicht mitreden, weil mir dazu die persönliche Erfahrung fehlt.

Aber jetzt Hand aufs Herz. Vom Gefühl und der Logik her ist die Wahrscheinlichkeit nach weiterem Leben da draußen doch ziemlich groß, oder nicht?

Sehen Sie – wir haben vorhin über die unglaublichen Weiten da draußen gesprochen und über die unzähligen Milliarden und Billionen von Sternen und Galaxien. Die Frage nach weiterem Leben ist etwa so, als würden Sie mich fragen, ob es beim Metzger nebenan vielleicht Wurst oder Fleisch gibt. Es gibt vermutlich Millionen von bewohnten Planeten mit Zivilisationen, die mit unserer vergleichbar sind. Viele davon sind vielleicht weniger weit entwickelt, andere könnten aber durchaus wesentlich weiterentwickelt sein als wir. Möglicherweise sind sie uns um Tausende oder Millionen von Jahren voraus? Die Frage ist – wo?

Vielleicht müssen wir ja bei der Suche nach Leben auch gar nicht solche abstrakten Entfernungen zurücklegen. Bleiben wir doch einfach in unserem Sonnensystem. Die Saturnmonde *Titan* und *Enceladus* sind dafür geeignete Kandidaten. Aber auch auf einigen Monden des Jupiters oder anderer Gasplaneten könnte es durchaus Leben geben.

Wenn ich Sie nun frage, welche Hinweise das sind, die darauf schließen lassen, dass die Menschheit Kontakt mit Besuchern anderer Welten hatte, bekomme ich dann eine Antwort?

Nicht in diesem Kapitel, womöglich ergibt sich das dann bei den Themen, die wir später noch genauer untersuchen werden.

Gut, wir haben uns bisher mit den Fakten, den Theorien und den Ergebnissen der Wissenschaft befasst. Wie sieht Ihr Weltbild des Universums aus? Oder anders gefragt, was sind Ihre persönlichen Erfahrungen?

Bevor wir auf mein Weltbild kommen, sollten wir vielleicht noch vorher die eine oder andere Theorie, die bisher nicht erwähnt wurde, ins Spiel bringen.

Theorien zum Aufbau und dem Wesen unseres Universums?
Ja, wir müssen jetzt nur aufpassen, dass wir nicht zu abstrakt und kompliziert werden. Allerdings ist es schon wichtig zu erklären, was im Bereich Quantenphysik und Metaphysik für unglaubliche Fortschritte im Bereich der Forschung erzielt werden – mit erstaunlichen Ergebnissen.

Also gut, wir können ja kurz darauf eingehen. Ich hoffe, ich kann diesen Gedankenspielen und Theorien als Laie folgen.
Es gibt zahlreiche Theorien, die darauf hinauslaufen, dass wir in einem Multiversum leben, mit einer Vielzahl an Parallelwelten. Die Parallelwelt-Interpretation ist ein Begriff aus der Quantenmechanik. Die Bildung des uns bekannten Universums aus einer Blase eines Multiversums bestätigt die Theorie des Urknalls. Ein Multiversum ist nach der Interaktionstheorie die Summe aller Wirklichkeiten, und eine Vielzahl von Kopien von uns leben diese Wirklichkeiten in anderen Universen aus.

Absolut erschreckende Vorstellung. Sind das denn wirklich seriöse Forschungen?
Die besten Köpfe aus Wissenschaft und Astrophysik beschäftigen sich damit und stoßen in immer weitere Grenzen vor. Es kommt noch besser, abwarten.

Viel ertrage ich aber nicht mehr. Sie mit Ihren Schwarzen Löchern, Multiversen und Parallelwelten können einen ganz ordentlich durcheinanderbringen und verunsichern.
Keine Angst, ich habe auch noch eine gute Nachricht für Sie, damit Sie keinen Schwarzes-Loch-Koller bekommen.

Sorry, den habe ich schon. Aber eine gute Nachricht könnte ich dennoch gebrauchen. Worum geht es denn, oder wartet etwa die nächste schräge Geschichte auf mich?
Nein, und ich versuche mich kurz zu halten und dann belassen wir es dabei, denn alle weiteren Theorien führen zu weit.

Forschende aus dem Bereich Astrophysik wollen auf Grundlage direkter Beobachtungen herausgefunden haben, dass unser Universum ein gewaltiges Hologramm sein könnte.

Ein Hologramm? Eine Matrix? Was würde das bedeuten?
Das würde bedeuten, dass unser Dasein nur eine Projektion von etwas Zweidimensionalem ist und unser dreidimensionales Weltbild einstürzen lässt. Unser Verhältnis zu Länge, Breite, Höhe, also dem Raum, würde zu einem völlig neuen, revolutionären Ergebnis führen und alle bisherigen Erkenntnisse müssten gänzlich neu gedacht werden.

Ja, aber wie kommt man auf so eine verrückte Theorie?
Jetzt kommt Ihr neues Hobby – die Schwarzen Löcher – wieder ins Spiel. Neueste, ganz aktuelle Forschungen über Schwarze Löcher sagen aus, dass unsere Realität zweidimensional und unsere Welt eine Art Hologramm ist. Während bisher die Schwarzen Löcher als alles verschlingende, vernichtende Monster beschrieben wurden, ergaben neueste Beobachtungen und Berechnungen Folgendes: Verschwindet etwas in einem Schwarzen Loch, wird eine Kopie davon auf der Oberfläche des Schwarzen Lochs abgelegt. Das ist durchaus mit einer Datenspeicherung vergleichbar. Des Weiteren wird nun vermutet, dass alles, was eingesaugt und vorher an der Oberfläche abgelegt wird, an jedem beliebigen Ort als dreidimensionale Projektion dargestellt werden kann. Das würde dafür sprechen, dass Schwarze Löcher für die Geburt von Universen verantwortlich sind. Wir erinnern uns ...

Ja, ich weiß. Auch unser Universum ist aus einer Singularität entstanden. Mein Gott, ist das alles schwer nachvollziehbar, wenn man nur ein normaler Mensch ist und nichts mit Astro- oder Metaphysik zu tun hat.
Wohin diese Forschungen noch führen werden und welche beweisbaren Ergebnisse dabei herauskommen, wird die nahe Zukunft zeigen.

Darf ich Sie mal etwas fragen, Sie dürfen mich aber nicht auslachen! Diese Frage liegt mir schon seit Beginn dieses Kapitels auf der Zunge und jetzt hau' ich sie raus. Wenn ich im Fernsehen Filme von

Raumschiff Enterprise sehe, wird immer vom WARP-Antrieb gesprochen. Mister Sulu – beschleunigen Sie auf WARP 7! Worum geht es da? Das habe ich nie begriffen!

Ich hab' Sie kurz grinsen gesehen. Ist das denn eine doofe Frage?

Nein, gar nicht, es ist sogar eine intelligente Frage. Weil sie beantwortet, wie eventuelle Besucher anderer Welten die ungeheuren Entfernungen im All überwinden. Sie müssen wissen, selbst wenn wir es schaffen, ein Raumschiff zu konstruieren, das mit Lichtgeschwindigkeit durchs All fliegt, sind wir wegen der ungeheuren Distanzen zwischen den Sternen immer noch wie im Schneckentempo unterwegs. Um interstellare Reisen deutlich zu verkürzen, bräuchten wir also einen Antrieb, der uns diese riesigen Entfernungen schneller überwinden lässt. Der WARP-Antrieb wäre die perfekte Lösung, weil er keinen Treibstoff benötigt. Dieser Antrieb basiert auf Kristallen und dem Trägheitsprinzip, er krümmt sozusagen die Raumzeit und verkürzt damit die Distanzen erheblich.

Habe ich das richtig verstanden? Der Antrieb krümmt den Raum? Wie soll das vor sich gehen?

Nehmen Sie ein DIN-A4-Blatt in die Hände und halten Sie es an beiden Enden vor sich hin. Sie sehen, die beiden Enden sind in diesem Zustand weit voneinander entfernt. Jetzt führen Sie die Enden langsam zusammen. Sie verkürzen nun deutlich den Abstand zwischen den Enden, also den Raum! Gratuliere, Sie haben soeben den WARP-Antrieb simuliert, denn genau das passiert auch im All.

Das ist schon auch ein bisschen schräg, oder? Eigentlich eine erschreckende Vorstellung, so war mir das nie bewusst. Danke, dass Sie mich aufgeklärt haben.

Es ist noch immer Science-Fiction, obwohl daran gearbeitet wird. Rein theoretisch ist das aber möglich. Es gibt auch Gedankenspiele und Forschungen für einen Antrieb mit Ionen und Magneten, der um das Raumschiff eine Blase erzeugt und es somit vom uns bekannten Universum trennt. Damit sollen Sprünge mit Überlichtgeschwindigkeit möglich werden, um in Sekundenbruchteilen Entfernungen von hunderten von Lichtjahren zu überwinden.

Kommen wir zurück zum Universum, das ja Ihrer Meinung nach mental, also geistig ist.
Stop! Nicht nur meiner Meinung nach, die auf sehr persönlichen Erlebnissen basiert. Wir haben durch die Gesetze der Hermetik gelernt, dass das All geistig ist. Die Quantenphysik bestätigt dies und beweist durch Versuche, Forschungen und mit neuen physikalischen Theorien, dass die Gesetze der Hermetik real, also wahr sind. Darüber hinaus – und jetzt lachen Sie bitte nicht – gibt es auch Vertreter der Kirche mit hohen Ämtern, die genauso denken.

Vertreter der Kirche sind der Meinung, das Universum sei geistig?
Es gibt zahlreiche Schriften und Bücher von Kirchenvertretern, die zu ähnlichen Ergebnissen kommen. Um nur einen zu nennen: Kein geringerer als der frühere Papst Joseph Ratzinger beschreibt diesen Vorgang, als er noch an der Tübinger Universität für Theologie Vorlesungen hielt.

Soll ich Ihnen sagen, wovon ich zu hundert Prozent überzeugt bin? Die Kirche kennt die Wahrheit. Sowohl was Entstehung, Aufbau und Funktion des Universums betrifft, als auch die wahre Bedeutung der Lehre von Jesus Christus. Die Kirchenvertreter können es halt nicht lehren oder zugeben, weil sie sich selbst sonst unter Umständen überflüssig machen. Übrigens ist die ganze Bibel, und das Neue Testament voll mit Hinweisen darauf. Auch viele der Aussagen und Gleichungen von Jesus weisen genau darauf hin.

Zu welchem Zweck ist dann das Universum da? Wozu soll das alles führen?
Ich möchte jetzt nicht vorgreifen und viele der offenen Fragen lieber im Kapitel *Quantenphysik* behandeln. Aber um ganz kurz zu antworten: Das Universum, das **All**, also das unendliche Bewusstsein, hat die Möglichkeit, sich selbst zu erfahren. Alles im Universum besteht letztendlich aus reiner Energie. Indem Gott uns also aus sich selbst, nach seinem Ebenbild erschaffen hat – genauso steht es übrigens auch in der Bibel, wir dürfen das durchaus wörtlich nehmen – erkundet und erfährt das **All**, was es selbst erschaffen hat. Wie soll das unendliche Bewusstsein

seine Schöpfung denn sonst erleben? Wir alle sind aus den gleichen Bausteinen wie das Universum selbst. In unserem Körper, unserem Geist und unserer Seele ist die vollständige Entstehung des Universums enthalten. Unser Geschenk auf dem Weg zurück zur Quelle liegt darin, dies zu **wissen** und wieder zu erfahren.

Auf dem Weg zurück? Wohin zurück?
Nach Hause! Dahin zurück, wo alles begann. Wenn die Seele den Sinn ihrer Existenz vollständig erfahren hat, kehrt sie zurück ins große Bewusstsein, aus dem sie ursprünglich auf ihre lange Reise geschickt wurde. Dies ist der Sinn unseres Lebens: uns daran zu erinnern, **wer** wir sind und **woher** wir kommen.

Ich erinnere mich an Ihren Bildtitel „*Wer sind wir, woher kommen wir, wohin gehen wir*".
Sie werden im Laufe unserer Gespräche selbst sehr schnell und sehr deutlich erfahren, wie alles vernetzt ist und zusammenhängt. Und ja, dieses Bild wird einige universelle Geheimnisse enthalten, versteckt, verschlüsselt und verborgen – und doch zu erahnen.

Wenn wir also davon ausgehen, dass das Universum mental ist, was bedeutet das für uns als Mensch?
Dass es mit uns verbunden ist und wir mit Ihm. Wir sind **Eins**. Die göttlichen Schöpfungskräfte sind Teil unserer realen Welt und reagieren auf die Bewusstseinskräfte der Menschen.
Das Resonanzgesetz setzt diesen Vorgang in Bewegung und bewirkt eine Reaktion auf der feinstofflichen Ebene.

Wie bitte? Wie denn?
Ich nenne jetzt mal spontan die Begriffe Gebet und Dankbarkeit, weil die mir als erstes einfallen.

Sie denken, dass ich durch Gebete Zugang zum Universum bekomme und es zu meinen Gunsten beeinflussen kann?
Nennen Sie es, wie Sie wollen. Gebet, Bitte, Wunsch, Erwartung, Hilfe. Wenn wir dies in Dankbarkeit tun, verändert sich unser Bewusst-

sein und wir senden eine Botschaft, eine Energiewelle in die Schöpfung. Die Kräfte des Universums reagieren darauf und unser Leben kann sich dadurch nachhaltig verändern.

Dann hat die Kirche also recht, dass Gebete erhört werden? Aber das Universum ist doch keine Wunschmaschine!
Ich muss diese Frage zweimal mit **ja** beantworten. Also, ja, die Kirche hat in diesem Fall recht. So wie sie übrigens in vielen Dingen, die sie versucht zu lehren, recht hat. Nehmen wir zum Beispiel den Akt des Segnens. Was immer ich reinen Herzens und aufrichtig segne, wird davon berührt und beginnt sofort zu wirken. Ich empfange sozusagen die Gnade Gottes. Wir können jetzt natürlich darüber streiten, in wieweit der Segen des Papstes, eines Kardinals oder eines Priesters wirklich ehrlich von Herzen kommt. Oder ob es eher Routine, Kalkül oder eben eine Regel ist, die halt als Ritual durchgeführt wird.

Aber um auch dieser Aussage ein bisschen die Schärfe zu nehmen: Bei all diesen soeben genannten Personen handelt es sich in erster Linie um Menschen, mit all ihren Fehlern, Unzulänglichkeiten und seelischen Emotionen. Auch wenn uns das Purpur einer Kardinalsrobe darüber hinwegtäuschen soll. Ich erwähnte doch schon an einer anderen Stelle dieses Kapitels: Die Kirche kennt die Wahrheit und weiß von diesen Dingen. Natürlich kennt sie dann auch die Kraft und die Wirkung von Gebeten oder des Segens.

Um auf Ihre zweite Frage mit der Wunschmaschine zu kommen: Doch, das Universum ist im übertragenen Sinn genau das. Es erfüllt die sehnlichsten Wünsche, die Ihre Seele äußert.

Aber wie viele Verzweifelte haben genau das versucht und nichts erreicht. Ach kommen Sie, das ist doch Unfug!
Ist es nicht. Es geht dabei um zwei entscheidende Faktoren. Denn die Schöpfung reagiert nicht auf das, was wir haben wollen, sondern auf das, was wir aussenden oder ausstrahlen. Ein Beispiel: Wenn Sie in einem verzweifelten oder negativen Zustand einen Wunsch oder eine Bitte aussenden, bekommen Sie genau das zurück. Das Universum reagiert vor allem auf Ihren Energielevel und auf Ihre eigene Schwingungs-

frequenz. Sie erinnern sich: Negative Gefühle = niedere Schwingung. Positive Gefühle = hohe Schwingung. Dazu kommt:

Der Glaube allein reicht hier nicht mehr aus, man muss **wissen**, dass dies so ist. Das ist ein entscheidender Unterschied. Und dann kommt jetzt nochmal der Begriff Dankbarkeit ins Spiel. Seien Sie dankbar für etwas, das Sie noch gar nicht haben. Denn Dankbarkeit bedeutet Hingabe und ist keine Forderung.

Ich soll dankbar sein für etwas, das ich noch gar nicht bekommen habe? Mit Verlaub, das ist aber schon sehr weit hergeholt! Wie soll das vor sich gehen?

Sorry, aber so funktioniert das Spiel. Und wenn Sie mitspielen wollen, müssen Sie sich an die Regeln halten.

An die Regeln halten, ja, ja, ja. Schwierig, wenn einem die Regeln fremd sind. Bitte entschuldigen Sie, aber manchmal gehen Sie mir echt auf die Nerven, weil Sie ab und zu dazu neigen, mich zu berichtigen oder bloßzustellen.

Ich versuche doch nur, mit Nachdruck darauf hinzuweisen, dass Sie einfach viel mehr an sich und die Kraft, die in Ihnen steckt, glauben sollen. Wenn Sie nicht an sich und an Ihre Träume, Hoffnungen und Visionen glauben, dann endet Ihre Reise, bevor sie begonnen hat. Ihre ständigen Selbstzweifel und Ihr nicht vorhandenes Selbstbewusstsein – ich drücke es noch deutlicher aus – Ihr mangelhafter Glaube an sich selbst ist Ihr größtes Hindernis. Sie sind sich selbst der schlimmste Feind.

Es liegt wahrscheinlich daran, dass ich einfach leicht überfordert bin. Vieles von dem, was Sie da sagen, ist sehr neu und fremd für mich. Gleichzeitig bin ich aber durchaus fasziniert davon. Okay – wir waren dabei, darüber zu sprechen, wie ich dankbar für etwas sein soll, das ich mir zwar wünsche, aber noch gar nicht besitze.

Verhalten Sie sich im Moment der Bitte oder Wunschäußerung und auch danach so, als ob Sie es schon hätten. Stellen Sie sich einfach vor, wie Sie sich verhalten würden und was sich dann für Sie verändert. Wenn Sie diese Gefühle und Energien aussenden, bekommen Sie etwas zurück, was auf der gleichen Frequenz sendet.

Lassen Sie uns das nochmal aktualisieren. Das Universum ist Geist, also mental, und erfährt sich selbst durch jeden Gedanken und jede Handlung, die in ihm geschieht. Gleichzeitig reagiert es auf Energien, die wir aussenden und versucht, diese zu erfüllen damit wir den tieferen Sinn unseres jetzigen Lebens erkennen und erfüllen können. Habe ich das so richtig wiedergegeben?

Im Großen und Ganzen ja. Es gibt da natürlich noch viele verborgene Pfade und geheime Tore, die auf einen warten, um mit Vertrauen und Zuversicht dieses Wissen im Alltag erfolgreich umzusetzen.

Wichtig ist mir an dieser Stelle im Moment nur, einen Impuls zu setzen, diese Weisheiten weiterzugeben. Im nächsten Schritt liegt es nun an jedem einzelnen, ob er dies annimmt und umsetzt oder weiter ignoriert.

Gibt es Beweise dafür, dass dies wahr, also real ist?

Ach ja, unsere moderne Gesellschaft und der moderne, aufgeklärte Mensch fordert für alles Beweise, Berechnungen und nachvollziehbare Ergebnisse. Können Sie beweisen, dass es die Luft gibt, die Sie täglich einatmen? Sie sehen sie nicht und doch ist sie da. Können Sie beweisen, dass der Mond auch dann noch existiert, wenn niemand mehr hinsieht?

Was ist denn das für eine provokante Frage? Sehen Sie, Sie fangen schon wieder damit an!

Oh, Vorsicht, Sie befinden sich auf dünnem Eis. Denn diese Frage hat niemand Geringeres als Albert Einstein gestellt und sie wird, Sie werden jetzt lachen, unter Forscherinnen und Forschern der Physik und Naturwissenschaften leidenschaftlich diskutiert.

Das ist nun wirklich pure Provokation ohne einen realen wissenschaftlichen Hintergrund. Natürlich existiert der Mond. Jeder sieht ihn doch.

Sie wollten Beweise. Und somit sind wir in der Wissenschaft der Quantenphysik angekommen. Mit der Antwort auf die Frage zum Mond beschäftigen wir uns im Kapitel Quantenphysik.

Hören Sie, der Mond ist mir persönlich sehr wichtig. Ich habe eine enge Beziehung zu ihm und seiner Faszination.

Also wenn das so ist, dann nehme ich Ihnen zuliebe Folgendes vorweg: Vermutlich würde es ihn nicht geben, wenn keiner mehr hinsieht, weil auch der Mond, wie alles im Universum, aus Quanten besteht. Und Quanten existieren als Materie nur, wenn sie beobachtet oder gemessen werden.

Der Mond würde nicht existieren, wenn ihn niemand mehr anschaut?

Nichts würde existieren, wenn niemand hinsieht. **Zero. Nichts.** Die **große Leere.**

Was ist das nun wieder für ein Zaubertrick? Also das Kapitel Universum hat meinen Verstand und meine Auffassungsgabe ziemlich gefordert.

Dann lassen Sie uns doch gemeinsam in die spannende Welt der Quantenphysik eintreten.

Entfernungen im Universum

Erde – Mond: 400.000 km

Erde – Mars: 55,7 Millionen km (55.758.000 km)

Erde – Sonne: 149,6 Millionen km (149.600.000 km)

Erde – Jupiter: 1,3 Milliarde km (1.353.789.000 km)

Erde – Uranus: 2,8 Milliarden km (2.892.030.000 km)

Erde – Neptun: 4,3 Milliarden km (4.330.312.000 km)

Erde – Alpha Centauri: 40 Billionen km (40.680.000.000.000 km)
= 4,3 Lichtjahre

Erde – Sirius: 81 Billionen km (81.000.000.000.000 km)
= 8,6 Lichtjahre

Erde – Aldebaran: 617 Billionen km (617.000.000.000.000 km)
= 65 Lichtjahre

Erde – Beteigeuze: 6,6 Billiarden km (6.650.000.000.000.000 km)
= 700 Lichtjahre

Erde – Rigel: 8,5 Billiarden km (8.550.000.000.000.000 km)
= 900 Lichtjahre

Erde – Alnilam: 12,3 Billiarden km (12.350.000.000.000.000 km)
= 1300 Lichtjahre

Erde – Andromeda-Galaxie = 2,5 Millionen Lichtjahre

(Diese Zahl lässt sich in Kilometern nahezu nicht mehr darstellen. Es sind etwa 25 Trillionen Kilometer. Diese Zahl würde ungefähr folgendermaßen aussehen: 2,375.000.000.000.000.000 km)

Zur Erklärung und besserem Verständnis der Zahlen:
1 Million = Tausend x Tausend
1 Milliarde = Tausend Millionen
1 Billion = Eine Million Millionen
1 Billiarde = Eine Million Milliarden

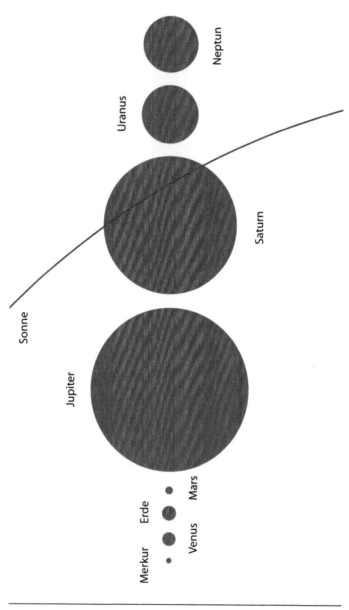

Größenvergleich der Planeten

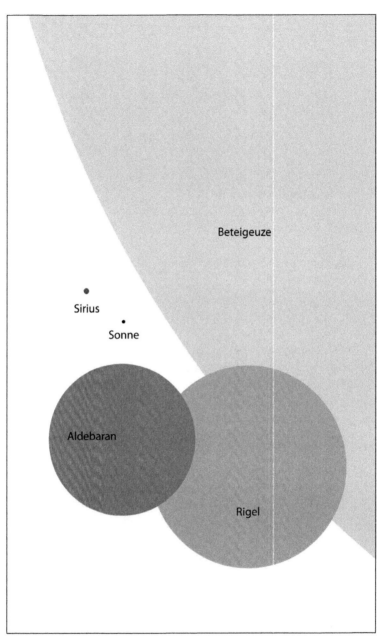

Größenvergleich der Sterne

KAPITEL 6

Quantenphysik

Wissenschaft & Spiritualität

Was ist nun mit meinem Mond?
Der ist doch da, Sie sehen ihn doch jeden Abend. Also kein Grund zur Panik.

Sie sagten aber, er würde aufhören zu existieren, wenn niemand mehr hinsieht.
Ja. Vermutlich wäre das so. Aber wenn Sie brav am Abend Ihren Mond betrachten, kann ihm nichts passieren – aber nicht vergessen!

Diese Aussage zur Existenz des Mondes ist doch eigentlich unglaublich. Sie sagen, Forschende aus Physik und Naturwissenschaft beschäftigen sich mit solchen Dingen? Quantenphysik – was ist denn das eigentlich und wie sagt man so schön: Wer hat's erfunden? Und, ach ja, was sind denn eigentlich Quanten?
Das waren jetzt drei Fragen auf einmal.

Ja, und bitte versuchen Sie so zu antworten, dass es auch für mich oder andere unbedarfte Lesende verständlich ist. Denn mir brummt noch der Kopf vom Kapitel Universum.
Ich fange mal mit den Quanten an. Was sind Quanten? Quanten sind kleine Elementarteilchen, also die kleinsten Teile der uns umgebenden Wirklichkeit. Ein Stoff, aus dem das Universum zum größten Teil besteht. Das Besondere an ihnen ist, dass sie, entgegen allen physikalischen Gesetzen, an mehreren Orten gleichzeitig sein können und sich selbst über größte Distanzen hinweg beeinflussen. Wissenschaftlich

Forschende, die sich mit diesem Phänomen beschäftigen, folgern daraus: Der Mensch ist mit dem ganzen Kosmos verbunden.

Was ist Quantenphysik? Das ist die Lehre des Allerkleinsten. Sie beschreibt, wie sich Elementarteilchen, Atome und andere winzige Objekte verhalten und ist notwendig geworden, weil die klassische Physik bei der Beschreibung des Lichts oder des Aufbaus der Materie an ihre Grenzen gestoßen ist. Es besteht eine Verbindung oder Verschränkung zwischen beliebig und weit entfernten Elementarteilchen wie Atomen, Neutronen, Photonen, Elektronen, die über den ganzen Kosmos verteilt sind, jedoch voneinander wissen und sich in Überlichtgeschwindigkeit aufeinander abstimmen können. Dies widerspricht allerdings Albert Einsteins Relativitätstheorie, die besagt, dass sich nichts schneller bewegen kann als das Licht. Pioniere dieses Wissenschaftszweiges waren Max Planck, Niels Bohr, Werner Heisenberg und Erwin Schrödinger.

Sie haben bei Vorgesprächen schon versucht, mir einiges davon zu vermitteln. Ehrlich gesagt, hatte ich enorme Schwierigkeiten, Ihnen dabei zu folgen, weil es zum einen sehr schwere Kost ist, zum anderen aber auch zu unglaublichen Ergebnissen und Aussagen führt. Lassen Sie uns deshalb dieses komplexe Thema so einfach wie möglich halten. Sie sagten irgendetwas vom Licht, das sich wie Wellen verhält und alle Möglichkeiten offenlässt, bis zu dem Zeitpunkt, wo es beobachtet oder gemessen wird und dann sein Verhalten verändert.

Gut aufgepasst. Denn darum dreht sich im Prinzip alles. Das nennt man in der Quantenphysik die Umwandlung von Möglichkeiten in Tatsächlichkeiten. Also übersetzt die Umwandlung von ätherischen, transzendenten Energien in Materie. Und jetzt kommt wieder die Wellenfunktion ins Spiel, die in diesem Moment zusammenbricht.

Warum ist das denn so wichtig?
Weil in diesem Moment aus Quantenteilchen Materie entsteht.

Was bedeutet das genau?
Im Augenblick des Messens/Beobachtens kollabiert die Wellenfunktion des Lichts mit all seinen zuvor möglichen Zustandswahrscheinlichkeiten. Es wird dabei gezwungen, einen einzigen Zustand anzunehmen.

Es ist „wahrgenommen" worden. Hat sich also manifestiert. Aus feinstofflicher Essenz wurde Materie. Wahrnehmung erzeugt Realität. Denn Messen und Beobachten bedeutet immer, dass eine Art Energie und Informationsaustausch mit dem Meer aller Möglichkeiten stattfindet.

Ich habe da im Fernsehen einmal etwas von einem Doppelspaltexperiment gesehen, habe aber kein Wort davon verstanden.

Ja, das berühmte Doppelspaltexperiment. Ich versuche Ihnen das jetzt so einfach und schnell wie möglich zu erklären. Grundsätzlich gilt: Licht tritt **immer** wellenförmig auf. Wird es jedoch gemessen oder beobachtet, verwandelt es sich in Teilchen, also in Materie. Es verhält sich, als ob es gewusst hat, dass es beobachtet wird. Genau wie das Licht verhalten sich auch Elektronen. Dort ist das gleiche Phänomen zu beobachten. Das Elektron verwandelt sich zu einem Teilchen, also Materie, sobald es gemessen oder beobachtet wird. Fühlt es sich unbeobachtet, verhält es sich wie eine Welle und ist überall gleichzeitig, hält sich alle Möglichkeiten offen. Die Wissenschaft gebraucht dafür die Formulierung: Es befindet sich in einer Superposition.

Nun zum Doppelspaltexperiment. Dabei wirft man Licht, also Photonen, oder Elektronen auf eine Platte mit zwei integrierten Spalten und misst dann hinter der Platte die Interferenz, also wo genau das Licht auftrifft. Solange nichts gemessen oder beobachtet wird, verhält sich das Licht wie eine Welle, ist überall und schlüpft durch beide Spalten. Ein, bis dahin, logisch nachvollziehbarer Vorgang. Jetzt kam man auf die Idee, das auch einmal mit einem einzelnen Lichtphoton oder einem Elektron zu versuchen. Hier sollte man meinen, dass das einzelne Photon oder Elektron eine der beiden Spalten passiert. Das geschieht aber nicht. Das Ergebnis war verblüffend, denn es ergab das gleiche Muster. Das einzelne Photon verhielt sich wie eine Welle und schlüpfte gleichzeitig durch beide Spalten. Wie ist so etwas möglich?

Dieses Phänomen wollte man nun durch eine Messung aufklären. Also brachte man an den beiden Spalten Detektoren an, um das Ergebnis zu untersuchen. Und jetzt stellte man fest, dass durch die Messung oder durch die Beobachtung das Photon seine Superposition aufgab, die Wellenfunktion also kollabierte und es sich entschloss, durch einen

Spalt zu schlüpfen. Das Photon wurde also durch eine Messung real. Zu Materie. Das heißt: Natürlich „weiß" das Licht nicht, dass es beobachtet wird. Das Licht reagiert allerdings auf den Vorgang des Messens oder Beobachtens, also darauf, auf was sich der Beobachtende konzentriert. Denn mit dem Vorgang des Beobachtens, der ja eine Konzentration auf einen bestimmten Fokus ist, verändert sich die Schwingung und damit die Dichte der umgebenden Wirklichkeit.

Dieser Versuch einer Erklärung des Doppelspaltexperiments ist aus Zeit- und Platzgründen natürlich stark vereinfacht und aufs Wesentliche reduziert. Denn allein über dieses Thema lassen sich mühelos ganze Kapitel schreiben.

Das heißt, dass sich Licht sowohl wie eine Welle als auch wie Teilchen verhalten kann?

Ja. Diese Interpretation nennt sich in der Physik übrigens die „Kopenhagener Deutung". Allerdings gehen manche noch viel weiter. In der „Viele-Welten-Interpretation" wird das Ergebnis des Doppelspaltexperiments und das Verhalten des Lichts mit einer weiteren Idee präsentiert. Diese Theorie verzichtet auf eine kollabierende Wellenform, die unter Beobachtung einen bestimmten Wert annimmt. Sie nimmt eher an, dass die Welt sich verzweigt, wenn ein Quantenteilchen mehrere Zustände haben kann und es in all diesen Welten existiert. Deshalb spricht man von Paralleluniversen, in denen alle möglichen Zustände gleichzeitig existieren.

Was bedeutet das für die Wissenschaft und unsere Naturgesetze?

Das bedeutet, dass sich Elementarteilchen, bevor sie beobachtet werden, alle nur erdenklichen Möglichkeiten offenhalten. Sie befinden sich in einer vorhin bereits erwähnten „Superposition" und alle Varianten existieren gleichzeitig. Im Moment der Beobachtung verschwindet diese Superposition und das Teilchen manifestiert sich zu Materie und erschafft damit unsere Realität. Daraus folgern die Physikerinnen und Physiker, dass der Ursprung unserer Welt nicht aus Materie besteht und **irgendjemand** oder **irgendetwas** entscheidet – Theologen oder Gläubige würden das nun **Gott** nennen –, dass Quanten sich im Moment des Beobachtens in Materie verwandeln.

Wurden diese Ergebnisse von der Physik-Fachwelt so akzeptiert?
Nein. Sie können sich denken, dass die Expertinnen und Experten sich natürlich auch hier nicht einig waren. Vor allem der Disput zwischen Albert Einstein und Niels Bohr spaltete die Fachleute in zwei Lager.

Warum das denn? Was war der Auslöser des Streits?
Nun, die Erkenntnis, dass sich nachweislich Quanten, die miteinander verschränkt sind, in Überlichtgeschwindigkeit miteinander abstimmen, widerspricht natürlich Einsteins Theorie, dass sich nichts im Universum schneller bewegt als das Licht. Das heißt dann übersetzt: Entweder stimmen die Aussagen und Ergebnisse der Quantenmechanik und des Doppelspaltexperiments nicht ... oder Einstein hat sich geirrt! Eine Vorstellung, die ja beinahe an Gotteslästerung grenzt.

Und was kam dabei heraus?
In den darauffolgenden Jahrzehnten wurden dieselben Versuche mit neuen Messmethoden mehrfach wiederholt und überprüft. Und wissen Sie was? Einstein hat sich geirrt! Unglaublich, oder?

Ja, bemerkenswert und erstaunlich. Was folgerte die Wissenschaft daraus?
Wenn sich nichts schneller bewegen kann als Licht, dann gibt es dafür nur eine Erklärung: Es gibt nicht viele voneinander getrennte Teilchen. Sondern alles, woraus das Universum besteht, ist **Eins**.

Es gibt nichts voneinander Getrenntes. Das Universum und alles, woraus es besteht, ist ein feinstoffliches Netz von miteinander verschränkten Quanten, das von einem Bewusstsein wahrgenommen wird. Denn wenn es so ist, dass sich Quanten, zwischen denen vielleicht sogar eine Distanz von hunderten von Lichtjahren besteht, in Sekundenbruchteilen aufeinander abstimmen, und keine Information im Universum laut Einstein schneller als Licht übertragen werden kann, dann gibt es keine Trennung oder Teilung. Die einzige logische und schlüssige Erklärung ist die Erkenntnis, dass alles - **Eins** ist.

Wann und warum entscheidet sich das Licht, zu Materie zu werden?
Wie gesagt: Es ist wissenschaftlich nicht zu erklären, warum Elementarteilchen oder Licht im Moment der Beobachtung ihre Superposition aufgeben, um sich in Materie zu verdichten. Es ist ja, wie zuvor schon öfters erwähnt, alles eine Frage der Schwingungsfrequenz.

Und der Moment der Umwandlung von Lichtfunken in Materie ist im Prinzip auch ganz logisch zu erklären. Denn es handelt sich schlicht und einfach um die Überschreitung der Grenze zwischen feinstofflicher und materieller Welt. Was zuvor noch reine, hochschwingende Energie war, die sich alle Möglichkeiten offenließ, wird im Moment des Messens oder Beobachtens zu Materie.

Können wir das bitte nochmals zum besseren Verständnis in einer einfachen Formel wiederholen? Ich denke, das Thema ist zwar sehr wichtig, aber auch sehr komplex und schwer zu erfassen.
Okay, versuchen wir den ganzen Vorgang einmal einfacher aufzuzeichnen. Am Anfang steht das ALLbewusstsein.
- Das Meer aller Möglichkeiten. Die große Leere/Vakuum.
- Alles befindet sich in Superposition
- Nun findet eine Messung/Beobachtung statt
- Kollaps der Wellenfunktion
- Erschaffung/Umwandlung von Lichtfunken (Quanten) in Materie

In den östlichen Religionen Indiens und Asiens wird dies übrigens genauso beschrieben: in Form einer Trinität, einer Dreifaltigkeit von Göttern.
- *Brahma* – der Erzeuger/Schöpfer
- *Vishnu* – der Bewahrer
- *Shiva* – der Transformator/Wandler

Interessant, oder? All dies ist alten Kulturen schon längst bekannt.

Sind wir jetzt an dem Punkt angekommen, an dem Sie die Verbindung von religiösem Glauben und moderner Wissenschaft sehen und der für Sie wieder einer der Beweise ist, wie alles miteinander zusammenhängt?

Ja. Die Physik beginnt zu erkennen, dass die Existenz eines ALL-bewusstseins real ist, genauso wie es in vielen alten Religionen oder spirituellen Traditionen beschrieben wird. Die Autoren der gnostischen Schriften machten also ganz ähnliche Entdeckungen wie die Forschenden in der Quantenphysik des 21. Jahrhunderts. Es geht dabei um Erfahrungen und Erkenntnisse in der Welt jenseits der Materie, und ihre Beschreibungen weisen erstaunliche Parallelen auf.

Wir nähern uns damit auch dem Weltbild der Rosenkreuzer an, die vor 400 Jahren schon erkannt haben, dass es eine Brücke zwischen der wissenschaftlichen Sicht und der spirituellen Erfahrung gibt. Jegliche spirituelle Erfahrung beruht demnach auf der Verbindung zum grundlegenden Informationsfeld des Universums. Sehen Sie jetzt, wie sich meine Erfahrungen und Schlussfolgerungen mit denen der modernen Wissenschaft in Verbindung bringen lassen?

Sie sehen da also tatsächlich auch eine gemeinsame Philosophie von Kirche, Religion und moderner Wissenschaft? Sprich, die Bibel oder Aussagen von Jesus werden durch die Quantenphysik nicht nur bestätigt, sondern können die Ewigkeit, oder so etwas wie den Heiligen Geist beschreiben und erklären?

Also ich nehme die Kirche mal aus dieser Formel heraus, denn die konzentriert sich vor allem auf ihre eigenen Interessen und Machtansprüche. Aber ja, das kann auch die Kirche mit ihren veralteten, starren Strukturen, Regeln und Normen nicht verhindern. Sehen Sie, in allen Religionen wird Gott als „allgegenwärtig" beschrieben. Er entgeht also den Gesetzen von Raum und Zeit.

Etwas, das auch die Quanten oder Lichtphotonen tun, solange sie nicht beobachtet oder gemessen werden. Und genau das beweist die Wissenschaft mit der Verschränkung der Quanten. Sie sind alle miteinander verbunden, unabhängig von Entfernungen, und stimmen sich in Überlichtgeschwindigkeit miteinander ab. So wie **alles** im Universum miteinander verbunden ist, alles ist **Eins.** Alle Geschöpfe dieser Welt, alles, was aus Materie besteht, wäre somit auf einer göttlichen Ebene eine Ganzheit. Hierzu passt Jesus Beschreibung der Ewigkeit und „des Reich Gottes" nahezu wie eine Kopie: *„Man kann nicht sagen das Reich Gottes ist hier oder da, oder dass man es beobachten kann. Siehe, es ist mitten* *unter euch"*. Das heißt aber auch übersetzt: Die Ewigkeit, von der er spricht, wartet nicht erst nach dem Tod auf uns, sondern ist schon längst mitten unter uns.

Heißt das mehr oder weniger, dass die Wissenschaft die Existenz eines höheren Wesens wie etwa eines Gottes nachweist?
Im Prinzip ist diese Frage mit Ja zu beantworten. Lediglich die Definition des Begriffs bleibt dabei ungeklärt. Gott? Schöpfer? Heiliger Geist? ALLbewusstsein? Das ist reine Auslegungssache, aber jeder dieser Namen kann auch als richtig angenommen werden.

Der komplizierte Vorgang, von allen Möglichkeiten der Quantenwelten durch Beobachtung oder Messung eine Transformation in Materie vorzunehmen, braucht noch eine dritte Komponente, ohne die das nicht möglich wäre. Ein Bewusstsein, das außerhalb von Raum und Zeit besteht und diesen Vorgang auswählt und einleitet. Jetzt sind wir unerwartet bei der *Heiligen Dreifaltigkeit* gelandet. Sie sehen, nicht alles, was die Kirchen in ihrer unendlichen Weisheit lehren, ist falsch. Mehr sage ich jetzt lieber nicht, sonst verstoße ich noch gegen meinen Vorsatz, nichts zu bewerten oder zu verurteilen.

Puh! Das muss man erstmal auf sich wirken lassen. Die Existenz eines, nennen wir ihn „Schöpfer" als Ursprung von allem als real anzunehmen, wird nicht überall auf Beifall stoßen. Wissenschaft und Quantenphysik hin oder her.
Sie haben den Schöpfer gerade Ihn genannt, also unbewusst ein Geschlecht zugewiesen. Das passiert zumeist dann, wenn man versucht, Gott zu erklären. Wie wir gelernt haben, hat dieses ALL, dieses Bewusstsein, kein Geschlecht, es ist reiner Geist. Oder besser gesagt, es enthält sowohl das weibliche als auch das männliche Prinzip.

Dazu kommt, dass dieses Bewusstsein weder bewertet, verurteilt oder bestraft. Es hat auch keine Erwartungen oder Bedürfnisse. Es stellt weder Forderungen, noch erlässt es Regeln oder Vorschriften. Dies widerspricht nun ganz essenziell den Vorgaben der Katholischen Kirche, die uns einen strafenden, verurteilenden und bewertenden Gott vermittelt, der Gut von Böse unterscheidet.

Nun muss ich aber kurz eingreifen. Sie sagen, dass dieser Gott oder dieses Bewusstsein nicht bewertet oder bestraft, sondern lediglich beobachtet und erfährt. Also gibt es, daraus folgend, keine Sünde und kein Fehlverhalten, keine Tat, die bestraft wird. Diese Aussage ist doch im Prinzip gemeingefährlich, weil ich mich für nichts rechtfertigen oder erklären muss. Ich werde ja nicht bewertet oder bestraft.

Moment, das ist jetzt zu kurz gesprungen. Ich habe nicht gesagt, dass Sie nicht bewertet oder bestraft werden. Ich sagte, dass dieses Bewusstsein, oder wie immer wir das nennen wollen, **nicht** bewertet oder bestraft.

Jetzt verstehe ich die Welt nicht mehr. Wenn also diese höchste Macht dies nicht tut, wer sollte es dann tun?

Dieses Bild von Gott, das Sie da beschreiben, ist veraltet und falsch und hat so auch nie existiert. Das **All**, das unendliche Bewusstsein ist einfach nur da und erfährt sich selbst. Durch all diese Erfahrungen entwickelt sich auch das Bewusstsein ständig weiter. Und wir alle tragen durch unsere Entscheidungen und Handlungen dazu bei.

Aber um Ihre Frage zu beantworten: **Sie** werden das tun. **Sie selbst** werden über sich, Ihr Handeln und Ihre Taten urteilen. Strafe gibt es nicht durch Gott oder einen Schöpfer, sondern nur durch unsere Taten und Handlungen. Wir bestrafen uns also selbst, wenn wir „sündigen", weil wir uns unweigerlich vom ALLbewusstsein und der Liebe trennen. Das Wort „Sünde" bedeutet übrigens Trennung.

Ich? Ich werde mich selbst beurteilen und eventuell selbst bestrafen? Weil Gott keine Lust dazu hat oder zu bequem dazu ist?

Ja Sie, oder besser gesagt, das, woraus Sie wirklich bestehen. Ihre seelische Essenz besteht vor allem aus **Liebe**. Denn daraus besteht **alles** an der Quelle, aus der wir kommen. Und diese Liebe bewertet sehr wohl Ihre Handlungen, die Sie in diesem Leben begehen – und bestraft Sie auch drastisch. Denn dies ist das, was wir Erbsünde nennen. Diese Vergehen müssen ausgeglichen werden und man nimmt sie als Aufgabe oder Last ins nächste Leben mit, denn das sind die Auswirkungen der universellen Gesetze von Ursache und Wirkung.

Dies war ja einer der Gründe für die Existenz von Jesus auf dieser Welt. Uns von dieser Erbsünde zu befreien. *„Das, was du deinem Nächsten antust, geschieht auch dir selbst. Liebe deinen Nächsten wie dich selbst."* Diese Botschaft ist essenziell, weil sie konsequenterweise nicht nur die ganze Spezies Mensch oder die Gesellschaft mit einem Quantensprung in eine höhere Schwingung bringen würde, sondern unsere Seelen gleichzeitig davon befreit, immer und immer wieder zu inkarnieren und diesen Ausgleich der Schuld einzulösen.

Die Aufgabe und Botschaft von Jesus war, mich davon zu befreien, diesen ewigen Kreislauf von Geburt und Tod und Wiedergeburt zu durchbrechen?
Schauen Sie. Nehmen wir mal an, Sie halten sich konsequent und treu an die Vorgaben und Lehren von Jesus, dann verhindern Sie das Unrecht, das Sie in Ihrem Leben vielen Menschen antun würden. Bewusst oder unbewusst. Das findet dann nicht statt. Und damit befreien Sie sich und Ihre Seele von dieser Erbsünde. Sie sind frei und können sich nun höheren Aufgaben zuwenden, die Sie, die „erleuchtete Seele", erwarten.

Diese Erbsünde wird von der Kirche aber anders interpretiert. Ein Widerspruch oder Kalkulation?
Beides! Die Kirche erklärt die Erbsünde mit dem Verrat von Adam und Eva im Paradies. Der Triumph des Bösen in Gestalt der Schlange und der Biss Evas in den Apfel, um Weisheit zu erlangen und Gott gleichgestellt zu sein, wird uns nach wie vor als erster Sündenfall verkauft. Der Akt der Taufe soll uns von diesem Stigma befreien und reinigen.

Adam und Eva im Paradies. Der Sündenfall, der lange nachwirkt und uns alle vor Gott verdammt.
Für die Kirche die ideale Vorrausetzung, um uns alle als Sünder zu verdammen. Aber ehrlich, glauben Sie, dass die Geschichte um Adam und Eva und die Vertreibung aus heutiger Sicht noch haltbar ist?

Dass diese Geschichte eine Metapher oder ein Gleichnis ist, wird vielen Menschen bewusst sein. Und dennoch: Ist dieser Sieg der

bösen Kräfte und die damit verbundene Konsequenz der Vertreibung aus dem Paradies der Auslöser des Leidens der Menschen auf dieser Welt?

Wenn ich Ihnen darauf eine ehrliche Antwort gebe, lege ich mich nicht nur ernsthaft mit der Macht der Kirchen an, sondern verärgere auch viele strenggläubige Menschen.

Aber aufzudecken und aufzuklären haben Sie sich doch als Aufgabe verschrieben. Warum jetzt dieses Zögern und die Vorsicht? Haben Sie Respekt vor der Macht der Kirche? Oder fürchten Sie den Zorn der Menschen, die den Lehren der Kirche blind vertrauen? Angst?

Sehen Sie, im Verlaufe dieses Buches werden wir noch oft sehen, dass Angst ein schlechter Ratgeber ist. Respekt vor Reaktionen habe ich natürlich schon, weil ich Ihnen jetzt etwas sagen werde, was viele Menschen aufregen und erzürnen wird.

Raus damit! Jeder Lesende soll und kann selbst entscheiden, ob er das, was er jetzt lesen wird, annimmt oder ernsthaft hinterfragt.

Die Kirche benutzt diese Geschichte von der Vertreibung aus dem Paradies und der damit verbundenen Trennung von Gott, um uns Menschen als Sünder zu bezeichnen. Durch diese Sünde sind wir nicht würdig, vor Gott zu treten. Uns mit Gott zu vergleichen, wird als Ketzerei und schwere Sünde deklariert. Die Wahrheit ist jedoch genau das Gegenteil. Und wer die Worte Jesus Christus aufmerksam liest, erkennt das sofort. Wir werden aufgerufen, unsere Göttlichkeit zu erkennen. Wir werden dazu aufgefordert, unser Licht zu entdecken und die Verbundenheit mit Gott zu feiern. Der Biss Evas in den Apfel der Weisheit war deshalb keine Sünde, sondern der Schritt in ein offenes Tor, das Gott uns Menschen weit geöffnet hat. Die Erkenntnis, göttlich zu sein, ist kein Verrat an Gott, sondern ein Geschenk, das angenommen und gefeiert werden muss.

Das widerspricht nun wirklich den Thesen und Lehren der Kirche. Wir haben uns jetzt mitten im Thema Quantenphysik ganz intensiv mit den christlichen Lehren und dem Leben und Wirken von Jesus

beschäftigt. **Zufall oder bewusste Fusion, um auf Gemeinsamkeiten aufmerksam zu machen?**

Wie jedem großen Gründer einer Religion waren auch Jesus die Gesetze der Quantenwelt bekannt. Er sagte ja, er wisse, wer er sei und woher er gekommen ist. Es gibt übrigens ein sehr gutes Buch des Physikers Dirk Schneider mit dem Titel *„Jesus Christus – Quantenphysiker"*. Der Untertitel: *Warum die moderne Naturwissenschaft Vater, Sohn und Heiliger Geist zur Erklärung der Welt benötigt.* Unbedingt lesen. Sehr empfehlenswert.

Wir haben uns nun sehr ausgiebig mit den Verknüpfungen und Verbindungen von Religion, Glauben und der Quantenphysik beschäftigt. Das waren Aussagen und Thesen für die eher gläubigen und spirituellen Menschen. Wie würden Sie denn diese Aussagen für die eher nüchtern und wissenschaftlich denkenden Menschen formulieren?

Das menschliche Bewusstsein arbeitet mit Quantenverschränkungen, also über Raum und Zeit hinweg verbundenen Quanten, die über Resonanzphänomene miteinander kommunizieren. Unser Gehirn ist ein Quantencomputer. Hirnforscher sind übrigens auf dem Weg, dies genauso zu sehen. Das Universum ist ebenfalls ein gigantischer Quantencomputer, der alle Informationen aufnimmt und sein Output – ist unsere **Realität.** Das bedeutet, dass das Universum aus seiner eigenen Erfahrung lernt. Es bedeutet aber auch, dass jede unserer Handlungen, Gedanken und Gefühle vom Universum mitgestaltet werden. Nichts geht wirklich verloren, es ist für immer gespeichert und lebt weiter als ein Teil des kosmischen Programms.

Sie sagen das so, als würden Sie nicht wirklich von menschlichen Wesen sprechen, sondern von Androiden oder so. Ist unser Gehirn denn wirklich so stark beansprucht?

Sehen Sie, die Wissenschaft weiß, dass unser Gehirn 400 Milliarden Datenbits in der Sekunde empfängt. Das ist eine Zahl mit 11 Nullen! Aufgrund dieser Reizüberflutung reduziert das Gehirn diese Menge auf etwa 2000 Datenbits, der Rest wird gefiltert. Somit erfahren und erkennen wir im Prinzip nur einen Bruchteil dessen, was sich wirklich abspielt. Bis das dann bei unseren Sinneswahrnehmungen ankommt – also Hören, Sehen, Riechen und Fühlen – bleibt nur noch ein kläglicher Rest übrig von dem, was um uns herum wirklich passiert. Das stellt dann unsere Realität dar. Wir sehen also gar nicht alles, was wirklich da ist.

Sie glauben ernsthaft, dass alles gespeichert und verarbeitet wird – vom Universum, dem ALLBewusstsein oder von wem auch immer?
Haben Sie schon einmal von den *Akasha-Chroniken* gehört? Dies ist, im Prinzip, eine Bibliothek des Universums und Quelle des unendlichen Wissens. Eine gigantische, kosmische Datenbank, in der jede Handlung, jeder Gedanke und jeder Traum eines jeden Lebewesens gespeichert ist – ein Weltengedächtnis. Sie sind eine Aufzeichnung von allem, was energetisch in Raum und Zeit geschieht. Das hört sich doch fast wie eine 1:1 Kopie dessen an, was die Astrophysik über ihre neuesten Forschungen mit Schwarzen Löchern berichtet. Allerdings ist die Legende der *Akasha-Chroniken* Tausende von Jahren alt.

Wird so etwas ernsthaft in Erwägung gezogen? Eine Bibliothek des Universums, des Alls?
Nun, wir befinden uns hier klar im esoterischen, spirituellen Bereich. Aber die moderne Wissenschaft und die Quantenphysik sind diesen Dingen auf der Spur und vieles von dem, was wir vor kurzem noch nicht für möglich gehalten haben, wird inzwischen bestätigt oder zumindest nicht mehr komplett abgestritten.
Also nochmal zur Erklärung: Die *Akasha-Chronik* ist eine Matrix aus feinstofflichen Energiefeldern, in der alle Informationen des Universums gespeichert werden. Alles, was ist oder jemals war, jeder Gedanke, Erfahrung, Gefühl oder Handlung ist dort für immer abgespeichert. Ein Ort, an dem Raum und Zeit, Vergangenheit, Gegenwart und Zukunft gleichzeitig stattfinden.

Auch hier schließt sich nun ein Kreis. Diese Erkenntnisse lassen sich tatsächlich nahezu mit den neuesten Forschungsergebnissen zu Schwarzen Löchern vergleichen. Ist dieses, ich nenne es mal, Herumspielen mit Atomen und Energien, nicht gefährlich? Kann denn da nichts passieren?

Doch, das kann es. Und wir werden sogar davor gewarnt. In alten indischen Prophezeiungen werden wir darauf hingewiesen, dass ein Megaunfall unsere ganze Zivilisation auslöschen könnte. Beschreibungen und Zeichnungen davon weisen auf das *CERN* in Genf hin.Das kann man glauben oder nicht, verstehen Sie? Das sind reine Spekulationen. Allerdings weist auch in den Schriften viel darauf hin, dass es so etwas schon einmal gab und eine frühe, hochentwickelte Kultur auslöschte. Die Menschheit wird davor gewarnt, sich nicht selbst zu zerstören.

Es hat Ihnen wohl nicht gereicht, mir mit Ihren Schwarzen Löchern eine Heidenangst einzujagen. Nun kommen Sie auch noch mit so einer Geschichte daher.
Sie haben mich doch gefragt.

Also, dann will ich das jetzt auch wissen. Was ist denn das *CERN*? Und wann soll sich was für eine Katastrophe ereignet haben?
Das sind wieder zwei Fragen auf einmal, die ich nur unabhängig voneinander beantworten kann. Deshalb zuerst einmal die Antwort auf Frage eins.

Im *CERN* – das ist die Europäische Organisation für Kernforschung in Genf –, wird physikalische Grundlagenforschungen betrieben. Insbesondere wird dort mit Hilfe riesiger Teilchenbeschleuniger der Aufbau der Materie erforscht. Hierbei werden Elektronen mit nahezu Lichtgeschwindigkeit aufeinander geschossen, um beim Aufprall die daraus entstehenden Teilchen zu untersuchen.

Des Weiteren wird dabei auch versucht, Antimaterie zu produzieren. Kritische Stimmen sehen diese Versuche deshalb skeptisch, weil dabei eventuell auch ein Schwarzes Loch, eine Singularität, oder gar ein neuer Urknall entstehen könnte. Sollte das der Fall sein – können wir das dann kontrollieren? Selbst der große Physiker Stephen Hawking warnte davor, dass diese Experimente mit energiereichen Massen dazu führen könnten, dass die Raum-Zeit kollabiert.

Ach, du liebe Zeit. Wie groß ist die Gefahr, dass dabei etwas schiefläuft?
Ich weiß es nicht. Bisher ist ja nichts passiert. Aber gehen wir einfach einmal davon aus, dass die schon wissen, was sie tun und alles bestens im Griff haben. Die Forschungen sind wohl notwendig, um Aufbau und Entstehung des Universums zu verstehen.

Und was hat es mit der Geschichte auf sich, dass sich eine Zivilisation auf diesem Planeten schon einmal ausgelöscht hat?
Na, die Geschichten stehen doch auch in der Bibel.

In der Bibel? Welche Geschichten meinen Sie?
Haben Sie sich schon einmal überlegt oder vorgestellt, wie die biblischen Metropolen Sodom und Gomorrha zerstört wurden?

Ach herrjeh. Die wurden doch durch Gott mit einem Blitz aus Feuer und Rauch vernichtet.
Ja, so wird das Ereignis in der Bibel beschrieben. Jetzt nehmen wir mal Gott aus dieser Formel heraus. Was bleibt dann noch übrig? Denn eines hat man nach der Entdeckung dieser beiden Ruinenstädte im Nahen Osten zweifellos festgestellt: ein noch immer extrem hohes Vorkommen an Radioaktivität. Was zusätzlich noch sehr auffällig ist, sind verbrannte und geschmolzene Segmente und Erdschichten, wie sie eigentlich nur nach einer nuklearen Katastrophe entstehen können.

All das hat man dort vor Ort festgestellt?
Ja. Und die Archäologen und Experten halten im Grunde nur zwei Szenarien für denkbar.
1. Der Einschlag eines großen Kometen, der eine ähnliche Hitze und Zerstörung verursachen kann. Dagegen sprechen hier allerdings der fehlende Einschlagkrater sowie das nicht vorhandene Auffinden von Gesteinssplittern des Kometen. Vermutlich ist dieser Asteroid in einem Kilometer Höhe explodiert.
2. Eine nukleare Waffe wurde hier gezündet. Hört sich unglaublich an, aber es spricht einiges dafür.

Nun sind wir wieder bei der Frage: Wie kann das sein? Nukleare Explosionen in vorbiblischer Zeit? Sie sehen, auch dieses Beispiel zeigt nur, wie ungewiss und ungeklärt noch vieles aus der geschichtlichen Entwicklung des Planeten und der Menschheit ist. Solche und ähnliche Beispiele gibt es noch dutzende.

Um wieder weg von diesen erschreckenden Ereignissen und Erkenntnissen aus der Quantenphysik zu kommen, lassen Sie uns mal mehr Richtung jetzt und heute schauen. Werden denn Erkenntnisse aus der Quantenmechanik auch in friedlichen Missionen oder in der Konstruktion von Maschinen eingesetzt?

Ja natürlich. In einem Laser wird zum Beispiel eine Anzahl von Atomen mit Starkstrom in einem Hohlraum mit Spiegeln in Anregung versetzt, sodass daraus Photonen erzeugt werden, die so reflektieren, dass ein leistungsstarker Laserstrahl entsteht. Transistoren in unseren Computern, Elektronenmikroskope und auch Magnetresonanz-Tomografen, also MRT-Geräte aus dem medizinischen Bereich, nutzen diese Technik.

Wenn man die Ergebnisse der Quantenphysik und Quantenmechanik ernst nimmt, kann man dann abschließend behaupten, dass ohne eine Messung oder Beobachtung nichts in der materiellen Welt existieren würde? Unsere Realität wäre ein Vakuum?

Kurze Antwort: Ja!

KAPITEL 7

Die duale Welt

Ist Materie eine Illusion?

Sollen wir bei diesem Kapitel gleich ganz elegant mit der Tür ins Haus fallen? Ist unsere materielle Welt, in der wir leben, eine Illusion?
Huch! Was ist denn das für ein rasanter Einstieg? Denn wir beschäftigen uns nun mit dem Geheimnis der Schöpfung. Und die Antwort ist Ja und Nein.

Das ist nur schwer zu verstehen und widerspricht sich eigentlich.
Es ist aber so.

Der Versuch einer Erklärung wäre dennoch befriedigender.
Sind Sie bereit für eine Reise in die Welt der Atome und des Lichts?

Nur zu.
Also, jede Art von Materie besteht aus den immer gleichen Bestandteilen: Protonen, Neutronen und Elektronen. Verstehen Sie? Alles! Stein, Metall, Holz oder Pflanzen. Auch unsere Körperzellen. Man nennt dies Atome. Und jedes Atom besteht aus den oben genannten Teilchen, allerdings ist jedes unterschiedlich aufgebaut. Ein Atom ist jedoch kein festes, kompaktes Stück, da die Bausteine sich nicht berühren, sondern schweben. Innerhalb eines Atoms sorgt ein perfektes Gleichgewicht von Abstoßung und Anziehung dafür, dass die Protonen, Elektronen und Neutronen dicht beisammen schweben. Dennoch ist alles nur Energie. Energie, die einen so dichten Zustand hat, nennen wir Materie.

Das hört sich noch nicht nach einer Illusion an.
Es geht noch weiter. Woraus bestehen diese Teilchen eines Atoms? Untersucht man mit einem extrem starken Mikroskop diese Protonen, Neutronen und Elektronen, findet man heraus, dass diese schon extrem kleinen Teilchen aus noch viel kleineren Teilchen bestehen. Diese nannte man „Quarks". Und jetzt kommt es: Diese Quarks sind Licht! Jedes Atom ist also eine Ansammlung unzähliger, winziger Lichtfunken. Das Feste, wie wir es verstehen, existiert in Wahrheit also nicht. Die gesamte materielle Welt ist, genau betrachtet, eine Art Illusion aus Licht. Nun machen auch plötzlich die neusten Erkenntnisse aus der Forschung in Bezug auf schwarze Löcher und der Vorstellung eines Hologramms wieder Sinn!

Sie wollen damit sagen, dass alles Feste, alle Materie nur Energie ist, die uns vormacht, es gäbe eine feste Form? Ein Tisch mit schwerer Holzplatte besteht im Prinzip aus Licht? Wenn ich einen Stein oder Metall so lange in seine Bestandteile hinter der Ebene von Elektronen und Protonen oder Neutronen auflöse, bleibt nichts anderes als Licht übrig?
Ja, es handelt sich dabei aber immer noch um sehr dichte Energie. Aber zweifellos eine Illusion aus Licht.

Das heißt, selbst das Licht lässt sich nochmals in eine noch feinere Energie auflösen?
Ja. Aber diese Form der Energie können wir nicht mehr wahrnehmen, weil sie viel höher und schneller schwingt und für unsere Sinne nicht mehr vorhanden ist. Dies ist die feinstoffliche Welt.

Das Ganze hat also auch etwas mit der Art der Schwingung zu tun?
Ja, vor allem damit. Das, was wir Materie nennen, schwingt auf einer sehr niedrigen Frequenz, ist aber – wie vorhin schon erklärt – dennoch nur stark verdichtete Energie. Die menschlichen Sinne können aber nur gewisse Frequenzen, sowohl optisch als akustisch, wahrnehmen. Deshalb wird schnell vieles unsichtbar oder unhörbar, wenn man die Frequenz der Schwingung erhöht.

Denken Sie zum Beispiel an Töne, die ein Hund noch hört, ein Mensch aber nicht mehr, weil es schon zu hoch schwingt.

Wollen Sie damit ausdrücken, dass wir Dinge, wenn wir sie in einer höheren Frequenz schwingen lassen, unsichtbar machen können? Sie verschwinden – ja, wohin denn? Das ist ja unglaublich!
Zu Ihrer ersten Frage: Ja.
Zur zweiten: Alles, was ein gewisses Maß an hoher Schwingungsfrequenz erreicht, verlässt die materielle Welt und schwingt auf einer höheren Ebene weiter. Je nach Schwingungsgrad bewegt es sich in die geistige oder noch höher, in die feinstoffliche Welt. Diese Ebene ist übrigens das Zuhause unserer Seele.

Es ist nicht unglaublich, weil es ein universelles Gesetz ist. Nicht mehr und nicht weniger. Aber dieses universelle Grundgesetz können wir gut in unser Leben integrieren und für uns nutzen. Denn auch Gedanken und Gefühle schwingen und beeinflussen damit unser Wohlbefinden.

Nun sind wir wieder bei den schlechten und guten Gefühlen gelandet.
Ja, merken Sie langsam, wie alles irgendwie zusammenhängt?

Werden wir und unsere Stimmung also von unseren Gedanken und Gefühlen beeinflusst?
Ja, und zwar auf sehr eindeutige und teilweise schmerzhafte Art und Weise. Schlechte Gefühle schwingen sehr niedrig, und bleiben sie lange genug erhalten oder beschäftigen wir uns zu sehr damit, ziehen sie weitere Dinge und Erfahrungen, die sich auf dieser Schwingungsebene befinden, in unser Leben – wir manifestieren sie!
Deshalb müssen wir versuchen, in die höhere Schwingung zu kommen und diese möglichst langfristig auch halten. Sobald wir die Ebene einer höheren Schwingung erreicht haben, werden sich nicht nur unsere Stimmung und Wohlbefinden deutlich bessern, sondern auch die Dinge, die wir anziehen. Um es mal salopp oder im Alltags-Slang zu sagen: Niedrige Schwingung – Sie sind „schlecht drauf" oder „Heute ist

nicht mein Tag". Höhere Schwingung – Sie sind „gut drauf" und dann läuft auch vieles wie von alleine. Dieses Phänomen hängt einzig und allein davon ab, in welcher Schwingungsfrequenz Sie sich befinden.

Okay, wie gehe ich damit um? Können wir nochmals die dunklen, negativen Gefühle reflektieren? Was gehörte da nochmals dazu?

Wir werden die dunklen Gefühle wie Angst, Hass, Neid, Habgier, Eifersucht, Wut und Stolz sowie Ihre Auswirkungen auf uns zu einem späteren Zeitpunkt noch besprechen. Zu den niedrig schwingenden Gefühlen gehören aber auch Verdruss, Ärger, Groll, Sorge und Schuld. Befassen wir uns mit solchen Gedanken oder Gefühlszuständen, verdichten sich energetische Zustände und wir fördern damit Disharmonie und depressive Verstimmung.

Die Gefühle Liebe, Freude, Hoffnung, Glück, Dankbarkeit und Zufriedenheit entspannen wiederum energetische Zustände und führen zu Harmonie und Wohlbefinden. Wir beeinflussen mit unseren Gedanken somit unser eigenes Schwingungsniveau und das unseres Umfeldes, ja unserer gesamten Realität.

Ich habe einmal etwas davon gehört, dass der gesamte Planet Erde so eine Entwicklung vor sich hat. Wie muss ich mir das vorstellen?

Es gibt Prophezeiungen und Vorhersagen und für viele spirituell veranlagte Menschen die Hoffnung, dass in einer fernen Zukunft die Menschheit mit ihrem gesamten Planeten Erde und all seinen Geschöpfen den Sprung aus der dritten dimensionalen Welt in die fünfte Dimension vollziehen wird. Zurück ins Paradies sozusagen. Das sogenannte, oft prophezeite Goldene Zeitalter.

Ein kollektiver Sprung in eine andere Dimension?

Ich weiß, das hört sich an wie Science-Fiction oder Magie und man kann sich so etwas ja auch nur mit viel Fantasie vorstellen. Aber sehr viele spirituelle Lehrer sagen uns genau das voraus.

Okay, wir haben nun auf sehr eindrucksvolle Weise erfahren, dass unsere materielle Welt im Prinzip eine Illusion aus Licht ist. Aber wie gehe ich jetzt damit um?

Wie wir im vorherigen Kapitel gelernt haben, geht die moderne Quantenphysik davon aus, dass Materie gleichzeitig real, aber auch nur Schwingung ist. Ein Paradoxon.

Darf ich nochmal darauf zurückkommen, wie sorgfältig man mit negativen Gedanken und deren Auswirkungen umgehen soll? Sie sagten doch, dass wir das bewusst steuern und unsere Schwingung erhöhen können, indem wir positiver denken. Also eine Verwandlung negativer Energie in positive. Gibt es da Ansätze oder Empfehlungen, das zu lernen und zu beherrschen?

Ja, die gibt es. Aber vielleicht sollten wir, bevor wir das angehen, noch ein anderes Thema intensiver hinterfragen.

Ach? Haben wir etwas übersprungen oder sind zu schnell? Wo gibt es Nachholbedarf?

Sie könnten mich vielleicht nach dem Titel dieses Kapitels fragen. Was ist denn das, die duale Welt? Was bedeutet das für uns?

Die duale Welt. Gibt es einen tieferen Sinn hinter diesem Begriff?

Ist Ihnen eigentlich schon aufgefallen, dass wir so nach und nach in den verschiedenen Kapiteln die Gesetze der Hermetik näher betrachten und untersuchen? Denn jetzt steht wieder eins im Mittelpunkt: das Gesetz der Polarität. Alles in unserer Welt hat einen Gegenpol. Ich könnte Ihnen jetzt tausende Begriffe dazu nennen. Schwarz – Weiß. Hell – Dunkel. Oben – Unten. Heiß – Kalt. Gut – Böse. Liebe – Hass. Sie sehen, die Möglichkeiten sind unerschöpflich. Dies ist aber ein Fakt, mit dem wir uns in der materiellen, also dualen Welt auseinandersetzen müssen. Denn das heißt ja gleichzeitig, dass wir diesen Dingen im Alltag ständig begegnen und damit so umgehen sollten, dass wir keine negativen Auswirkungen in unserem Umfeld anziehen. Das kann zuweilen schwierig, wenn nicht gar unausweichlich werden, je nachdem, wie hoch die Bereitschaft ist, gewisse Dinge neu zu denken.

Wir waren beim Gesetz der Polarität und den Gegensätzen, die wir, wenn wir es richtig angehen, zu unserem Vorteil nutzen können.

Ja, das ist richtig. Und zwar mit Hilfe der Alchemie.

Ach Gott. Was kommt denn nun wieder? Mittelalterlicher Aberglaube und billige Zaubertricks? Bitte sachlich bleiben.
Bleiben wir, nur nicht ungeduldig werden. Was verbinden Sie denn mit dem Begriff Alchemie?

Na, was man so darüber weiß. Dass irgendwelche Quacksalber und zwielichtigen Chemiker versucht haben, niedere, unedle Metalle in Gold zu verwandeln oder nach dem Stein der Weisen gesucht haben. Geheimnisvolle, okkulte Techniken und Experimente in verborgenen Kammern und Laboren.
Halbwissen, das gefährlich ist! Sollen wir vielleicht bei den Ursprüngen anfangen? Woher stammt der Begriff Alchemie und was bedeutete er denn? Grundsätzlich müssen wir da zwei Spuren verfolgen.

Die Übersetzung des griechischen Wortes *chymeia* ist „Schmelzung" und kann im übertragenen Sinn so etwas wie die Lehre des Gießens bedeuten. Ein weiteres griechisches Wort ist *alchemos*, also „Weisheit". Die alten Ägypter – sorry, wir sind schon wieder bei den Ägyptern gelandet, wie alles so zusammenhängt!! – nannten ihr Land Schwarze Erde oder Schwarzes Land: *chemi*. Übersetzt kann man das als „die göttliche Kunst der Ägypter" bezeichnen. Womit wir wieder beim Ursprung und der Quelle der Hermetik angekommen sind. Das erste Buch der Alchemie hieß *Tabula Smaragdina* – die Bibel der Hermetik.

Gut, das war ein Ausflug in die Geschichte, aber was war die Philosophie dahinter, der Grund ihrer Existenz?
Philosophisch betrachtet war es die Erforschung der Naturwissenschaften und chemischen Verbindungen der Elemente. Ein Nebenprodukt der Alchemie war sicherlich der Versuch, edle Metalle wie Gold und Silber herzustellen, oder die berühmte Suche nach dem Stein der Weisen. Im Gegensatz zu den allgemeinen Ansichten ging es aber nicht wirklich um die Beherrschung der materiellen Elemente, sondern vielmehr um das Meistern der mentalen Kräfte. Alchemie befasst sich mit dem Phänomen einer verborgenen Wirklichkeit.

Verstehe ich das richtig? Es ging um die Manipulation oder die Veränderung der Gedanken?

Nicht um Manipulation, sondern um bewusst herbeigeführte Veränderung der Schwingung, durch positives Denken. Wir haben doch gelernt: Negatives Denken oder Gefühle ziehen negative Ereignisse und Personen an. Das positive Denken bewirkt genau das Gegenteil. Das bedeutet, dass wir durch die Erhöhung der Schwingung durch neues, positives Denken das Unerwünschte auflösen und damit das Erwünschte anziehen.

Sie sagen, Alchemie ist im Prinzip das Umwandeln von negativen Gefühlszuständen in freudige und glückliche? Von Schwarz in Weiß?
Treffer! Sie haben es damit voll auf den Punkt gebracht. Es ist eine mentale Veränderung der Schwingung. Und Schwarz und Weiß sind ein perfektes Beispiel.

Aber Schwarz und Weiß sind doch solch extreme Gegenpole, wie soll ich denn da von einem Extrem aufs andere springen?
Gegenpole ja, aber auf der gleichen Skala. Und Sie haben die Möglichkeit, den Regler zu verschieben. Vielleicht schaffen Sie es nicht auf Anhieb von einem Pol auf den anderen zu springen, aber mit einem Verschieben des Reglers mehr in die Mitte erreichen Sie schon einmal den Zustand Grau. Das ist eine Verbesserung, wenn Sie von Tiefschwarz kommen, und der Weg zu Weiß ist nun nicht mehr so lang. Diese Gegenpole finden sich übrigens überall! Wo immer Sie das eine finden, gibt es am anderen Ende der Skala das andere Extrem. Versuchen Sie, es sich einmal rein optisch vorzustellen. Bei heiß und kalt. Verschieben Sie den Regler in eine Richtung, verändert sich sofort der Zustand. Bei laut und leise, bei hell und dunkel. Sie bekommen, sobald Sie aktiv werden, sofort ein Ergebnis. Das gilt übrigens auch auf geistig-mentaler Ebene. So seltsam sich das anhören mag, aber Liebe und Hass befinden sich auf der gleichen Skala. Das gilt natürlich für alle uns bekannten Gefühlszustände, jedes hat einen Gegenpol. Eifersucht – Vertrauen. Habgier – Großzügigkeit, Wut – Freude, Stolz – Bescheidenheit. Dieses Spiel könnten Sie ewig weiterspielen, Sie finden zu allem den nötigen Gegenpol.

Das heißt für mich: Wenn ich mich in einem negativen Zustand befinde, mies gelaunt, depressiv, wütend und so weiter, dann kann

ich durch Erhöhung der Schwingung in Verbindung mit positiven Gedanken meinen Zustand so beeinflussen, dass ich Ereignisse mit derselben Polung anziehe?

Exakt! Das, was Sie ins Universum aussenden, manifestiert sich in Ihrer Umgebung. Wer seine Stimmungen und Gefühle beherrscht und meistert, entkommt dem Gesetz von Ursache und Wirkung. Eines der wichtigsten universellen Grundgesetze. Sie sind nicht mehr hilflos den äußeren Einflüssen ausgeliefert, sondern nutzen das Prinzip von Ursache und Wirkung, um Regie zu führen, anstatt benutzt zu werden.

Puh! Das ist ein Lernprozess. Das dauert, oder?

Das ist ein Lernprozess und er dauert so lange, wie Sie brauchen, um Vertrauen in dieses System zu finden. Wenn sich dann die ersten Erfolge bemerkbar machen, verselbstständigt sich das alles fast unmerklich in ein stabiles, erfolgreiches Modell.

Mich erinnert das aber auch ein bisschen an fernöstliche Religionen oder Philosophien.

Das verwundert ja auch nicht, denn speziell im Buddhismus nähern wir uns ganz vielen hermetischen Glaubensgrundsätzen an. Der Prinz Siddharta Gautama, der Begründer des Buddhismus, erkannte, dass Ereignisse aus seinem Umfeld oder seiner umgebenden Wirklichkeit sein Wohlbefinden oder seine Stimmung beeinflussen konnten, was aber nicht der eigentliche Grund dafür war, ob es ihm gut oder schlecht ging. Er erkannte vielmehr, dass seine Gedanken erheblichen Einfluss darauf hatten. Denn es gab welche, die Schmerz auslösten und andere, bei denen er Freude oder Glück empfand. Aus dieser Erkenntnis heraus zog er zwei entscheidende Schlussfolgerungen:

1. Unsere Gedanken entscheiden über unser Wohlbefinden.
2. Da man nie zwei Gedanken zur gleichen Zeit denken kann, ist es besser, schmerzliche, dunkle Gedanken durch positive zu ersetzen.

Somit können wir Meister über unsere Gedanken werden. Und schon sind wir mitten in der hermetischen Alchemie gelandet!

Übrigens hier noch ein kleiner Beweis für Siddhartas unendliche Weisheit und wie pragmatisch er mit schwierigen Situationen umging.

Er sagt: *„Wenn du ein Problem hast, versuche es zu lösen. Kannst du es nicht lösen, mache kein Problem daraus".* So einfach wie genial!

Ist es nicht auffällig, wie anscheinend alles irgendwie miteinander verbunden ist und offensichtlich aus der gleichen Quelle stammt?
Aber ja, das ist es ja, was auch ich in den Bildern des Kunstprojekts vermitteln möchte. Nur wundern darf es uns nicht. Wir stammen ja alle von der gleichen Quelle ab. Und wie wir in den Kapiteln Universum und Quantenphysik gelernt haben, sind alle Quanten, also auch alle Materie miteinander verschränkt. Wir alle sind **Eins**. Warum ist es nur so schwer, dies den Menschen auch begreiflich zu machen? Auch im Ursprung nahezu aller Religionen findet man dieses Wissen. Warum es im Laufe der Zeit verfälscht, verändert und vom Sinn her verbogen wurden, ist nur dem Bestreben der jeweiligen Religionsführer zu verdanken, ihre Interessen und Ansprüche um jeden Preis zu erhalten und zu verteidigen.

Die alten Ägypter, die gnostischen Urchristen und die meisten fernöstlichen Religionen sind mit der Hermetik nicht nur vertraut, sondern haben somit die gleichen Wurzeln?
Schauen Sie, ich kann als Beispiel noch eine weitere, große Religion hinzufügen: den Hinduismus. Die *Bhagarad Gita* ist eine 5000 Jahre alte Offenbarungsschrift, von der es heißt, die Weisen im alten Indien hätten sie einst direkt von den Göttern empfangen. Sie ist ein mystisch-spirituelles Werk, das dazu einladen soll, die Kraft der spirituellen Energie einzuatmen, in der sich *Krishna* als Inkarnation des Allerhöchsten zu erkennen gibt. Es ist eine Unterweisung der göttlichen Wahrheit. Er selbst erklärt sich als **die** Essenz, die **allem** im Universum innewohnt. Als ein Gott, der nicht fern und abseits der Menschen, sondern mit und in dir selbst ist.

Warum wissen so wenige davon? Sind das nicht grundlegende Voraussetzungen, um sein Leben so zu meistern und zu gestalten, dass man zufrieden und dankbar sein kann?
Jeder, der bereit ist, diese Lehren zu empfangen, wird durch das Gesetz der Anziehung seine Umgebung so beeinflussen, dass dieses

Wissen den Weg zu ihr oder ihm findet. Sie und die Leserinnen und Leser dieses Buches haben durch irgendeinen Gedanken, eine Handlung oder einen Bedarf bewirkt, dass sie es nun in den Händen halten. Was sie mit dem Wissen und der Lehre daraus machen, steht jedem völlig frei.

Ich komme mir gerade ein wenig vor wie Harry Potter oder Bibi Blocksberg ... Hex! Hex! Und schon erreiche ich durch Verschiebung des Reglers ein Ergebnis.

Tut mir leid, liebe Bibi, aber ja, genau so ist es! Das hat aber nichts mit Zauberei zu tun, das ist **göttliche Magie!**

KAPITEL 8

Wer sind wir? Woher kommen wir? Wohin gehen wir?

Stimmt die Evolutionsgeschichte?

Jetzt überrasche ich Sie einmal und stelle gleich als erstes eine provokante Frage: Stammt der Mensch vom Affen ab und stimmt Darwins Evolutionstheorie? Oder haben Wesen, die von außerhalb unseres Sonnensystems kommen, durch Genveränderungen unsere Entwicklung beeinflusst?

Wenn ich Ihnen das aufrichtig beantworten will, befinden wir uns bei beiden Theorien tief im Bereich der Spekulation. Nur eines vorweg: Forschende sind sich längst darüber einig, dass wir nicht vom Affen abstammen, obwohl wir ähnliche Gene haben.

Aber es gibt doch ganz klar definierte Fakten, was die Geschichte der Menschheit betrifft. Das, was seit Jahrhunderten gelehrt wird, ist doch allgemein bekannt.

Das muss aber noch längst nicht richtig sein. In der Geschichte der Menschheit haben wir unsere Meinung und den Stand unseres Wissens schon sehr oft gewaltig korrigieren müssen.

Ich denke dennoch, dass es wichtig wäre, ganz kurz die offiziellen Quellen zu zitieren. Also, was sagen uns die Lehrbücher?

Den Urmenschen gibt es seit etwa sieben Millionen Jahren. Und ehrlich, das wissen nur die wenigsten, diese Zahl ist schon erstaunlich, sieben Millionen Jahre! Dieser *Homo hablis* entwickelte sich zu einem weiter entwickelten Frühmenschen, den man *Homo erectus* nannte. So nach und nach entwickelten sie erste Werkzeuge und Jagdstrategien und erlernten die Herrschaft über das Feuer, sowie die Anfänge einer primitiven

Sprache. Etwa vor 200.000 Jahren streiften dann die Neandertaler über die Erde und vor 120.000 Jahren verließen die ersten Menschen Afrika, das als Wiege der Menschheit galt. Der *Homo sapiens* war geboren, „der wissende Mensch". Vor ungefähr 40.000 Jahren wanderte der moderne Mensch wieder nach Europa ein und verdrängte dort so nach und nach den Neandertaler, der dann vor etwa 27.000 Jahren ausstarb.

Wie ist denn die Schöpfungsgeschichte, wie wir sie aus der Bibel kennen, mit den Erkenntnissen der modernen Wissenschaft vereinbar?

Wenn wir jetzt bei Adam und Eva anfangen, müssen wir für diesen Themenbereich aber ein eigenes Buch schreiben. Dass Adam und Eva und die Vertreibung aus dem Paradies eine Metapher, eine Gleichung ist, auf die wir jetzt bitte nicht näher eingehen wollen, ist doch klar. Sonst müssten wir auch noch die geheimnisvolle Lilith mit berücksichtigen, also Adams wirklich erste Frau. Das wissen übrigens nur wenige, sehr erstaunlich! Wofür diese Gleichung steht, wird in vielen Religionen unterschiedlich interpretiert. Fest steht aber auch: Im Bereich der modernen Wissenschaft klaffen noch viele Lücken in der Evolutionstheorie, die noch auf ihre Aufklärung warten.

Lilith? Den Namen habe ich schon einmal gehört, weiß aber nicht mehr, in welchem Zusammenhang.

Lilith war die erste Frau Adams, die jedoch sehr stark und selbstbestimmt und nicht unterwürfig genug war. Deshalb wurde sie kurzerhand ausgetauscht und durch die devotere, zahmere Eva ersetzt.

Wo steht denn so etwas? In der Bibel? Und gegen Eva ausgetauscht? Ich dachte, die lebten sorglos im Paradies?

Dies ist ein Mythos aus alten jüdischen Texten und Teil der Schöpfungsgeschichte. Lilith war, wie erwähnt, Adams erste Frau, allerdings stolz und selbstbewusst und ihm ebenbürtig. Ein freies Wesen, dem Unterordnung und Gehorsam völlig fremd waren. Nach einem Streit mit Adam und dann mit Gott, der vergeblich versuchte, sie zur Rückkehr zu überreden, verließ sie das Paradies. Bis heute ist die Figur der Lilith ein Symbol für Freiheit, Selbstbestimmung und Gleichberechtigung der Frau. Sie sehen, schon im Paradies gab es die ersten Emanzipationsversuche.

Okay, lassen wir das mal so unkommentiert stehen. Was mich auch sehr erstaunt, ist die Tatsache, wie lange es den Menschen anscheinend schon gibt. Wann und warum entwickelten denn diese frühen Menschen so etwas wie Glauben oder Religion?

Seit etwa 100.000 Jahren ist der Glaube des Menschen an eine spirituelle Welt nachweisbar. Das ist eigentlich eine sehr erstaunliche Zahl, wenn man jetzt bedenkt, dass das Christentum erst seit 2000 Jahren existiert. Die Babylonier und die Ägypter entwickelten dann vor etwa 3000 Jahren die ersten Religionen.

Ja gut, aber warum entstand denn so etwas wie Glaube?

Schon in der Urzeit suchte der Urmensch nach Erklärungen für Geschehnisse, die er nicht verstand oder begreifen konnte. Dazu gehörten Naturgewalten, der Sonne-Mond-Zyklus und die Sterne. Aber auch Gedanken und Überlegungen über den Ursprung der Welt sowie das Thema Leben und Tod. Der Mensch suchte im Kampf ums Überleben nach Trost, Hoffnung, Geborgenheit und Sicherheit. Für viele der damals noch nicht sehr weit entwickelten Menschen war der Gedanke, nur ein Produkt des Zufalls zu sein, nahezu unerträglich. Auch die Tatsache, dass nach dem Tod seine Existenz ausgelöscht wird und er nicht mehr existiert, war nur schwer zu akzeptieren. Der Glaube an etwas Höheres, das sein Schicksal lenkt, und dass nach dem Tod etwas auf ihn wartet, war für seine Existenz essenziell. Das lässt sich auch daran nachweisen, wie früh der Mensch Bestattungsrituale eingeführt hat.

Gut, das lässt sich nachvollziehen. Aber warum entwickelten sich dann so viele verschiedene Religionen mit extremen Unterschieden und Glaubensansätzen? Das ist doch seltsam und nicht ganz zu verstehen?

Und jede Religion behauptet ja, dass sie die einzig wahre und vollkommen ist. Wussten Sie, dass es etwa 3000 verschiedene Religionen auf der Erde gibt? Wir sprechen ja meist nur über die ganz großen wie

Christentum, Islam, Judentum, Buddhismus oder Hinduismus. Da gibt es aber weit mehr, die weltweit viele Anhänger haben. Für die Indianer in Nordamerika war es der *„Große Geist"*, was wiederum der hermetischen Lehre sehr nahekommt. Die Indianer Nordamerikas hatten sowieso eine sehr spirituelle Einstellung und darüber hinaus eine extrem ausgeprägte Beziehung zur Natur und zur Mutter Erde.

Zurück zur Frage aller Fragen. Wer sind wir? Lassen Sie uns doch einmal ganz kurz darauf eingehen, um uns dann näher mit den Details und den Hintergründen zu beschäftigen. Wer sind wir?

Reine kosmische Energie, die sich durch Reinkarnation immer weiterentwickelt und in der materiellen Welt neue Erkenntnisse und Erfahrungen sammelt. Wir sind somit **nicht** ein menschliches Wesen mit einem Körper und Geist, das vielleicht noch eine Seele hat, sondern unsere unsterbliche Seele besteht aus reiner Energie, die in der materiellen Welt einen Körper benutzt, um ihre Erfahrungen zu machen. Das ist dann schon ein gewaltiger Unterschied in der Sichtweise.

Woher kommen wir?

Aus der Quelle, aus der **alles** kommt. Aus der kosmischen Schöpfung, die **alles** ist, die **immer** und **überall** ist und die **niemals** aufhört zu existieren.

Wohin gehen wir?

Zurück zu dieser Quelle, um nach hunderten von Leben wieder mit ihr zu verschmelzen. Dadurch kann sich die Schöpfung selbst erfahren und ständig weiterentwickeln. Dieser Kreislauf wird niemals enden.

Warum ist das so?

Der Kreislauf des Lebens ist **Werden – Vergehen –** und **wieder Werden**. Der Geist und das Gesamtbewusstsein des Menschen existieren nach dem Tod weiter. Diese unsterbliche, feinstoffliche Energieform ist die wahre Existenz und die eigentliche Kraft jeden Lebens. Man spricht ja auch oft von einer Aura, welche den Menschen umgibt und die sinnliche Menschen spüren oder sogar sehen können. Die Zeugung, die Geburt, das Leben, das Sterben und der Tod können nicht wirklich voneinander getrennt werden, denn sie bilden eine Einheit, die fest miteinander verbunden ist. Der Tod ist somit lediglich eine Veränderung und ein Übergang zur Verwandlung in eine neue Existenzform der Seele. Der Tod in unserer materiellen Welt bedeutet gleichzeitig die Geburt in der feinstofflichen. Der Entschluss der Seele zu einer weiteren Reinkarnation ist also so eine Art Tod in der feinstofflichen Welt und eine Geburt in der materiellen.

Der Tod und das Sterben. Ein Thema, das viele Menschen in Angst und Schrecken versetzt.
Da muss ich Ihnen widersprechen. Die meisten Menschen haben Angst vor dem Sterben und nicht direkt vor dem Tod. Das ist ein entscheidender Unterschied.

Gut, das mag wohl so sein. Dennoch ist dieses Thema nach wie vor fast ein Tabu, über das man gar nicht oder nur hinter vorgehaltener Hand spricht. Das Ganze hat auch viel mit dem Glauben zu tun oder welcher Religion man angehört. Dabei gibt es viele Berichte über Nahtoderfahrungen, die oft das gleiche Phänomen beschreiben. Die Seele löst sich vom Körper und man wird in einen Tunnel gezogen, an dessen Ende ein helles Licht wartet. Diese Erlebnisberichte gibt es in tausendfacher Form. Ihre Interpretation würde mich interessieren, weil Sie ja gern von den wissenschaftlichen, konservativen Fakten abweichen. Also, wie erklären Sie sich diese Schilderungen und was erzeugt diesen Tunneleffekt?
In einem Satz?

Ja, das wäre doch eine Herausforderung. Andere schreiben ganze Bücher darüber. Also bitte in einem Satz!
Verabschiedet sich die Seele nach dem Tod mit Lichtgeschwindigkeit von dieser materiellen Welt?
Das würde den von Ihnen beschriebenen Tunneleffekt erklären. Aber lassen Sie uns doch nicht über den Tod und seine Bedeutung spekulieren. Konzentrieren wir uns lieber auf das Leben und seinen Sinn und seine Bestimmung.

Gut, machen wir eine 180-Grad-Wende. Was ist denn der Sinn unseres Lebens?

Dies ist eine der großen philosophischen Fragen, mit denen wir Menschen uns schon seit langer Zeit auseinandersetzen. Ich antworte sogleich genauso philosophisch, wie diese Frage gestellt wurde.

Aber eines vorab: Sie und jeder von uns gibt seinem Leben den Sinn, den er **selbst** seinem Leben zukommen lässt. Sie entscheiden selbst, welchen Sinn Sie Ihrem Leben geben wollen und sind damit auch allein dafür verantwortlich. Aber ja, ich weiß: Das wollten Sie so nicht hören. Also antworte ich universeller.

Das Ziel des Lebens ist es, in vollkommener Harmonie mit der Schöpfung zu sein. Wir sind hier, um unser wahres Selbst zu erkennen und dies im vollen Bewusstsein zu erleben. Und um das Göttliche in uns und in allem zu entdecken und zu erfahren.

Das Ziel des Menschen ist es, sich im Laufe von unendlich vielen Reinkarnationen – wobei all die Daten seiner bis dahin entwickelten Persönlichkeit und seines gesammelten Wissens für immer gespeichert sind und nicht mehr verlorengehen – so weit zu entwickeln, um nach unzähligen Leben zurück zur Quelle zu gehen ... wir gehen nach Hause!

Die Fragen: Wer sind wir? Woher kommen wir? Wohin gehen wir? lassen sich übrigens auch viel nüchterner und wissenschaftlich relevanter erklären. Kommen dabei aber zum gleichen Ergebnis.

Versuchen Sie es bitte.
• Organismen bestehen, wie alle Materie, aus Atomen.
• Atome bestehen aus Elektronen, Protonen, Neutronen und so weiter, sogenannte Massen. Aber im Prinzip – reiner Sternenstaub. Ich weiß, ich wiederhole mich, aber warten Sie es bitte ab.
• Elektronen sind unsterblich, dies gilt inzwischen als wissenschaftliche Erkenntnis.
• Protonen haben eine Lebensdauer von etwa zehn hoch 30 Jahren. Für unser Empfinden ebenfalls unsterblich.
• In einer einzigen unserer Körperzellen stecken etwa 100 Milliarden Elektronen! Ist Ihnen diese unglaubliche Zahl bewusst?

Nach unserem Tod verfallen diese winzigen Atome und verteilen sich in der Atmosphäre unseres Planeten, sodass unsere Nachkommen diesen feinen Sternenstaub wieder über die Atmung in sich aufnehmen. Teile davon gelangen auch in den Kosmos und vereinigen sich mit dem Universum. **Alles ist Eins**. Alles ist miteinander verbunden. Auch hier in der Welt der Materie.

Noch etwas, was in diesem Zusammenhang vielleicht interessant sein könnte. Und ich denke, eine Tatsache, die nur wenige Menschen kennen und die deshalb für großes Erstaunen sorgen wird. Wussten Sie, dass 95 Prozent des Raumes zwischen der ganzen Materie im Universum leer ist? Auch der Raum in allen Atomen und sogar in unserem Körper? Diese Leere, dieses Vakuum ist allerdings Heimat gewaltiger Energien.

Wir sind also von Licht und Materie umgeben, die etwa fünf Prozent des Raumes im ganzen Universum ausmachen. Weitere 27 Prozent entfallen auf die dunkle Materie. Eine für uns unsichtbare Form von Materie, welche den größten Teil der Masse im Universum darstellt. 68 Prozent des Universums ist eine mysteriöse Form von Energie, welche dafür verantwortlich ist, dass das Universum sich schnell ausdehnt. Diese Form von dunkler Energie ist zwar da, lässt sich aber nicht messen oder nachweisen. Ein weiteres Paradoxon!

Puh, das hört sich ja schon wieder geheimnisvoll an. Sie sprachen gerade aber auch davon, dass alles abgespeichert wird. Wird das ALL-bewusstsein denn nicht verrückt oder wahnsinnig bei all diesen Daten, die seit Milliarden von Jahren von ihm aufgenommen und verarbeitet werden?

Im Kapitel Quantenphysik stellten wir fest, dass das **All** sich wie ein Quantencomputer verhält, damit sind die von Ihnen erwähnten Probleme nicht existent. Aber **wir** würden verrückt werden, wenn wir uns ständig an all unsere bisherigen Leben und Erfahrungen erinnern würden. Ein Schutzmechanismus verhindert dies. Und ja, ich weiß: Es gibt einige wenige, die sich detailliert und nachweislich an vergangene Leben erinnern können. Was auch immer das auslöst oder warum das so ist, ist wissenschaftlich nicht erklärbar. Dieses Phänomen wird übrigens in Tibet dazu genutzt, den nächsten Dalai Lama zu erkennen und auszuwählen. Denn dieses Kind – dieser Auserwählte – muss sich an seine vorherigen Leben erinnern können.

Der Dalai Lama muss sich an sein vorheriges Leben erinnern, um auserwählt zu werden? Als Beweis dafür, dass es so etwas wie Reinkarnation gibt?

Der Dalai Lama ist im Glauben der Tibeter die Manifestation des *Bodhisattvas*, eines Erleuchtungswesens, das nach höchster Erkenntnis strebt. ES entscheidet sich, immer wiedergeboren zu werden, um den Schmerz und das Leiden der Welt zu erfahren und um anderen Wesen zu helfen, die Erleuchtung zu erlangen.

Der Suchtrupp, der ausgesandt wird, den neuen Dalai Lama zu finden, hält Ausschau nach einem Kind, das genau das kann. Dieses Kind muss sich an sein vorheriges Leben erinnern und muss auch Gegenstände erkennen, die im Besitz des Vorgängers waren. Das wird in Zukunft aber wesentlich schwieriger werden, denn China will in das Auswahlverfahren eingreifen und mitbestimmen oder als Option einen eigenen Dalai Lama ernennen. Sie sehen, die Politik und der Hunger nach Macht zerstören selbst die letzten noch verbliebenen Traditionen und Bräuche.

Ist Erleuchtung das Ende allen Leidens? Und was bedeutet das eigentlich?

Das Erwachen oder die Erleuchtung ist keine Endstation, denn dieser Prozess, diese Reise endet nie! Das Erwachen, das Erkennen, das Wahrnehmen, das Verstehen und das Einssein mit dem Göttlichen ist im Prinzip das Wiedereintreten in die Ewigkeit. Bei der Suche nach Erlösung verbringen die meisten Menschen jedoch ihr Leben damit, sich um etwas zu sorgen, das es außerhalb ihres Verstandes, ihres Denkens, ihrer Realität gar nicht gibt. Damit verfallen sie der Illusion, allein und ausgeliefert zu sein. Die Wahrheit wollen sie nicht sehen, denn nichts davon ist wahr. Wir sind alle Eins – auf ewig miteinander verbunden.

Ich bemerke das leichte Zucken in Ihrem Gesicht, jedes Mal, wenn das Wort Erleuchtung fällt. Welches Problem gibt es damit?

Oh, Sie sind aber eine gute Beobachterin! Ich bin erstaunt, dass man mir das ansieht. Ich mag das Wort deshalb nicht so gern, weil ich bei Begegnungen mit Menschen, die ihrer Meinung nach auf dem Weg der Erleuchtung sind, sehr oft das Gefühl hatte, dass sie sich als Auserwählte oder etwas Elitäres, Überlegenes ansahen. Auch wenn es immer subtil unterdrückt oder versteckt wurde, es war aber erkennbar da.

Damit habe ich deshalb ein Problem, weil das sicher nicht der Weg zur Erleuchtung ist. Dazu kommt, dass die meisten in ihrem Eifer nicht erkennen, dass das, was sie so verzweifelt suchen, in ihnen selbst zu finden ist. Ein sehr weiser Mann, der Schweizer Künstler Alexander Jeanmaire, hat einmal genau über dieses Problem ein sehr gutes und lehrreiches Buch geschrieben. Der Titel ist „*PATIO, Drehbuch einer Heimkehr*". Unbedingt lesen! Denn er beschreibt auf wunderbare Weise, wie er als Getriebener auf der Suche nach Erleuchtung war und sie über Jahrzehnte nirgendwo fand. Der herrlichen Auflösung möchte ich aber an dieser Stelle auf keinen Fall vorgreifen.

Ich habe im Zusammenhang mit Erleuchtung auch schon den Begriff „Kundalini-Yoga" gehört. Wurde dann aber gleichzeitig auch davor gewarnt. Was hat es damit auf sich und was ist dabei so geheimnisvoll?

Prinzipiell ist daran nichts geheimnisvoll oder gar brandgefährlich. Darf ich Sie aber darum bitten, dieses Thema jetzt nur sehr oberflächlich zu streifen, ohne ins Detail zu gehen. Denn über die Kundalini-Kraft und ganz allgemein über die sieben menschlichen Energiezentren, Chakren genannt, könnte man ohne Schwierigkeiten gleich mehrere Bücher schreiben.

Kein Problem. Ich dachte nur, ich frage mal im Zusammenhang mit dem Begriff Erleuchtung nach.

Ja, das passt auch ganz gut hierher. Nur würde es den Rahmen dieses Buches sprengen, alles im Detail zu erklären. Die Kundalini-Kraft wird als kosmische Ur-Energie beschrieben. Sie wird auch symbolisch als schlafende Schlange bezeichnet, die bis zu ihrer Erweckung eingerollt unterhalb des Wurzelchakras schläft. Nach ihrer Aktivierung oder

Erweckung steigt sie durch die Energiekanäle der sieben Chakren bis ins oberste auf, in das *Sahasrara*, um Erleuchtung zu erlangen.

Interessant. Wie kann ich diese Schlange aktivieren oder erwecken und was geschieht dann dabei?

Da müsste ich jetzt doch ein bisschen weiter ausholen, aber ich versuche, mich kurz zu fassen. Zur Aktivierung reicht eigentlich schon ein kleiner Schritt in Richtung spirituelles Erwachen oder das Interesse daran. Das heißt: Die Fragen Wer bin Ich? Woher komme ich? Wohin gehe ich? sind die klassische Methode, um die Schlange zu aktivieren. Bemerken Sie jetzt, wie Sie durch Ihre harmlose Frage nach der Kundalini-Kraft sofort wieder mit der Tatsache konfrontiert werden, wie alles miteinander zusammenhängt?

Also, der Wunsch oder der Bedarf des Menschen nach der Suche einer spirituellen Erfahrung reicht aus, um die Schlange aus ihrem Schlaf zu erwecken. Jetzt heißt es allerdings am Ball zu bleiben und diese Reise fortzusetzen.

Ich verstehe, dass Sie jetzt nicht auf die komplizierten und umfangreichen Hintergrundinformationen über die sieben Chakren eingehen möchten, aber können Sie nur ganz kurz, vielleicht in einem Satz, erklären, worum es sich dabei handelt?

Die sieben Energiezentren oder Chakren sind über den Körper verteilt und funktionieren auf feinstofflicher Ebene, sind also nicht sichtbar. Diese Chakren sind im Prinzip Empfangsstationen für die universellen Energien, die jederzeit zu uns, durch uns und aus uns herausfließen. Sie sind somit auch die Tore zu unserem spirituellen Selbst. Fließt die Energie ungehindert und frei durch uns hindurch, sind wir in unserer Mitte und spüren Freude und Frieden. Ist eines oder mehrere dieser Chakren blockiert, führt das oft zu Unzufriedenheit und gesundheitlichen Problemen.

Ich habe nun erfahren, was für mich persönlich wichtig war, durch welche Ereignisse ich die schlafende Schlange erwecken kann. Welche Möglichkeiten oder Wege gibt es denn überhaupt, um meine spirituelle Entwicklung zu beschleunigen oder zu lenken?

Wege der Bewusstseinserweiterung sind:
- Der esoterische Weg
- Der mystische Weg
- Der magische Weg
- Der schamanische Weg

Wir gehen hier den fünften Weg ... den hermetischen, weil der all das Wissen und die Weisheiten und Geheimnisse der anderen Wege beinhaltet und vereint. Im übertragenen Sinn erwecken auch wir auf diesem Weg die schlafende Schlange und begleiten sie bis hinauf ins Kronenchakra, das *Sahasrara*, um sie im „Tempel der Weisheit" zu empfangen.

Dann bin ich mal sehr gespannt darauf, was mich bei unserem weiteren Gespräch noch alles erwartet. Sind wir Menschen denn dazu bereit, diese Erfahrungen zu suchen und zu machen? Oder leben wir alle zu angepasst, mit vorgegebenen Normen und Regeln, die diese Entwicklung behindern oder gar bewusst verhindern wollen?

Das ist doch nur bedingt ein Ich-Problem als vielmehr ein gesellschaftliches. Denn Sie als eigene Persönlichkeit können doch frei über sich und Ihre Entwicklung bestimmen.

Denken Sie, dass wir als Gesellschaft, als Gemeinschaft versagen, weil wir zu sehr an unsere Egos denken und nicht nach dem Allgemeinwohl handeln? Verurteilen Sie die Art und Weise, wie sich unsere Gesellschaft verhält und handelt?

Sehen Sie, ich verurteile nichts noch bewerte ich irgend etwas. Wozu? Es ist, wie es ist. Ich lächle nur milde über die Aussagen mancher Menschen, dass wir im esoterischen oder spirituellen Bereich so weit sind, den Schritt oder gar Sprung in die nächste Dimension zu machen. Verglichen mit dem Mittelalter haben wir vielleicht einen Fortschritt gemacht, aber auf dem Weg zu einer im spirituellen Sinn wachsenden oder erwachenden Menschheit sind wir noch so weit weg wie der Mond von der Erde.

Solange es gesellschaftsfähig und okay ist, nur an Profit, an Gewinn, an Übervorteilung anderer, an Ausbeutung anderer Völker und Nationen zu denken, ist es völlig absurd und komplett ausgeschlossen, auch nur einen winzigen Schritt Richtung spiritueller Entwicklung zu machen. Eine fortgeschrittene Gesellschaft hat erkannt, dass das Gemeinwohl damit zusammenhängt, wie es den Schwächsten dieser Gemeinschaft geht. Nur wenn es **allen** wohlergeht und erkannt wird, dass wir alle **Eins** sind, ergibt sich die Möglichkeit, den nächsten wichtigen Schritt der Menschheit in ihrer Entwicklung zu machen.

Im Moment dienen wir Menschen in erster Linie nur uns selbst. Wenn wir anfangen, der Schöpfung zu dienen, würde das sehr schnell zu erstaunlichen und positiven Ergebnissen und Ereignissen führen. Unser Wachstum auf gesellschaftlicher und spiritueller Ebene wäre revolutionär. Wenn wir in **Liebe** handeln, also zum Wohl des Ganzen, erfüllen wir unsere eigentliche Bestimmung. Erfüllen wir unseren Auftrag auf diesem Weg, wird die Welt und die Wirklichkeit um uns herum heller, leuchtender und liebevoller sein, denn wir selbst sind zum Lichtfunken geworden.

Mächtig sind die Berge
Unendlich weit das Meer
Der hellste Stern der Sterne
Die Kraft von tausend Heer

Ein Teil bist du vom Ganzen
Die höchste Macht ist dein
Entsprungen selbigem Glanze
Von göttlich hellem Schein

Vergänglich sind die Welten
Illusionen aus Raum und Zeit
Unendlich stets wahrhaftig
Bist du, in Ewigkeit

KAPITEL 9

Die dunkle Seite des Menschen

Negative Gefühle und ihre zerstörerische Macht

Der Titel dieses Kapitels lässt darauf schließen, dass es nun ein wenig düster wird. Zwei Fragen dazu: Was sind negative Gefühle? Und welchen Zusammenhang gibt es dabei mit den anderen Themen und auch mit dem Projekt?

Ich denke, den Zusammenhang, die Verbindung und Vernetzung von allem, erkennt und versteht man erst am Ende des Buches. Im Projekt sind wir hier bei dem Bild *„Der Triumph des Lichts über die Finsternis"*. Die negativen Gefühle sind Wut, Angst und Hass. Eifersucht, Gier, Neid und Stolz.

Warum ordnen Sie diesen Gefühlen zerstörerische Eigenschaften zu?

Weil dem so ist. Wenn ein Mensch es zulässt, dass eines oder mehrere dieser Gefühle sein Wesen oder seinen Charakter bestimmen, ist die Wahrscheinlichkeit hoch, dass sich dies auf Körper und Geist negativ auswirkt. Soll heißen: Wenn Gefühle wie Neid oder Hass in einem toben und das Handeln bestimmen, kann man davon ausgehen, dass früher oder später körperliche Leiden zum Normalzustand werden. In Extremfällen sind das dann schwere Krankheiten, die einem das Leben zusätzlich schwer machen.

Sie bringen also negative Gefühle mit körperlichen Leiden und Krankheiten in Verbindung?

Aber sicher. Gute Ärzte tun das übrigens auch. Es heißt zum Beispiel nicht umsonst „von Neid zerfressen sein". Dieses Gefühl frisst sich durch den Körper und richtet schlimme Dinge an.

Oder „rasend vor Wut sein". Auch das hinterlässt selbstverständlich in der Psyche verheerende Spuren.

Aber solche Gefühle sind auch irgendwie menschlich, gehören doch zum Menschsein dazu. Wie soll ich die denn ausschalten?
Ausschalten geht ganz schwer, aber kontrollieren kann man sie. Also auf ein erträgliches Maß reduzieren. Zumal sie ja sowieso völlig überflüssig sind, weil man damit nichts bewirkt.

Wenn Sie auf jemanden wütend sind, tobt dieses Gefühl in Ihrem Kopf und Körper, nicht bei der Person, die das auslöst. Der ist das doch egal. Wenn Sie jemanden hassen, zerstören Sie doch IHR Wohlbefinden und nicht das der Person, die das auslöst. Wenn Sie auf jemanden neidisch sind, laufen doch Sie vor Neid grün an und sehen aus wie eine Gurke – und nicht der andere.

Diese Gefühle fressen sich durch Ihren Geist und Ihren Körper. Und wenn das über Monate oder Jahre geht, kann das nur dazu führen, dass Sie selbst die Auswirkungen zu spüren bekommen.

Soso. Warten Sie. Ich sende eine Nachricht an mein Gehirn, diese Gefühle in Zukunft zu unterlassen. Super! Und schon geht's mir besser! So einfach ist das!
Ja.

Was? Hallo! Das war ein Witz. Wie soll ich denn meinem Hirn beibringen, diese Gefühle zu unterdrücken?
So, wie Sie es gesagt haben. Sie treffen eine Entscheidung. Ab jetzt werde ich darauf aufpassen, diese Gefühle besser zu kontrollieren.

Ich weiß, Sie **hassen** vermutlich den Hund Ihres Nachbarn und den Nachbar gleich mit, weil der immer in Ihren Vorgarten kackt. Ich meine den Hund, nicht den Nachbarn – hoffe ich doch! Sie vergehen vor **Neid**, weil der andere Nachbar das Auto fährt, das eigentlich in Ihrer Garage stehen müsste. Sie sind **wütend** auf Ihren angetrauten Göttergatten, weil er dieses Jahr den Valentinstag, den Hochzeitstag und Ihren Geburtstag vergessen hat, der Versager. Sie haben **Angst** davor, Ihrem cholerischen Chef mal ganz gehörig die Meinung zu sagen und schlucken weiterhin jeden Tag seine Unverschämtheiten. Sie sind **stolz** wie ein

Pfau und verbringen jeden Morgen eine halbe Stunde damit, Ihr Gesicht mit den verschiedensten Mitteln einzuschmieren, anstatt zu akzeptieren, dass man mit 45 nicht mehr wie 20 aussieht. Außerdem sind Sie auch noch **eifersüchtig** auf Ihren Stallhasen, weil er so schöne dunkle Augen hat.

So, jetzt haben wir schon sechs der Gefühle erwähnt. Sorry, mir fällt bei Ihnen zur Gier nichts ein, Sie sehen nicht so gierig aus. Aber das andere reicht doch, um Sie ordentlich zu beschäftigen.

Woher wussten Sie, dass mein Mann dieses Jahr ... ach was, ist ja auch egal! Ich werde das Gefühl nicht los, dass bei vielen Ihrer Antworten immer eine Spur Sarkasmus dabei ist. Bewusste Provokation oder nur ein Mittel, die ernsthaften Themen etwas aufzulockern?

Beides. Es gehört aber auch ein bisschen zu meinem Charakter, nicht alles so furchtbar ernst oder tragisch zu nehmen. Nicht alles so wichtig zu nehmen, vor allem sich selbst nicht sowie eine gesunde Prise Humor helfen oft schon von ganz alleine über kleinere Krisen hinweg oder lassen sie gar nicht erst zu.

Darf ich nochmal auf diese negativen Gefühle zurückkommen. Ich finde, hier wäre etwas mehr Aufklärung und Tiefe nötig.

Was wollen Sie wissen?

Was sind die Auswirkungen dieser Gefühle? Welchen Schaden verursachen sie? Wie entkomme ich der Macht, die sie über mich haben? Versuchen Sie bitte kurz jedes dieser negativen Gefühle zu beschreiben.

Hass: Entsteht meist, wenn tiefe und lang andauernde Verletzungen vorliegen und ist stark verbunden mit einem Gefühl der Wehrlosigkeit. Der Ausweg aus dieser Situation ist die Bereitschaft, zu vergeben und zu verzeihen und dem Ruf der Vernunft zu folgen, die Verletzungen zu beenden.

Wut/Zorn: Beides sind sehr heftige Emotionen, die nur schwer zu kontrollieren sind. Sie entzünden sich meist nach einer Kränkung, die einem zugefügt wurde, oder einem als falsch und damit ungerecht empfundenen Verhalten. Wichtig ist hier, zu erkennen, dass sich die Aggression, die wir auslösen, vor allem gegen uns selbst richtet. Das Ausräumen des Vorfalls, der unsere Wut ausgelöst hat, ist ein guter Weg, dieses Leiden so schnell wie möglich zu beenden.

Stolz & Eitelkeit: Beim Stolz geht es darum, sich anderen gegenüber überlegen zu fühlen, weil man sein Selbst zu sehr wertschätzt. Die Eitelkeit spiegelt die übertriebene Sorge wider, die wir unserem Aussehen oder unserer Attraktivität widmen. Der Ausweg, diesen Zustand aufzulösen, besteht darin, sich seinem Selbst zu stellen und zu lernen, den Begriff „Bescheidenheit" in unser Leben zu lassen.

Habgier: Die Habgier tritt oft mit ihrer Schwester **Geiz** auf und ist ein übersteigertes Streben nach Besitz und Anerkennung, oft in Verbindung mit dem Unvermögen, zu teilen. Der Habgierige versucht, die Leere in seinem Inneren durch Anhäufen von Besitz auszugleichen. Langfristig führt das Ausleben dieses Gefühls unweigerlich zur Selbstzerstörung, denn die Angst, ständig zu kurz zu kommen, ist ein Gift und hinterlässt Spuren. Die Jagd nach materiellen Dingen kann man beenden, wenn man lernt, mit einer gesunden Zufriedenheit durchs Leben zu gehen und erkennt, dass Geben wichtiger ist als Nehmen.

Neid: Dieses Gefühl entsteht oft aus mangelndem Selbstvertrauen oder überspanntem Ehrgeiz. Es äußert sich durch ein ständiges Gefühl des Unwohlseins und der Unzufriedenheit, wobei vor allem Besitz oder Erfolge anderer das Ziel des Neiders sind. Ausweg aus dieser Situation kann die Verwandlung, die Umkehr von Missgunst in Bewunderung oder Anerkennung sein. Was macht die Person, die mich so neidisch macht, besser, welche Strategie wendet sie an und wie kann ich das auch für mich nutzen?

Eifersucht: Sie entsteht, wenn der Anspruch auf Zuneigung oder Liebe durch den Partner enttäuscht oder verraten wird und tritt gleichzeitig mit Verlustangst auf. Eifersüchtige Personen sind meist sehr unsicher. Sie haben nur ein geringes Selbstwertgefühl und versuchen deshalb, die Person auf die sie fixiert sind, zu besitzen oder zu kontrollieren. Die Unsicherheit, die das alles verursacht, sollte als erstes analysiert und beseitigt werden, um das besitzergreifende Verhalten abzulegen und mehr Selbstvertrauen zu erlangen.

Angst: Ach herrjeh, ja – ein alter, gefährlicher Feind der Menschheit. Angst ist ein menschliches Grundgefühl, das ursprünglich mal dazu diente, als Warnsignal auf mögliche Gefahren hinzuweisen. Es kann grundsätzlich als negative, unangenehme Gefühlsregung beschrieben werden. Die meisten Menschen haben vor Veränderungen oder dem Scheitern Angst, was dazu führt, Risiken zu vermeiden und sich nicht aus seiner vermeintlichen Komfortzone, also aus der Deckung zu wagen. Dies verhindert eine freie Entfaltung, um seine Träume, Wünsche und Ziele zu erreichen.

Hier sollte man am besten versuchen, seine Passivität durch ein aktives Handeln zu ersetzen und gleichzeitig aufhören, sich über mögliche Risiken und Gefahren Sorgen zu machen. Man kann an seinen Ängsten wachsen, wenn man sie aktiv angeht und seinen Geist und seine Energie mit positiven Gedanken beschäftigt.

So viel zur Theorie. Wie setze ich das in die Praxis um und was hilft mir dabei?

Zuerst geht es dabei mal wieder um Sie selbst. Sie müssen sich dazu entscheiden, diese Veränderungen in Ihrem Denken und Handeln einzuleiten und zu leben. **Erkennen – Entscheiden – Handeln!** Darüber hinaus gibt es aber noch einen starken und mächtigen Helfer, der Sie bei all Ihren Bemühungen kräftig unterstützen kann.

Aha?
...

Sie sagen nichts und schauen nur? Eine neue Taktik oder nur der Versuch, mich aus der Reserve zu locken?

Ich will nur, dass Sie aufmerksam bleiben, wir sitzen hier schließlich schon seit Stunden.

Ich bin aufmerksam und finde alles nach wie vor absolut spannend. Also, wenn Sie so freundlich wären! Welcher wichtige Helfer?
Die Liebe.

Die Liebe? Die Liebe hilft mir, mit all diesen Dingen, die Sie mir gerade geschildert haben, fertig zu werden?
Die Liebe hilft Ihnen immer, in jeder Situation. Jetzt sind wir wieder bei dem Bild *„Der Triumph des Lichts über die Finsternis"* und wie alles miteinander zusammenhängt. Sie ist der Schlüssel aus der Dunkelheit auf dem Weg ins Licht. Aber wir greifen jetzt vor. Die Liebe und ihre Kraft behandeln wir im nächsten Kapitel.

Gott
gab dir Flügel
und das ewige
Licht.
Flieg,
edler Vogel,
auf den Schwingen der
Freiheit.
Fürchte dich nicht,
was ist
zu erkennen.
Nur du kannst
bestimmen,
dem Leid zu entrinnen.
Durch Denken
neu entfacht,
all deine Sinne.
Denn dein ist die
Macht.

KAPITEL 10

The Power of Love

Der Weg ins Licht

So, hier sind wir. Wir verlassen das dunkle Kapitel mit den negativen Gefühlen und bewegen uns nun kraft der Liebe dem Licht entgegen. Ich stehe also in dem eben beschriebenen dunklen Raum und habe eine Laterne in der Hand, die wunderbar leuchtet und auf der „Love" steht. Und ich warte auf ein Wunder?
Darf ich Ihnen jetzt mal, bevor wir weitermachen, eine Frage stellen? Ich glaube, das würde die weitere Vorgehensweise erleichtern.

Bitte.
Der Raum, in dem Sie gerade waren, der mit den negativen Gefühlen. Beschreiben Sie ihn mir, vermitteln Sie mir Ihren Eindruck und Ihr Befinden dabei.

Dunkel und schwarz, bedrohlich und bedrückend. Eine unangenehme Stimmung beherrscht die Szenerie. Die Figuren, welche die negativen Gefühle repräsentieren, starren mich an und erzeugen in mir ein Gefühl des Unwohlseins. Ein Ort der Finsternis und des Schreckens. Kein Ort zum Verweilen.
Nun haben Sie nahezu zu 100 Prozent den Raum beschrieben, wie auch wir ihn gestalten werden, um die Bilder möglichst eindrucksvoll zur Geltung zu bringen. Erzählen Sie uns jetzt bitte, wie Sie sich den Raum mit der Liebe vorstellen.

Ich flüchte regelrecht aus der Dunkelheit und finde mich wieder in einem hell erleuchteten, weißen Raum. Ich bin unheimlich dankbar und erleichtert, fühle mich beschützt und sicher. Und dann spüre

ich, wie etwas mein Herz erreicht, es sanft umhüllt. Ich bade im goldenen Licht!

Ja, und Sie sind zu Hause. Und Sie haben eine wunderschöne Beschreibung des Raumes geliefert, wie wir ihn mit dem Titel „Love" gestalten werden. Dieser Raum wird eine Kathedrale des Lichts! Sie sehen, in der Ausstellung werden alle Ihre Sinne aktiviert werden. Das bleibt nicht ohne Wirkung.

Was meinen Sie mit „Ich bin zu Hause"?

Das erkläre ich Ihnen im letzten Kapitel dieses Buches. Die Suche nach dem Heiligen Gral.

Okay, ich verstehe immer mehr, auf was das Ganze hinausführt. Zurück zum Thema. Die Liebe hilft mir also, mich von den dunklen, negativen Gefühlen zu befreien? Was muss ich genau tun?

Sie müssen gar nichts tun außer daran glauben. **Believe!** Den Rest macht die Liebe für Sie. Allerdings müssen Sie wirklich daran glauben. Nein – Sie müssen **wissen**, dass die Liebe in ihrer reinen Form alle negativen Einflüsse auflöst, **alles** verzeiht und vergibt. Können Sie das auch?

Nun, das ist sicher eine Herausforderung, die mich vermutlich an meine Grenzen der Toleranz und des Verständnisses bringt. Wie gehe ich damit um? Wie nutze ich das zum Vorteil meines Denkens und Handelns?

Wissen Sie, warum dieses Kapitel so kurz ist? Es gibt nämlich nicht viel zu sagen. Und eigentlich nur einen Weg, der Sie von Ihren negativen Stimmungen und Gefühlen befreit. Wissen Sie, was **ich** mich frage, wenn ich denke, handle und abwäge, wie ich mich bei Problemen, Konflikten und Auseinandersetzungen verhalten und entscheiden soll?

Sagen Sie es mir.
WAS WÜRDE DIE LIEBE TUN?

Sie fragen sich bei allen Entscheidungen, bei denen es um zwischenmenschliche Beziehungen oder wichtige Lebensfragen geht, was die Liebe tun würde?

Das, und nichts anderes. Und aus dem Blickwinkel der Liebe in ihrer reinen Form sehen Sie plötzlich viele Ereignisse oder Situationen nahezu entspannt, entschärft und ohne emotionale Einflüsse. Damit ist dieses Kapitel eigentlich schon beendet. Finished!

Das kann ich nicht!
Das ist ein Lernprozess.

Und in Extremsituationen sicherlich noch schwieriger.
Das Schwierige ist, die Entscheidung zu treffen, dies in Zukunft zu tun oder es zumindest zu versuchen. Wenn Sie sich dann dazu entschieden haben, wird es wesentlich einfacher, es gibt nämlich keine Option.

Wenn ich mein Verhalten und meine Entscheidungen immer aus dem Blickwinkel der Liebe sehe, gibt es keine Option?
Nein. Weil die Liebe in ihrer reinen Form sich weder beeinflussen noch bestechen lässt. Sie ist einfach nur da. Das goldene Licht! Schon vergessen?

Ich bin ehrlich gesagt schon sehr erstaunt, weil ich dachte, dieses Kapitel wird so umfangreich, dass es eventuell den Rahmen sprengt. Ich dachte, wir sprechen über all die Hochs und Tiefs, die unerschöpflichen Mengen an Situationen und Ritualen, die mit der Liebe in Verbindung gebracht werden. Mehr Tiefe und Detailarbeit.
Aber das tun wir doch.

Nein, das tun wir nicht. Sie sagen, das Kapitel ist beendet.
Es gibt auch nicht mehr zu sagen. All diese Beispiele, Situationen und Ereignisse, die Sie gerade genannt haben, also diese typischen menschlichen Verhaltensweisen, die wir mit dem Begriff **Liebe** in Verbindung bringen, können mit einer einzigen Frage, die Sie sich selbst stellen, beantwortet, entschieden und verabschiedet werden:
Was würde die Liebe tun?

Ich glaube ehrlich gesagt nicht, dass sich die Leserschaft damit zufriedengibt. Auch für mich persönlich brechen wir hier zu abrupt ab, auch wenn ich verstehen kann, dass Sie die Dinge so sehen und wahrnehmen.

Mehr Tiefe? Wussten Sie, dass griechische Philosophen vier verschieden Arten der Liebe unterschieden haben?
- Storge – Zuneigung
- Philia – Freundschaft
- Eros – romantische Liebe
- Agape – göttliche Liebe

Will man die Liebe also möglichst intensiv und nah erfahren, gehören all diese Zutaten zu diesem Cocktail zwingend dazu. Den kann man jetzt mit Eis oder heißem Wasser, kalt oder warm genießen, damit es ein bisschen spannend bleibt.

Ich bemerke schon wieder den leicht sarkastischen Unterton. Und ja, auch ich habe hier erkannt, dass es sich um die verschiedenen Formen der Liebe zwischen zwei Menschen handelt. Also menschliche Gefühle und nicht das universelle Licht. Was fehlt uns Menschen, um dieses Licht einfach so zu empfangen?

Vorsicht, Sie erliegen gerade einem großen Irrtum. Was wollen Sie denn empfangen? Wie und wo wollen Sie es entdecken und einfangen? Es fällt doch nicht einfach so vom Himmel. Machen Sie sich eines bewusst. **Liebe** ist unser wahres **Ich**. Das Lied des Herzens und das wahre Bewusstsein der Seele. Sie ist der Schlüssel und das Tor zu unserer Transformation in ein höheres, weiseres Wesen. Eine Flucht aus dem Reich der Schatten und der Dunkelheit. Denn die Welt kann ein dunkler, kalter Ort sein, wenn wir uns dessen nicht bewusst werden.

Sie unterscheiden sehr stark zwischen dem Verliebtsein oder der Liebe zwischen zwei Partnern und der universellen Liebe. Warum?

Schauen Sie: Die Liebe zu einem anderen Menschen ist abhängig von vielen Faktoren und Voraussetzungen und schwankt in der Regel, je nachdem wie stabil diese Faktoren sind. Die universelle Liebe ist einfach nur da. Sie braucht weder Konstanten, von denen sie abhängig ist, noch lässt sie sich von irgendetwas beeinflussen. Gleichzeitig ist sie unser wahres Ich, unsere Essenz, aus der wir bestehen. Nur unser Ego verhindert, dies zu erkennen. Die Liebe zu einem anderen Menschen, oder um noch präziser zu sein, zu einer anderen Seele ist doch, wenn wir ehrlich sind, auch in den meisten Fällen zeitlich begrenzt. Ist die Ehe denn noch zeitgemäß?

Ach herrjeh. Sie lassen ja wirklich gar nichts aus. Sie stellen ernsthaft die heilige Institution der Ehe in Frage?
Nein. Ich stelle sie nicht in Frage. Aber ich hinterfrage sie. Sie bemerken noch immer nicht diesen feinen Unterschied. Schauen Sie doch nur auf die Scheidungsrate in unserer Zeit und vergleichen Sie diese mit der vor 50 Jahren.

Kann und darf man das vergleichen?
Man muss es sogar vergleichen! Schon um klar zu machen, wie viel sich im Bereich Beziehungen und im gesellschaftlichen Leben verändert hat. Daraus resultierend muss man auch die Institution Ehe hinterfragen. Allein die Rolle der Frau hat sich um 180 Grad gedreht und verändert. Schauen Sie: Bis in die 70er-Jahre des vorigen Jahrhunderts musste die Frau vor allem eines – funktionieren. Sie war dem Mann schon von Gesetz aus untertan. Es gab sogar das Recht des Mannes, den ehelichen Beischlaf einzufordern, egal wie es zwischenmenschlich in dieser Beziehung stand. Das muss man sich mal vorstellen, was das für eine Frau bedeutete. Das ist jetzt gerade mal 50 Jahre her! Unser Leben als Gesellschaft, und auch der Umgang mit Beziehungen, hat sich doch in dieser Zeit extrem entwickelt und verändert.

Sie haben vorhin die Scheidungsrate erwähnt. Warum ist sie so von Bedeutung?
Weil sich die Zeiten, in denen wir leben, dramatisch verändert haben. Und weil sie nicht mehr vergleichbar sind. War vor 50 Jahren eine Scheidung noch eine große Ausnahme und eher selten, so sprechen wir doch beim Beenden einer Ehe in der heutigen Zeit von ganz anderen Zahlen. Wird nicht jede dritte Ehe geschieden? Ich weiß es nicht genau, aber ich denke, in diesem Bereich bewegen wir uns.

Aber es geht noch weiter. Viele Eheleute bleiben trotz der Differenzen weiterhin zusammen, weil ein Haus abbezahlt werden muss oder wegen gemeinsamer Kinder. Die große Liebe oder ein glückliches Leben sind unter diesen Umständen nicht wirklich möglich. In dieser Situation befinden sich realistischer weise nochmals 30 Prozent der verheirateten Paare. Es bleiben noch 40 Prozent, die bis dahin durchgehalten haben.

Ich unterstelle mal, dass davon wiederum 10 bis 15 Prozent noch immer zusammen sind, weil sie Angst vor dem Alleinsein haben oder weil es zur Routine geworden ist. Wirklicher Austausch oder Nähe findet aber nicht mehr statt. Die restlichen 25 Prozent sind zu bewundern, denn das ist schon eine Leistung, das Gefühl der Zuneigung über einen so langen Zeitraum aufrechtzuerhalten. Chapeau! Da zieh' ich den Hut davor!

Das ist vielleicht schon ein bisschen schwarzgemalt oder übertrieben, aber gut, ich denke, es ist gleichzeitig auch ein relativ realistisches Bild unserer Zeit.

Schauen Sie, was auch sehr auffällig ist: Der kritischste Punkt einer Ehe kommt, wenn die Kinder erwachsen und komplett aus dem Haus sind. Hier erwischt es die meisten. Warum? Weil man plötzlich wieder ohne Ablenkung, zu zweit durchs Leben gehen und sich **miteinander** beschäftigen muss. Wenn dann aber nichts mehr da ist, was diese beiden Menschen verbindet, wird es eng.

Ein Vorwurf, der sehr oft geäußert wird, ist, dass sich einer der beiden Partner verändert oder sich weiterentwickelt hat. Na ja, das kommt vor und ist doch auch gut so, denn Stillstand heißt oft Resignation oder Selbstaufgabe. Die Seele will sich weiterentwickeln, das ist eines ihrer primären Ziele.

Gefährdet der Wunsch der Seele, sich zu entwickeln oder zu lernen, die Institution der Ehe oder einer festen Partnerschaft? Was kann man tun, um das zu verhindern?

Muss man es denn verhindern?

Im Sinne einer Ehe oder einer Partnerschaft schon.

Warum?

Ja, mein Gott, weil man sich ein Versprechen gegeben hat. In guten wie in schlechten Zeiten. Sie kennen das doch.
Was würde die **Liebe** tun?

Nun sitze ich in der Falle. Schon wieder! Ich weiß, was Sie jetzt antworten. Wenn ich in meinem Leben stets gefragt hätte „Was würde die Liebe tun" wäre ich wohl nicht in so einer Situation.
Ja, und noch etwas. Aus Sicht der Seele ist so eine Situation gar nicht so schlimm. Denn jegliche Beziehung, die wir mit anderen Menschen eingehen, ist das Resultat einer „Aufgabe", die noch zu bewältigen ist. Entweder findet hier etwas statt, was aus der Vergangenheit auszugleichen ist, oder eine Lernaufgabe ist abgeschlossen und beendet.

Für uns als Menschen, für unser Ich, unser Ego, ist so eine Trennung schlimm und schmerzlich. Die Seele erkennt jedoch schon lange vorher, dass eine Aufgabe vor dem Abschluss steht und bewältigt wurde. Alles ist erledigt. Es gibt nichts mehr zu tun. Deshalb macht sie den nächsten Schritt, um in ihrer Entwicklung vorwärtszukommen. Und wenn dies mit diesem Partner nicht mehr möglich ist, verabschiedet sie sich und sucht die nächste Challenge.

Wenn man bei Ihren Antworten genau hinhört, bekommt man den Eindruck, Sie sind der Meinung, dass die Ehe oder eine eheähnliche Partnerschaft nicht mehr zeitgemäß sind. Was sind die Alternativen? Oder was ist zu ändern?
Nein, da stimme ich Ihnen nicht zu. Ich habe lediglich versucht zu erklären, dass sich in den letzten 50 Jahren sehr viel verändert und sich weiterentwickelt hat. Speziell, was unser gesellschaftliches Leben betrifft. Ich verteidige jetzt die Institution Ehe nicht. Ich verurteile sie aber auch nicht. Ich habe darüber hinaus versucht zu erklären, welche menschlichen, gesellschaftlichen und emotionalen Gefühle dabei eine Rolle spielen, und was die Seele aus ihrer Sicht empfindet.

Wann haben Sie denn die Liebe entdeckt? Eine zu persönliche, intime Frage? Vorsicht, denn ich möchte noch viel tiefer gehen. Wir haben das Thema Sex noch gar nicht angesprochen.

Ja, weil das Thema Sex hier wirklich nur eine Randnotiz wert ist und es bei der mystischen Suche nach Licht und Liebe nahezu unbedeutend ist.

Oh, jetzt bin ich aber mächtig enttäuscht. Das Thema Sex ist bei vielen Menschen und Paaren sehr wohl ein bedeutendes, manchmal entscheidendes Thema. Sie wollen das ernsthaft einfach links liegenlassen? Es ist Ihnen unangenehm, offen darüber zu sprechen. Wer tut das schon gerne? Das ist es, oder?

Nein. Das ist nicht der wirkliche Grund. Es ist vielmehr so, dass es vom wirklich Wichtigen ablenkt. Und ja: Ich möchte mir hier natürlich nicht zu tief in ganz persönliche und intime Bereiche blicken lassen. Ist ja auch nicht spannend genug.

Ich bin nicht sicher, ob ich das so durchgehen lasse. Ich starte da bestimmt nochmal einen Versuch. Aber gut. Ich habe Sie gefragt, wann Sie die Liebe kennengelernt haben?

Auch diese Frage ist doch schon ziemlich persönlich und frech, oder nicht? Aber Sie haben recht. Die Beantwortung dieser Frage ist wichtig. Also hier kommt die Antwort.

Es gab diesen Moment nicht. Weil **sie** schon immer da war.

Was heißt das nun wieder?

Ich bin mir sicher, dass die Aufgabe meiner Seele es war – und ist –, die **Liebe** in ihren unzähligen Formen in dieser materiellen Welt zu entdecken und kennenzulernen.

Wie kommt man zu dieser Erkenntnis?

Ich bin zu meinem großen Glück in eine Familie hineingeboren worden, wo dieses Gefühl **immer** da war. Meine Großeltern, mein Vater und meine Mutter und meine Geschwister waren und sind Menschen, in denen das Gefühl Liebe, Zuneigung und Respekt von Grund auf da war und auch so gelebt wurde. Ich habe in meinem Leben die großartige Möglichkeit bekommen, die Liebe in ihren vielfältigsten Formen kennenzulernen. Und es waren immer sehr intensive und innige Gefühle, die natürlich sehr unterschiedliche Emotionen hervorgerufen haben.

Die Beziehung zu einer meiner Omas war sehr, sehr nah und innig, ein richtiges Bündnis. Meine Mutter und meine Geschwister sind und waren mir immer sehr innig verbunden. Es gab nie Streit oder Zerwürfnisse. Ich habe unglaublich viele verschiedene Arten und Formen der Liebe kennengelernt. Die ehrliche, aufrichtige Liebe einer Tochter unterscheidet sich natürlich auch immens von der Liebe einer Frau oder Partnerin.

Ich hatte bisher vier Beziehungen, die alle, bis auf eine, sehr intensiv und innig waren und auf einer sehr vertraulichen, körperlichen und mentalen Nähe aufgebaut waren. Und jetzt lachen Sie bitte nicht – vor ein paar Jahren kam auch noch die Liebe einer Hundedame mit dem Namen *Luna* dazu. Etwas, was ich zuvor nicht mal annähernd für möglich gehalten habe.

Durch all diese Personen und Seelen bin ich mit dem Gefühl der **Liebe** reichlich beschenkt worden. Die Erfahrungen daraus möchte ich auf keinen Fall missen. Manchmal frage ich mich allerdings, ob ich jemals auch nur annähernd das zurückgegeben habe, was ich so dankbar empfangen durfte.

Sie erwähnten soeben, dass Sie in Ihren Beziehungen zu Frauen sehr intensive und innige körperliche wie mentale Gefühle erfahren haben. Zu so etwas gehört doch unweigerlich auch das Thema Sex. Oder hat das wiederum nichts mit Liebe zu tun? Wir ignorieren für meinen Geschmack zu sehr ein Thema, das bei vielen Paaren entweder zu großen Glücksgefühlen oder zu Problemen und Unverständnis führt. Hat der Akt der körperlichen Liebe denn Ihrer Meinung nach nichts mit der universellen Liebe, wie Sie es erklärt haben, zu tun? Hat ein ausgeglichenes Sexleben nichts mit dem Weg ins Licht zu tun? Wird Sex überbewertet? Oder ist er gar überflüssig?

Puh! Ich sehe schon, Sie sind hartnäckig, was dieses Thema betrifft und geben nicht auf.

Selbstverständlich ist Sex ein wichtiges Thema in einer Paarbeziehung und kann sehr wohl zu einer intensiveren Beziehung und Nähe, zu tiefen spirituellen Erfahrungen führen. An dieser Stelle nur so viel: Das ist hier der falsche Platz, um sich ehrlich und verständlich genug mit diesem Thema auseinanderzusetzen. Ich verspreche Ihnen, darauf ausführlich im Kapitel *Seele* einzugehen. Allerdings, ohne zu sehr ins Detail zu gehen. Das verbietet schon der Anstand und der Respekt vor meinen Partnerinnen. Mit diesem Kompromiss werden Sie dann wohl leben müssen.

Kann ich! Allerdings muss ich gleichzeitig gestehen, dass ich auf Ihre Aussagen dazu sehr gespannt bin, weil ich unterschwellig spüre, dass Sie da etwas zurückhalten, was unter Umständen für viele zu neuen Erkenntnissen führen wird. Aber gut, ich bin erstmal zufrieden, nachdem wir uns doch noch detaillierter über den menschlichen Aspekt der Liebe unterhalten haben. Und Sie wollten schon nach zwei Seiten abbrechen, weil es nichts mehr zu sagen gab!
Um das Kapitel zu beenden, hätte ich an dieser Stelle noch gern einen Geheimtipp oder eine Empfehlung, wie wir unser Verhalten, die Liebe betreffend, verbessern können.

Eines der Geheimnisse der **Liebe** ist, dass sie grundsätzlich aus Geben und Nehmen besteht. Wahre, aufrichtige Liebe beginnt zuerst mit dem Geben. Leider interessieren sich die meisten Menschen vor allem für die Liebe, die sie selbst von anderen bekommen. Das zu ändern wäre schon mal ein guter Start in eine neue Erfahrung und einen neuen Umgang mit dem Begriff Liebe.

*Aus zartem Funken
zum Leben entfacht.
Die Zeit
im Zauber der Einheit
erkoren.
Verwoben,
durch reine,
hoch heilige Kraft.
Zu eins
auf immer und ewig
geboren.*

KAPITEL 11

Altägyptisches Wissen

Ist die Archäologie wirklich auf der richtigen Spur?

Eine Frage vorab. Ist das Bild, das uns die Forschungsbereiche der Ägyptologie und Alten Geschichte vom Alten Ägypten vermitteln, wissenschaftlich eindeutig belegt, spiegelt es die Realität wider?
Nein. Es bleiben zu viele Rätsel und Zweifel.

Warum hinterfragen Sie die offiziellen Statements und die wissenschaftliche Erklärung für die Entdeckungen?
Das ist ein weites Feld. Für mich sind es vor allem die Widersprüche an sich, die unterschiedlichen Aussagen und Meinungen. Die selbsternannten Expertinnen und Experten streiten wie Hund und Katz – und dabei geht es nicht um kleine Details. Alles wird hinterfragt, berichtigt, neu ausgelegt und unterschiedlich interpretiert. Dazu kommt, dass sie eifersüchtig darauf achten, dass keine Kollegin, kein Kollege eine sensationelle Entdeckung macht. Dies möchte schon jeder für sich in Anspruch nehmen. Dabei geht es um so entscheidende Fakten, wie alt beispielweise die Pyramiden sind. Die eine Seite spricht von 4500 Jahren, andere sind sich sicher, dass sie womöglich älter als 12.000 Jahre sind. Die Texte und Hieroglyphen werden unterschiedlich interpretiert und übersetzt, so, wie die Bedeutung der Texte teilweise verfälscht oder berichtigt wird, im Sinne des Übersetzenden. Der Bau der Pyramiden, die Bedeutung der Sphinx, … nichts hat eine Basis, die historisch bewiesen ist. Nur in einem sind sich alle einig – dass sie sich nicht einig sind.

Ich habe durch die vielen Berichte in den Medien und im Fernsehen auch ein Bild von Ägypten vor Augen – wie vermutlich die meisten Lesenden – und bin nun etwas irritiert. Ich würde Ihnen gern zu

diesem Thema ein paar Fragen stellen, die mir schon lange unter den Nägeln brennen, um mich neu orientieren zu können. Bitte geben Sie nur ganz kurze Antworten, auf Details können wir später eingehen. Bereit?

1 Warum wurden nahezu alle uns bekannten Pyramiden im Zeitraum der 4. Dynastie, also vor etwa 2700 – 2500 Jahren vor Christi gebaut? Davor und danach jedoch nicht mehr?

Das ist der Zeitraum, den uns die Archäologie und die Geschichte präsentieren, aber stimmt das?

2 Sind die Pyramiden Gräber?

Auch das wird uns von der Ägyptologie so überliefert und interpretiert, aber stimmt das?

3 Wurde jemals die Mumie eines Pharaos in einer großen Pyramide gefunden?

Nein.

4 Wo wurden sie dann beerdigt?

In den versteckten Höhlen im Tal der Könige. Viele warten noch auf ihre Entdeckung.

5 Warum wurden die Pyramiden dann als Gräber deklariert und wozu ließ der Pharao dann dieses riesige Bauwerk errichten?

??? Sie sehen, ich weiß es nicht.

6 Welchem Zweck dienten sie denn sonst?

Hier sind wir jetzt im Bereich der Spekulation. Dazu aber mehr im Kapitel über Pyramiden.

7 Wie alt ist die Sphinx, wen stellt sie dar und welchem Zweck diente sie?

Auch da muss ich auf später verweisen.

8 Ist genau bekannt, also gibt es Beweise dafür, wie die Pyramiden gebaut wurden?
Nein. Dafür aber unzählige Thesen und Vermutungen.

9 In vielen Berichten, Reportagen und schlauen Büchern habe ich gehört und gelesen, mit welcher Technik die Pyramiden angeblich gebaut wurden.
Ich glaube ehrlich gesagt, hier befinden wir uns im Reich der Fantasie. Das sind doch Märchen!

10 Wissen Sie es denn besser?
Nein. Aber das logische Denken spricht dagegen. So war es jedenfalls sicher nicht.

11 Hat Pharao Cheops die große Pyramide von Gizeh, die auch seinen Namen trägt, bauen lassen?
Sie wird ihm zumindest zugeschrieben. Inzwischen gibt es darüber Zweifel.

12 Welchem Zweck diente die Mumifizierung? Vorbereitung auf ein Leben nach dem Tod?
Möglich. Vielleicht ist es aber auch nur ein Ergebnis missverstandener Technologie.

13 Wie bitte?
War das eine Frage?

Sorry, ich bin manchmal nur überrascht über Ihre direkte und unbedarfte Art, Dinge zu hinterfragen, die man uns seit Jahrzehnten so beigebracht hat.
Okay, nächste Frage. Wir wollten uns kurzhalten.

14 Sie wollen nicht auf die Andeutung mit der missverstandenen Technologie eingehen?
Nein. Auch dazu später mehr.

15 Der Fluch des Pharao. Wahrheit oder Mythos?
Beides!

16 Das war zwar eine kurze Antwort, sagt aber nichts aus.
Das Ganze entstand ja nach der Entdeckung des Grabes von Pharao Tutanchamun durch Howard Carter. Danach gab es im Umfeld des Ausgrabungsteams mehrere mysteriöse Todesfälle, die in den Medien schnell als Fluch des Pharaos über die Titelseiten geisterten. Vermutlich war der Kontakt mit Schimmelpilzen und Bakterien, die sich in der verschlossenen Grabkammer gebildet haben, eine der Ursachen.

17 Gab es tatsächlich einen Sternenkult, der mit dem Sternbild Orion zusammenhängt?
Es gibt die Theorie, dass die drei großen Pyramiden in Gizeh nach dem Sternbild Orion ausgerichtet und angeordnet sind. Die drei Pyramiden sollen demnach ihre Vorbilder, also die Sterne *Alnitak*, *Alnilam* und *Mintaka* im Oriongürtel nachbilden. Aber auch das ist trotz der verblüffenden Ähnlichkeit umstritten, wie halt so vieles.

Gut, nun haben wir mal ganz grundsätzliche Fakten und umstrittene Thesen angesprochen und wissen, dass wir uns bei einigen Themen im Bereich der Spekulationen oder Vermutungen befinden. Was macht die Archäologie in Ägypten so schwierig, um sachlich korrekte und exakte Ergebnisse zu erzielen?
Dafür gibt es viele Gründe. Eines der Hauptprobleme ist, dass es kaum schriftliche Unterlagen, Aufzeichnungen oder Berichte aus dieser Zeit gibt. Selbst die genaue Anzahl der Pharaonen, wie und wann sie regiert haben, ist nicht vollzählig. Ein Pharao wie Tutanchamun war völlig unbekannt. Wenn Carter diesen sensationellen Fund nicht gemacht hätte, wüssten wir nicht einmal von seiner Existenz. Er ist überhaupt ein gutes Beispiel, wie verworren und undurchsichtig die historischen Ereignisse sind und wie schwer sie zuzuordnen sind.

Können Sie das näher erläutern?
Nun, die Familienverhältnisse und sein Tod sind noch immer umstritten. Die meisten Forschenden gehen davon aus, dass der Pharao

Echnaton sein Vater und dessen Gemahlin, die berühmte Nofretete, seine Mutter oder Stiefmutter war. Wir sind also in der 18. Dynastie. Dieses Herrscherpaar verbot den jahrhundertealten Glauben an viele verschiedene Götter und führte eine neue Religion ein. Diese erlaubte nur noch einen Gott, die Sonnenscheibe Aton. Nach dem Tod Echnatons, der ebenso mysteriös wie ungeklärt blieb, tilgten die Priester und das Volk alles, was an seine Regentschaft erinnerte, und führten das alte System wieder ein. Zu diesem Zeitpunkt verschwand nun plötzlich auch Nofretete von der Bildfläche, geradezu ins Nichts. Möglicherweise hat sie jedoch nur einen anderen Namen angenommen und war die / oder der geheimnisvolle Pharao namens Semenchkare, der in der Zeit zwischen Echnatons Tod und der Thronbesteigung Tutanchamuns regierte.

Gibt es Hinweise darauf, was mit ihr geschah?

Ja und Nein. Aber jetzt nimmt diese verwirrende Geschichte erst richtig Fahrt auf. Es gibt dazu mindestens zwei Thesen. Die Erste: Im Grab von Pharao Amenophis II fand man die Mumie einer jungen Frau, von der Wissenschaft als „Younger Lady" betitelt. Viele Hinweise sprechen dafür, dass es sich dabei um die Mumie von Nofretete handelt. Diese Mumie wurde allerdings geschändet. Man schlug ihr den Unterkieferknochen ein, was nach ägyptischem Glauben verhindern soll, ihren Namen auszusprechen, um ins Jenseitsland zu gelangen. Die zweite These: Neueste Erkenntnisse aus der Grabkammer von Tutanchamun weisen darauf hin, dass es eine weitere, eine verborgene Grabkammer geben muss … in der die Mumie der Pharaonin Nofretete liegen soll. Hier stehen nun neue Forschungen an.

Und die Geschichte von Tutanchamun, welche Erkenntnisse gibt es hier?

Auch hier führt der wirre und undurchsichtige Pfad fort. Er starb sehr jung, mit gerade mal etwa zwanzig Jahren. Todesursachen werden viele ins Feld geführt, aber welche stimmt? Wurde er von seinem Nachfolger ermordet, wie einige behaupten? Ein DNA-Test wies Malaria nach. Aber auch genetische Krankheiten, die seinen Körper schwächten, werden dafür verantwortlich gemacht. Schwere Verletzungen im Brustbereich weisen auf einen Unfall mit dem Streitwagen hin. Wir sehen, auch hier, wie bei Nofretete und Hunderten anderer Fälle, gibt es viele unterschiedliche Meinungen, die kontrovers diskutiert werden, aber keine relevanten Ergebnisse.

Welche Aufgabe hatte so ein ägyptischer Pharao? Außer Krieg zu führen und seine Untergebenen zu schikanieren, indem er sie in Steinbrüchen und an den Pyramiden arbeiten ließ? Denn so werden die Herrschenden ja zum Teil dargestellt.

Die Hauptaufgabe des Pharaos bestand darin, die ewige Harmonie zwischen dem Kosmos und der materiellen Welt aufrechtzuerhalten oder auszugleichen. Dieser ausgewogene Zustand wurde von den Ägyptern *Ma'at* genannt. Um das möglichst perfekt zu machen, erhielt er Hilfe von Hohepriestern und allen, die in den unzähligen, heiligen Tempeln beschäftigt waren.

Ma'at? Aufrechterhaltung der Harmonie? Davon habe ich noch nie etwas gehört. Wenn ich Berichte über das alte Ägypten sah, hörte ich meist von Pyramiden, die Gräber sind, vom Totenkult, Mumifizierung und von Pharaonen, die kriegerisch, eitel und brutal waren.

Ja, das ist das Bild, das uns Ägyptologie und Archäologie vom alten Ägypten vermitteln. Das gilt auch für die Interpretation der Schriftzeichen und Malereien, die in den Tempeln, Pyramiden und auf Stelen gefunden werden. Die Texte kann man durchaus auch ganz anders, viel mystischer und spiritueller auslegen. Möglicherweise wird auch Sinn und Hintergrund des sogenannten Totenkults völlig falsch verstanden und übermittelt. Auch bei der Schätzung der archäologisch Forschenden, wann, wie und warum die Pyramiden gebaut wurden, gibt es nach wie vor mehr offene Fragen als Antworten. Es gibt Hinweise darauf, dass sie sich unter Umständen um mehrere Tausend Jahre verschätzten, die ganze Kultur also viel, viel älter ist als bisher angenommen.

Sie hinterfragen also auch hier die offiziellen Quellen und weisen auf Fehlinterpretationen und ja, sagen wir es offen, auf Irrtümer hin?

Ja – weil sich die Expertinnen und Experten in entscheidenden Dingen selbst widersprechen.

Ja – weil Beweisstücke und Artefakte zum Teil nicht öffentlich zugänglich sind.

Und ja – weil einfach zu viel darauf hinweist, dass die Geheimnisse der Pyramiden und der ganzen ägyptischen Hochkultur noch zu entschlüsseln sind.

Die Sphinx, welche Geheimnisse verbirgt sie?

Die Frage ist doch vor allem, ist sie alleine? Oder verbirgt sich unterm Wüstensand eine zweite, aus Gründen der Symmetrie, wie oft vermutet wird? Die Verwitterungsspuren an der Sphinx weisen übrigens darauf hin, dass sie viel älter sein muss als bisher vermutet. Auffällig ist auch, dass das Gesicht im Vergleich zum Körper zu klein ist und vielleicht erst später hinzugefügt wurde. Aber welche Form hatte der Kopf dann ursprünglich? War es der Schakalkopf des Gottes Anubis?

Vor kurzem fand man unter der Sphinx verborgene Kammern und Gänge, die irgendwohin führen. Es bleibt spannend und es gibt da noch viel zu entdecken.

Ich möchte noch einmal zurück zu den Aufgaben des Pharaos, der Ma'at, der Aufrechterhaltung der Harmonie. Und zu den Priestern und den Ritualen in den Tempeln. Der Totenkult der Ägypter – was steckt da dahinter?

Auf Grund der alten Inschriften in den Tempeln wissen wir, dass die Ägypter an zwei nebeneinander existierende Welten glaubten. Die physische, materielle Welt und das Jenseitsland, das allerdings nicht als abgetrennt betrachtet wurde, sondern auf unerklärliche Weise mit der materiellen Welt verflochten war und parallel dazu existierte. In der physischen Welt gab es Raum und Zeit, das Jenseitsland befand sich außerhalb der Zeit und existiert ewig. Darf man den verschiedenen Textinschriften Glauben schenken, so sahen sie die andere, unsichtbare Welt als die der eigentlich Lebenden an.

Es gibt auch Hinweise auf geheimnisvolle Initiationsriten, die in den Tempeln von Eingeweihten durchgeführt wurden. Was ist darüber bekannt?

Sehr wenig, weil es erstens kaum Aufzeichnungen darüber gibt, und zweitens, weil es den Hohepriestern und Eingeweihten streng verboten war, darüber zu reden oder Auskunft zu geben. Es gibt aber deutliche Hinweise darauf, dass sowohl Priester wie Pharaonen durch Initiationsrituale die Reise ins Jenseitsland angetreten haben. Sie überschritten also die Grenze und kehrten wieder zurück. Texte, die man auf Gräbern oder Sarkophagen, fand weisen darauf hin.

Erstaunlich, an was glaubten denn die Ägypter?
Dazu muss man sich zwei grundsätzlichen Voraussetzungen bewusst sein. Die Seele wird bei den Ägyptern als *ba* bezeichnet. Sie ist ein integraler Bestandteil des Menschen und trennt sich nach dem Tod vom Körper, um zu seinem göttlichen Ursprung zurückzufliegen.

Das *ach* ist das Leuchtende, ein rein spirituelles Licht, welches das *ba* nach dem Tod anstrebt. Es geht also darum, den Verstorbenen zu einem Wesen des Lichts zu machen, die Verschmelzung mit der Quelle, die alles ist, aus der alles kommt und die ewig existiert.

Das hört sich aber sehr schön und angenehm an. Eine Vorstellung, die positiv stimmt und einen voller Hoffnung und stiller Ruhe zurücklässt.
Ja, aber kommt Ihnen das denn nicht bekannt und vertraut vor?

Auf was wollen Sie hinaus?
Sie wissen, dass es mir bei der Umsetzung und Gestaltung der Bilder für das Projekt ETERNITY darauf ankam, zu erfahren und zu erkunden, wie alles miteinander zusammenhängt. All die Themen, über die wir jetzt reden, sind der Hintergrund für die Bilder und die Botschaft.

Das habe ich verstanden. Und wie hängt die alte ägyptische Hochkultur mit dem Ursprung des christlichen Glaubens zusammen?
Die Geschichte mit *ba* und *ach* empfanden Sie auch deshalb so angenehm, weil es grundsätzlich mit dem christlichen Glauben und dem ewigen Leben sehr verwandt, fast identisch ist. Wir wissen auch, dass sich Jesus in den 18 Jahren, in denen er verschollen war, vermutlich in Ägypten aufhielt und zwar in Kreisen, die genau über dieses Wissen

verfügten und Zugang zu hermetischen Grundsätzen und Lehren hatten. Das ist zwar jetzt reine Spekulation und nicht bewiesen, aber eine Erklärung dafür, wo er sich das Wissen und den Glauben zulegte, den er später versuchte, weiterzugeben und zu lehren.

Um das Thema Ägypten abschließen zu können, lassen Sie uns bitte nochmal auf die Frage 12 und auf Ihre Andeutung mit der missverstandenen Technologie zurückkommen. Es ging um die Mumifizierung und um die Vorbereitung auf ein Leben nach dem Tod. Nachdem Sie Jesus mit den ägyptischen Initiationsriten in Verbindung gebracht haben, bin ich sicher, dass jetzt nochmal eine provozierende These oder Neu-Interpretation folgt.

Aber das ist doch legitim, wir befinden uns grundsätzlich fast nur im Bereich der Vermutungen und Spekulationen, da kommt es jetzt auf eine mehr oder weniger nicht an. Um es möglichst kurz zu machen: Viele wissenschaftlich Forschende beschäftigen sich mit der These, ob irgendwann eine außerirdische Spezies uns hier auf der Erde besucht hat und Einfluss auf die Geschichte und Entwicklung der Menschheit nahm. Wie gesagt, reine Spekulation. Was aber, wenn die Ägypter mit ihnen und der Technik Kontakt hatten?

Sie sehen unter Umständen interstellar Reisende, die in ihren Schlaf-/Kältekammern die Rückreise zu ihrem Heimatplaneten antreten – zum Sternbild Orion? Nach Alpha Centauri? Wer weiß?

Haben Sie schon einmal die Form eines ägyptischen Sarkophags mit einer Schlafkammer in einem Raumschiff verglichen? Die Ähnlichkeit ist verblüffend! Auch die Art und Weise, wie der Raumfahrer / oder der Pharao in der Kammer liegen. Was, wenn die ägyptischen Herrscher auch auf diese Weise ihre Rückkehr zu den Sternen angetreten haben?

KAPITEL 12

Das Rätsel der Pyramiden

Wie, warum und wann wurden sie gebaut?

Wissen Sie eine Antwort auf die Frage, die oben gestellt wird?
Nein, weiß ich nicht. Das weiß so recht niemand wirklich. Alle Berichte, Nachforschungen und Fakten sind Spekulationen. Tatsache ist, dies ist eines der großen Geheimnisse der Welt. Und wir sprechen jetzt hier nicht nur von den großen Pyramiden in Ägypten. Sondern von den Pyramiden, die über die ganze Erde verteilt sind und noch immer existieren. Und man findet immer noch mehr. Die Entdeckungen werden immer spektakulärer.

Richtig. Wo wurden Pyramiden überall entdeckt? Und wie viele gibt es?
Die in Ägypten sind sicherlich die bekanntesten. Dort gibt es ungefähr 80. Was viele aber nicht wissen: Der Nachbar Nubien, der heutige Sudan, hat mehr als dreimal so viele, etwa 250 bis 300. Das damalige Königreich Kusch übernahm die Techniken und Traditionen der Ägypter und baute seinen Herrschern Pyramidengräber.

Dann gibt es natürlich die bekannten Stufenpyramiden in Südamerika und Mexiko, die Pyramiden der Maya in Chichen Itza auf der Halbinsel Yucatan, die Ruinenstadt Uxmal mit großen Pyramiden oder die in Kukulcan.

Weiterhin gibt es die Pyramiden der Azteken in Mexiko sowie später die der Inka in Peru und Mittelamerika. Dann existiert ja auch noch die riesige, geheimnisvolle „Weiße Pyramide" in China, über die nur wenig bekannt ist. Und es werden immer mehr.

Heißt das, man findet selbst heute noch Pyramiden, die mehrere Tausend Jahre alt sind?
Ja, mit der Technik der Satellitenaufklärung entdeckt man weltweit unzählige bisher verborgene und unentdeckte Pyramiden. Auch an ungewöhnlichen Orten, an denen man sie nie vermutet hätte.

Können Sie da einige Beispiele nennen?
Bosnien. Im Ernst. In Bosnien hat man drei riesige Pyramiden entdeckt, die unter einem Hügel begraben sind. Forschende aus der ganzen Welt sind an diesen Ausgrabungen und Forschungen beteiligt. Allerdings dringt nicht viel an die Öffentlichkeit. Offensichtlich soll dies auch gar nicht so richtig publik werden. Über dem Ganzen liegt ein Mantel des Schweigens. Warum? Weil es so alte Pyramiden in Europa eigentlich gar nicht geben dürfte? Die drei Pyramiden haben übrigens schon Namen: Sonnenpyramide, Mondpyramide und Drachenpyramide.

Diese These mit den Pyramiden in Bosnien ist allerdings sehr umstritten und wird von der Fachwelt nicht anerkannt.
Ja, klar. Weil es schlicht und einfach nicht in deren Weltbild passt, denn diese Pyramiden werden auf ein Alter von 25.000 bis 30.000 Jahre geschätzt. Stellen Sie sich das doch mal vor. Sollte sich dieser Fund als wahr und real herausstellen, müsste die archäologische Forschung doch zugeben, dass ihre Erkenntnisse seit Jahrzehnten falsch sind. Pyramiden in Europa! Unvorstellbar! 30.000 Jahre alt. Mein Gott, da würde ihr gesamtes Weltbild samt der Geschichte der Menschheit und der Kulturen wie ein Kartenhaus in sich zusammenfallen.

Was spricht denn dann dafür, oder welche Beweise gibt es?
Wie gesagt, die ganze Entdeckung und deren Interpretation wird von den etablierten Kräften aufs Heftigste in Frage gestellt und regelrecht als Fälschung oder Täuschung verurteilt. Auf Bildern aus der Region, sind unter bewachsenen, grünen Hügeln die Formen großer Pyramiden zu erkennen. Dazu kommt, dass darunter ein riesiges Tunnelsystem entdeckt wurde, das alle dort vermuteten Pyramiden miteinander verbindet. Das ist Fakt und real. Davon gibt es Bilder. Wie es weitergeht, wird die Zukunft zeigen.

Sie erwähnten weitere Entdeckungen.
Ein weiterer Fundort für Pyramiden ist das Japanische Meer. Vor kurzem gelang Forschenden dort ein spektakulärer Fund. Vor der Insel Yonaguni in Japan entdeckte man unter Wasser eine riesige Ruinenstadt mit einer großen Pyramide. Das Alter wird auf etwa 12. 000 Jahre geschätzt. Es geht aber noch weiter. In Peru, in Casmatal stieß man im Dschungel unter einem Hügel auf eine riesige, bisher unbekannte Pyramide. Und sogar auf einem Zwergplaneten in unserem Sonnensystem wurde so etwas wie eine Pyramide entdeckt.

Warum wurde die Pyramidenform von fast allen Kulturen weltweit zum Bau verwendet?
Dazu gibt es mehrere Theorien und Vermutungen. Eine Theorie geht zurück auf den sogenannten Benben-Stein. Diesen pyramidenförmigen, schwarzen Stein mit einer Grundfläche von etwa ein mal ein Meter und Hieroglyphen-Inschriften kann man heute im Ägyptischen Museum in Kairo bewundern. Der Legende nach ist er wie ein Komet vom Himmel gestürzt und wurde von den Göttern geschickt. Das Material, aus dem der Stein besteht, ist zum großen Teil auf der Erde unbekannt.

Eine weitere These zur Pyramidenform ist die direkte Verbindung mit der Sonne und dem Sonnengott Re. Der Pharao, so hieß es, sollte nach seinem Tod auf den Strahlen der Sonne, die sich zu einer Rampe vereinen, zu den Göttern auffahren. Diese Form der Sonnenstrahlen versuchten die Ägypter mit der Form einer Pyramide nachzuahmen.

Man muss dazu aber Folgendes wissen: Heute stehen ja nur noch die Überreste der Pyramiden da, steinerne Denkmäler. Zu ihrer Blütezeit sahen sie allerdings ganz anders, viel auffälliger aus. Ihre Außenhaut bestand aus einem weißen, hochpolierten Kalkstein, der extrem im Sonnenlicht glänzte und spiegelte. Oben auf der Spitze saß ein Schlussstein aus purem Gold. Die Pyramide muss wie ein Diamant in der Wüste über kilometerweite Entfernungen gefunkelt haben. Ein sensationeller Anblick.

Kommen wir nun zu einer der umstrittensten Fragen, die Pyramiden betreffend. Wie wurden sie gebaut? Von wem? Und warum?

Das sind drei Fragen auf einmal. Und über diese drei Fragen wurden schon Hunderte schlauer Bücher geschrieben. Es ist unmöglich, dies jetzt kurz zu beantworten. Außerdem weiß das ja niemand so genau. Darüber streitet die Fachwelt nach wie vor und jährlich kommen neue, abenteuerliche Theorien dazu.

Auffällig bei der ganzen Geschichte ist, dass die Ägypter, die sonst über nahezu alles, über jede Kleinigkeit Nachweise in Form von Texten oder Bildern und Zeichnungen hinterlassen haben, dazu wenig zur Aufklärung beisteuern.

Ausgerechnet über das Weltwunder, den Bau der Pyramiden, gibt es absolut nichts, dem man entnehmen könnte, wie sie gebaut wurden. Schon seltsam, oder?

Bezeichnend ist auch, dass die Ägypter selbst nicht mehr genau wussten, zu welchem Zweck und warum sie gebaut wurden. Als Ägypten vor etwa 1400 Jahren von den Arabern erobert und besetzt wurde, standen die Eroberer vor einem Rätsel. Das Wissen darüber war verlorengegangen. Das hört sich jetzt unglaublich an, ist aber so.

Gehen wir doch zuerst einmal dem nach, wie es uns im Prinzip bis heute gelehrt und erklärt wird. Die Rampentechnik. Wie nachvollziehbar ist das und was spricht dagegen?

Sie bringen mich jetzt ehrlich in Bedrängnis, denn dieses Thema ist so komplex und somit nahezu unmöglich in wenigen Sätzen zu erklären. Aber gut, ich versuche mich auf das Wesentlichste zu konzentrieren und vielleicht bekommen wir es ja hin.

Bei der Rampentechnik gibt es mehrere Lösungen, die aber alle ihre Schwachpunkte haben. Egal, ob es sich um eine direkte Rampe vom Boden bis zur Spitze handelt, um eine Rampe, die rings um die Pyramide führte oder um eine Rampe, die im Inneren der Pyramide verlief. Ich denke, man kann heute nahezu ausschließen, dass die Pyramiden so gebaut wurden.

Was spricht so stark gegen diese Vermutung? Genau das wird uns doch als wahr oder real verkauft.

Ich erkläre es ganz kurz an zwei Beispielen.

Die direkte Rampe: Damit eine Rampe, die vom Fuß geradewegs bis zur Spitze führt, nicht zu steil für den Transport der Steine nach oben wird, müsste sie mit einer moderaten Neigung angelegt werden. Dann müsste sie mehr als zwei Kilometer lang gewesen sein.

Die Rampe rings um die Pyramide: Wäre noch aufwendiger zu bauen und später hätte es massive Schwierigkeiten gegeben, die tonnenschweren Steine auf dem Weg nach oben um die Biegungen zu bekommen. Dazu wäre auch hier der Weg rings um die Pyramide viel zu lang geworden.

Was aber bei beiden Varianten am meisten dagegenspricht: Man hätte für die Rampen nicht nur genauso viel Baumaterial gebraucht wie für die Pyramide selbst, sondern auch die gleiche Zeit – also 20 Jahre, um die Rampen zu bauen. Dazu kommt noch: Wohin mit dem ganzen Material nach Fertigstellung der Pyramide? Das alles wieder abzubauen wäre nochmals zeitaufwendig gewesen, zumal man auch später nie Hinweise dafür in der Nähe einer Pyramide gefunden hat.

Das hört sich wirklich bedenklich an. Spricht noch etwas dagegen?

Sie müssen sich einmal Folgendes bildlich vorstellen: Die große Cheops-Pyramide in Gizeh besteht aus etwa 2,3 Millionen gigantischer Steinblöcke, jeder zwischen zwei und 15 Tonnen schwer. Um diese Pyramide also in 20 Jahren zu bauen, hätten die Ägypter rund um die Uhr alle 20 Minuten einen Stein auf die Pyramide an den richtigen Platz setzen müssen! Das würden sie heute selbst mit einem Hochleistungskran nur mit Mühe fertigbringen. Dazu kommt, dass die Infrastruktur für die Arbeiter und Helfer geschaffen werden musste. Man schätzt, dass für den Bau der großen Pyramiden zwischen 20.000 und 50.000 Arbeiter nötig waren. Das ist die Bevölkerung einer Kleinstadt. Logistik und Organisation für die Unterbringung und Verpflegung eines solchen Heeres muss extrem kritisch und schwierig gewesen sein.

Stellen Sie sich einmal vor, wie 30 Arbeiter an Seilen einen fünf Tonnen schweren Steinquader über so eine Rampe kilometerweit bis nach oben gezogen haben. Es gibt übrigens bis heute keinen Kran oder Schwertransporter, der so schwere Steine, wie sie teilweise in den Pyramiden, speziell über den Grabkammern verbaut wurden, aufladen oder transportieren könnte. Das gibt doch schon zu denken?

Wie löst man so ein Rätsel?
Mich würde mal interessieren, was dazu die Fachkräfte einer Spezialfirma wie zum Beispiel *Liebherr*, die Schwerlastkräne herstellt, zu sagen hätten. Wie würden die mit der heutigen Technik so einen Pyramidenbau angehen und wie lange bräuchten sie bis zur Fertigstellung? Und dann würden sie die zusätzliche Hausaufgabe bekommen, dies nun auch mit den bescheidenen Werkzeugen und Möglichkeiten, die den alten Ägyptern zur Verfügung standen, zu bewerkstelligen. Ich glaube, solche Spezialisten würden auf clevere Lösungen kommen.

Warum bestehen die Ägyptologen so vehement darauf, dass die große Cheops-Pyramide in Gizeh in exakt 20 Jahren gebaut wurde?
Weil sonst ihr gesamtes Weltbild zusammenstürzen würde. Um diese Pyramide ihrem Erbauer Cheops zuschreiben zu können – und darauf besteht die Fachwelt ja – gibt es ein exaktes Zeitfenster von 20 Jahren. Ansonsten kommt Pharao Cheops nicht als Erbauer dieser Pyramide in Frage. Sie sehen: Das sture Festhalten an diesem Fakt führt zu weiteren Fragen, die nur schwer zu beantworten sind.

Es gibt zum Bau der Pyramiden die unglaublichsten Theorien und Meinungen. Manche davon hören sich geradezu lächerlich an.
Welche meinen Sie?

Naja, zum Beispiel, dass die Steine nicht dorthin transportiert, sondern mit einer Art Zement direkt auf der Pyramide betoniert wurden. Oder die Theorie, dass die Ägypter im Besitz geheimer Technologien waren, die man heute längst wieder vergessen hat.
Sie sprechen die Theorie an, dass sie eine Art sonische Levitation einsetzten. Also übersetzt gesagt, sie bewegten die schweren Steine mit einer Art Schallwellen. Eine andere Möglichkeit wäre der Einsatz von Magnetismus, also mit Antigravitations-Kraft, die die Steine über dem Boden schweben lässt. Nun, wenn dies so geschehen sein sollte, steht uns diese hochmoderne Technik heute nicht mehr zur Verfügung.

Glauben Sie ernsthaft, dass dies so gewesen sein könnte?

Nein, das glaube ich nicht. Ich kann es aber auch nicht komplett ausschließen. Können Sie es denn ausschließen?

Nein, natürlich nicht.
Sehen Sie.

Ja, aber es ist doch extrem unwahrscheinlich.
Niemand weiß das wirklich. Selbst so schlaue Männer wie Isaac Newton haben sich intensiv damit beschäftigt. Das wissen auch nicht viele. Er war sich sicher, dass die Pyramiden ihre Geheimnisse noch nicht preisgegeben haben und suchte leidenschaftlich nach einer Lösung.

Das Rätsel, warum etwa zur gleichen Zeit so viele Pyramiden auf der Welt in verschiedenen Erdteilen und Kulturzonen gebaut wurden, beschäftigt die Archäologie schon seit Jahrhunderten, ohne eine befriedigende Lösung zu präsentieren.
Das scheitert ja schon bei der Altersbestimmung. Denn nicht wenige Forschende sind in der Zwischenzeit davon überzeugt, dass viele der Pyramiden etwa 12.000 Jahre und noch älter sind. Gebaut von einer Hochkultur, die von der Sintflut weggespült und vernichtet wurde.

Diese Theorie gilt allerdings unter seriösen Fachleuten als sehr umstritten.
Nun gut, ehrlich, was sind denn seriöse Fachleute? Galileo Galilei, Kopernikus, Leonardo da Vinci und viele andere haben die Aussagen von Fachleuten der damaligen Zeit widerlegt, weil sie sich getrauten, diesen zu widersprechen und neue Wege zu denken. Sehen Sie, sobald wir das Terrain der konservativen Wissenschaft verlassen und uns den Grenzwissenschaften nähern, bildet sich sofort Widerstand der Etablierten und Gelehrten. Ein Vorgang, der sich fortwährend wiederholt.

Ja, weil sich die Grenzen eben ins Fantastische oder ins Reich der Märchen verschieben.
Seien Sie doch nicht so ungnädig und streng und lassen Sie doch zu, dass man sich traut, auch mal neue Wege zu denken. Bei diesem Thema

werden wir ja auch immer wieder mit dem gleichen Phänomen konfrontiert. Es gibt dazu drei Denkmuster, die es in der sogenannten seriösen Wissenschaft nicht gibt.

Prä-Astronautik: Diese Theorie geht davon aus, dass die Menschheit irgendwann in ihrer Vergangenheit Kontakt mit Besuchern von anderen Sternen hatte, die maßgeblich dazu beigetragen haben, unsere Entwicklung zu beeinflussen.

Lost Civilisation: Diese Theorie besagt, dass es auf der Erde vor über 10.000 Jahren eine hochentwickelte Frühkultur gab, die durch irgendein Ereignis ausgelöscht und vernichtet wurde. Hieraus entwickelte sich unter anderem auch die Legende von Atlantis.

Hidden Knowledge: Hatten die Ägypter damals schon Glühbirnen, elektrischen Strom und Nuklearreaktoren, wie es manche Forschende behaupten? Gab es schon damals eine hochentwickelte Technik, die im Laufe der Zeit wieder verlorenging?

Sehen Sie, das ist es doch, was ich meine. Science-Fiction oder Märchenstunde. Glauben Sie auch an Frau Holle oder Dornröschen?
Weder noch. Ich habe es mir aber angewöhnt, nichts wirklich sofort auszuschließen, bevor ich es mir nicht näher angesehen und analysiert habe. Nehmen wir doch mal das Beispiel Elektrizität im alten Ägypten.

Das ist nicht Ihr Ernst?
Sie wollten doch wissen, wozu die Pyramiden gebaut wurden.

Ich wollte ernsthafte Antworten, die auf realen und nachweislich machbaren Fakten basieren.
Ich gebe Ihnen doch nur die Möglichkeit, sich mit einer alternativen Version auseinanderzusetzen. Es gibt nämlich Hinweise, die genau darauf schließen lassen.

Dass den Ägyptern schon Elektrizität zur Verfügung stand?
Ja. Wissenschaftlich Arbeitende haben mit Experimenten nachgewiesen, dass sich die Pyramiden durchaus auch als Kraftwerke nutzen lassen – und vielleicht waren sie das ja auch. Zur Stromerzeugung benötigt man aber eine Möglichkeit, den Strom zu speichern. Und dazu braucht

man einen Kondensator oder Batterien. Das Design der Pyramide, speziell das der Cheops-Pyramide, war mit ihren Schächten und Kammern so angelegt, dass man Wasser aus dem Boden nach oben in die Pyramiden pumpen konnte, um dort die negativen Ionen aufzuladen und ein elektrostatisches Feld zu erzeugen. Noch heute ist übrigens diese Restenergie und ein elektrisches Feld um die Pyramide messbar.

Auf manchen Zeichnungen und Reliefs, welche die Ägypter uns hinterlassen haben, sieht es so aus, als ob sie schon Glühbirnen und andere elektrisch betriebenen Leuchtmittel hatten. Manches weist auch darauf hin, dass große Batterien zum Einsatz kamen.

Ganz ehrlich: So ganz von der Hand zu weisen ist diese Theorie der „Lost Knowledge" nicht. Aber klar, vieles ist halt nach wie vor Spekulation. Die moderne Forschung und die Archäologie werden uns ganz sicher im Laufe der nächsten Jahre noch überraschende Erkenntnisse liefern.

Stimmt es eigentlich, dass in den drei großen Pyramiden von Gizeh in Ägypten keine Hinweise oder Zeichnungen und Malereien gefunden wurden?

Ja, das stimmt. Während die meisten anderen Pyramiden, Tempel oder Gräber großzügig und reichlich ausgeschmückt und bemalt wurden, fand man in den drei großen Pyramiden nichts. Keine Texte. Keine Schriften. Keine Zeichnungen oder Wandgemälde. Sie waren leer. Kein Hinweis auf Sinn und Zweck, oder die Erbauer und Architekten. Aber um nochmals das Thema von oben aufzunehmen: Würden Sie denn ein Gebäude, das mit Wasser geflutet und als Kraftwerk genutzt wird, innen aufwendig bemalen?

Sie sagten zuvor einmal, dass nach der Eroberung Ägyptens durch arabische Stämme niemand die Schriftzeichen und Hieroglyphen lesen und entziffern konnte. Selbst die Ägypter waren dazu nicht mehr in der Lage. Woher stammen eigentlich diese Schriftzeichen und wie gelang dann doch die Übersetzung in eine verständliche Sprache?

Sehen Sie, ist diese Tatsache denn nicht äußerst seltsam und regt zum Nachdenken an? Das gesamte ägyptische Volk war nicht mehr in der Lage, die eigene Sprache und Schriftzeichen zu identifizieren und zu lesen. Einfach ausgelöscht. Das Wissen einer Hochkultur, vergessen. Verschwunden. Aufgelöst ins Nichts. Kaum zu glauben, oder?

Die Übersetzung all der Hieroglyphen und Schriftzeichen gelang erst sehr spät im 19. Jahrhundert. Durch Zufall entdeckte man den sogenannten „Stein von Dekete", auf dem zum großen Glück der ägyptologischen Fachwelt und der Altertumsforschung ein Text zu finden war, der gleichzeitig in Hieroglyphenschrift und in griechischer Sprache verfasst war. Damit öffnete sich die Tür in eine bis dahin verborgene Welt.

Woher die Hieroglyphen allerdings stammen und wie und wer sie bei den Ägyptern als Schrift und Sprache einführte, ist bis heute völlig unbekannt und noch nicht nachgewiesen. Auf dem heiligen Benben-Stein sind aber genau diese Schriftzeichen zum ersten Mal entdeckt worden. Und der fiel, wie wir wissen, vom Himmel.

Die Andeutung, die Sie soeben machten, dass eine ganze Nation ihr Erbe, ihre Kultur und ihre Sprache vergisst, ist so unglaublich und merkwürdig, dass sich wie selbstverständlich die Frage aufdrängt: Warum? Wie konnte das geschehen?

Es gibt darauf leider keine Antwort, die wissenschaftlich haltbar oder nachvollziehbar wäre. Und wir machen jetzt auch nicht den Fehler und analysieren alle Spekulationen und Vermutungen, die es darüber gibt, auf ihre Schwachstellen und Falschinterpretationen.

Das heißt, wir lassen das jetzt einfach so stehen?
Ja.

Ist das nicht zu einfach?
Nein, denn man weiß es nicht. Die Forschungen und Ausgrabungen werden in der Zukunft zu Ergebnissen führen, die vermutlich ganz neue Erkenntnisse und Resultate bringen werden.

Ihr Fazit?
Die Pyramiden haben ihre Geheimnisse noch immer nicht preisgegeben.

KAPITEL 13

Frühchristliche Kirchengeschichte

Der Streit um den Sternensohn

Wie sah die Situation oder das Geschehen nach der Kreuzigung Jesu und dem Wirken der Apostel aus? Wie breiteten sich die Lehren Jesu aus?
Die Anfänge und die frühe Geschichte des Christentums basierten auf dem gesprochenen Wort. Alles wurde also lediglich mündlich weitergegeben. Einer der aus heutiger Sicht mächtigsten Männer, die jemals auf dieser Erde wandelten, hinterließ somit keinerlei nachweisbare Spuren seiner Existenz. Mehr noch: Sein Stern verglühte so schnell wie er gekommen war. Nichts deutete zu diesem Zeitpunkt darauf hin, dass diese winzige, jüdische Sekte, die aus Jüngern und Anhängern von Jesus bestand, sich zur größten Religionsgemeinschaft der Weltgeschichte entwickeln würde. Nichts ist zu diesem frühen Zeitpunkt schriftlich festgehalten worden und es gab noch keine Kirchen oder Hierarchien. Was es allerdings gab: eine Vielzahl an christlichen Gemeinden und Sekten mit unterschiedlichen Glaubensgrundsätzen, wobei sich im Laufe der Jahrzehnte der Konflikt zwischen den Gnostikern und den konservativen, orthodoxen Kräften schnell zuspitzte.

Was war der Kern des Streits und worin bestanden die Unterschiede der beiden konkurrierenden Glaubensparteien?
Gnostik heißt übersetzt „Wissen" oder „Erkenntnis". Es geht dabei aber nicht nur um Wissen und Glaube, sondern in erster Linie um einen spirituellen Selbsterkennungsprozess. Bei dieser Erfahrung sollten die Gläubigen aber auch Gott und damit die universellen Gesetze erkennen und finden. Hier geraten wir jetzt sehr nahe an die Lehren der Hermetik.

Die frühen Kirchenväter und Bischöfe vertraten jedoch einen viel konservativeren Standpunkt, der vor allem alles heidnische, mystische und esoterische Gedankengut der Gnostiker als Häresie verurteilte. Diese freie Interpretation des Christentums kollidierte mit ihrem Anspruch, Jesus als den fleischlichen Sohn Gottes anzusehen.

Darüber hinaus strebten sie strenge Regeln, Dogmen und Gesetze an, um den wahren Glauben besser kontrollieren und schützen zu können. Als eine Hierarchie, die von oben herab über die Gläubigen bestimmt und bei Verstößen auch verurteilt und ahndet. Die Unvereinbarkeit der beiden christlichen Strömungen führte sogar dazu, dass frühe Kirchenväter ganze Bücher schrieben, um vor den Gnostikern zu warnen. Angesichts dieser unvereinbaren Differenzen war ein klares, offizielles Bekenntnis, welcher Glauben denn nun der richtige ist, unausweichlich.

Was war die Basis des katholischen Glaubensbekenntnisses, so wie wir das heute kennen?

Die Bekämpfung der gnostischen Glaubensrichtung begann mit *Irenäus von Lyon* (ca. 135 – 202), der in seinen Schriften die spirituelle Lehre als Blasphemie verurteilte und anstrebte, das Christentum unter einem Glauben, unter einem Gott zu vereinigen.

Tertullian aus Karthago (160 – 230) war der Begründer des Begriffs der Dreifaltigkeit, der Trinität. Wie Irenäus bekämpfte er die Gnostischen Lehren, hetzte gegen die Juden und vertrat darüber hinaus einige andere, radikale Thesen. So war er zum Beispiel der Meinung, das weibliche Geschlecht bringe die Sünde auf die Erde. Die Saat zur Diffamierung und Unterdrückung der Frauen in der Kirche war gelegt.

Eusebius aus Palästina (ca. 275 – 340) war dann der eigentliche Gründer und Architekt der Kirche, wie wir sie heute kennen. Durch seine Position als Bischof von Cäsarea und durch seinen Einfluss auf den römischen Kaiser Konstantin verbannte er die gnostischen Schriften und wählte die Evangelien aus, die er für wertvoll hielt.

Heißt das, dass die Weltmacht Rom, die ja selbst heidnische Götter verehrte, an der Geburt der Kirche beteiligt war?

Sie war nicht nur daran beteiligt, sondern löste diesen Vorgang sogar aus. Der römische Kaiser Konstantin berief unter Einfluss seines

Bischofs Eusebius im Jahre 325 n.Chr. das Konzil von Nicäa in Kleinasien (Türkei) ein, um den Konflikt, der auch in seinem Reich für Unruhen sorgte, ein für alle Mal zu beenden. Hier wurde im Prinzip entschieden, welche Evangelien und Glaubenssätze in die Heilige Schrift, die wir als Neues Testament kennen, aufgenommen wurden und welche nicht. Die konservativen Kräfte setzten sich durch, die gnostischen Schriften wurden endgültig verboten und verbannt. Ihre Anhänger mussten von nun an mit Verleumdung und Verfolgung rechnen. Somit wurde das Christentum zur Staatsreligion – dies war gleichzeitig die Geburtsstunde der römisch-katholischen Kirche.

Welches war das Resultat, also das Vermächtnis, das sich aus dem Sieg der konservativen Kräfte entwickelte?
Es bedeutete im weitesten Sinn das Ende des freien Willens und die Ächtung der spirituellen gnostischen Erfahrung mit Gott. Die Kirchenführer argumentierten, dass der Heilige Geist die Kirche in die Wahrheit führt. Es war auch der Beginn eines Leidensprozesses, denn die Kirchenführer wollten, dass die „wahren Gläubigen" leiden wie Jesu Christi am Kreuz.

Entfernte sich die Kirche da nicht von der ursprünglichen, frühchristlichen Lehre?
Ja, das geschah. Denn wie wir aus alten Schriften wissen, basierte die Grundidee, den Mitmenschen anständig zu behandeln, auf alten heidnischen und griechischen Philosophien nach Platon oder Pythagoras, vermischt mit religiösen fernöstlichen Einflüssen. Wie wir alle wissen, kann die römisch-katholische Kirche in ihrer Geschichte der letzten 2000 Jahre, selbst bei bestem Wohlwollen, nicht für sich in Anspruch nehmen, bei der Missionierung besonders rücksichtsvoll oder gnädig mit Andersdenkenden umgegangen zu sein.

Wann und warum entschlossen sich die frühen Kirchenführer, Frauen zu unterdrücken und warum wurde die Figur der Maria Magdalena über fast 2000 Jahre hinweg als Prostituierte stigmatisiert?
Das geschah etwa um 600 n.Chr., als Bischöfe versuchten, aus Gründen der Vereinfachung und besserer Übersicht, mehrere Frauen aus

dem Umfeld von Jesus, die Maria hießen, zu einer Figur zu vereinen. Diese Gelegenheit wurde gleichzeitig dazu genutzt, den Einfluss von Frauen in hohen Kirchenämtern zu verhindern. Die Unterdrückung der Frauen in der katholischen Kirche hält ja bis heute an, also hat dieser Plan nahezu 2000 Jahre lang perfekt funktioniert. Die Unfähigkeit der katholischen Kirche, längst überholte und unzeitgemäße Dogmen, Regeln und Gesetze zu reformieren, ist bei diesem Thema ja das beste Beispiel. Dazu gehört auch die Weiterführung des Zölibats für Priester, mit all seinen unappetitlichen Nebenwirkungen. Die Frauenbewegung Maria 2.0 geht mit diesen Themen momentan offensiv an die Öffentlichkeit und setzt so endlich die Verantwortlichen in ihrer eigenen Kirche unter Druck. Die Strategie der Kirchenführer von damals war, den Einfluss heidnischer Göttinnen und Rituale – also das Göttlich-Weibliche auszulöschen. Hinzu kam, dass in frühchristlichen Gemeinden Frauen oft eine führende Rolle innehatten

Eine heidnische Göttin, die das Göttlich-Weibliche repräsentierte, im frühen Christentum?

Die Urchristen übernahmen diesen Mythos von heidnischen und griechischen Philosophen. Sie gaben ihr sogar einen Namen: Sophia, was „Weisheit" bedeutet und die geheimnisvolle Quelle alles Wissens und Bewusstseins repräsentiert. Es ist die heilige Zusammenführung des weiblichen und männlichen Prinzips, denn diese Dualität spiegelt unsere duale Welt wider, in der wir leben. Auch hier nähern wir uns wieder hermetischem Gedankengut an.

Wer war Maria Magdalena und was wissen wir über sie?

Das, was wir aus den Evangelien der Apostel, also aus dem Neuen Testament wissen, ist Folgendes:
- Sie war eine Jüngerin von Jesus
- Sie war Zeugin bei seiner Kreuzigung
- Sie war die erste Person, der sich der auferstandene Gottessohn zeigte und offenbarte und der sie dazu aufforderte, die frohe Botschaft seinen 12 Jüngern zu überbringen

Im Evangelium nach Maria Magdalena, das bei Nag Hamadi gefunden wurde, ist sie eine „Gefährtin" von Jesus und stand diesem sehr nahe. Später wurde dies immer wieder dahingehend interpretiert, dass Jesus und Maria Magdalena ein Paar waren. Dafür gibt es aber keine schlüssigen Beweise.

Der Titel „Apostelin der Apostel", der immer wieder in Zusammenhang mit ihr fällt, hat dann also mit ihrer Aufgabe als Botschafterin zu tun?
Ja, und der führte dann sogleich zum Streit mit Petrus, der unter den Jüngern einen Führungsanspruch erhob. Petrus konnte nicht verstehen, warum sich Jesus einer Frau, in diesem Fall Maria Magdalena, offenbarte und nicht ihnen, seinen Jüngern, die so treu an seiner Seite standen.

Was weiß man über das Schicksal von Maria Magdalena?
Nun, aus offiziellen Quellen sehr wenig bis gar nichts. Dafür umso mehr Gerüchte und Theorien. So wird zum Beispiel berichtet, dass sie mit einigen anderen Anhängern von Jesus, die ebenfalls stark gefährdet waren und um ihr Leben fürchten mussten, über das Meer nach Frankreich geflohen ist. In Südfrankreich gibt es bis heute einen Maria-Magdalena-Kult, wo sie wie eine Heilige verehrt wird. An den Spekulationen, dass sie ein Kind mit Jesus zeugte und damit „königliches Blut", ja, göttliches Blut an die Welt vererbte, wollen wir uns hier an dieser Stelle besser nicht beteiligen.

Dabei heißt es doch in offiziellen Quellen, dass Jesus seine Kirche auf den Fels Petrus bauen wollte – ein Widerspruch?
Das ist die Sichtweise der Kirche, aber wollte er das wirklich? Wir wissen ja alle, wie sich die Geschichte weiterentwickelte. Petrus war der Fels, auf den in Rom die Kirche aufgebaut wurde und damit quasi der erste Papst.

Es gibt grundsätzlich auch skeptische Stimmen, die die ganze Geschichte um Jesus und sein Wirken hinterfragen. Was steckt dahinter?
Es gibt ja keinen hundertprozentigen Beweis, dass Jesus wirklich gelebt hat. Das ganze Geschehen basiert auf mündlichen Überlieferungen aus dieser Zeit. Man könnte theoretisch ein Szenario konstruieren, und

das tun manche, dass jüdische Sekten und Gemeinden hermetische Lehren, fernöstliche religiöse Einflüsse sowie den dringenden Wunsch der Juden nach der Erlösung aus der Knechtschaft Roms durch den angekündigten Messias, zu einem Mythos vermischten, um einen neuen Glauben zu etablieren.

Da stehen auch ganz offen die Vorwürfe des Plagiats oder der Kopie im Raum. Frecher Angriff auf das Christentum oder berechtigte Zweifel?

Geschichten und Mythen aus antiken Zeiten, die Jahrhunderte oder Jahrtausende vor der Geburt Jesu stattfanden, ähneln sich der von Jesus auf verblüffende Weise. Osiris aus der ägyptischen Hochkultur, Dionysos bei den Griechen, Adonis in Syrien, Mithras in Persien oder noch ältere Mythen aus Mesopotamien haben im Prinzip alle den gleichen Kern:

Ein Sohn Gottes, von einer Jungfrau geboren, stirbt für die Sünden der Welt und verspricht nach seiner wundersamen Auferstehung seine Rückkehr als Erlöser.

Diese bemerkenswerte Übereinstimmung ist schon erstaunlich und bietet natürlich eine Angriffsfläche für kritische Fragen. Zumal die Geburt meist auch noch auf den 25. Dezember fällt, der Wintersonnwende – also auf den Tag mit der längsten Nacht. Dieser strategisch günstige Zeitpunkt soll wohl die Dramatik um den Helden als Erlöser und Lichtgestalt nochmals steigern.

Das Leben Jesu in seiner Kindheit und Jugend ist ja ausreichend dokumentiert und sein Wirken als Messias und Heiland kurz vor seinem Tod auch. Dazwischen klafft eine Lücke von über 15 Jahren, über die wir nichts wissen und die anscheinend niemand ernsthaft hinterfragt. Wo war er zwischen seinem 16. und 30. Lebensjahr, bis er wie aus dem Nichts plötzlich wieder auf der Bildfläche erschien, sich von Johannes taufen ließ, dann seine Jünger um sich versammelte und als Prediger durch Galiläa und Judäa zog?

Darüber gibt es keinen einzigen Hinweis. Allerdings zahlreiche Vermutungen. Ägypten, Asien und Indien fallen in diesem Zusammenhang sehr oft. Vieles spricht dafür, dass er sich wohl in Ägypten aufhielt, ein

Land, das er schon durch die Flucht der Heiligen Familie vor Herodes kannte und das ihm vertraut war. Zu dieser Zeit gab es einen jüdischen Tempel in Ägypten und auch jüdische Glaubensgemeinschaften, die sich mit den hermetischen Texten und Offenbarungen auseinandersetzten.

Möglicherweise war er ein Teil dieser Gemeinschaften, die den Menschen ja nicht als irdisches, sondern als kosmisches Wesen sahen, und kam in Kontakt mit ihren Initiationsritualen und Gebräuchen. In diesen Jahren muss jedenfalls etwas mit ihm geschehen sein, denn sein traditionell jüdisch/zelotisches Weltbild wandelte sich in eine spirituelle, mystische Richtung. Die Aufgabe der Eingeweihten dieser Gemeinden war es, anderen diese Erfahrung, das Wissen und die Überlieferungen zu lehren. Wir wissen, dass sich Jesus genau dieser Aufgabe angenommen hat, denn er lehrte seinen Jüngern und Anhängern geheimes Wissen über das Himmelreich. War der Ursprung der Taufe also im Prinzip ein Initiationsritus, um sich innerlich zu reinigen und sich von der irdischen Welt zu lösen, um Gott und seinem Reich näher zu sein?

Was ist Initiation?
Das ist eine rituelle Aufnahme und Einweihung eines Außenstehenden in einen geheimen Bund oder Zirkel.

Sie vergleichen den Akt der Taufe mit einer Initiation? Ernsthaft?
Ja, natürlich. Warum denn nicht? Auch bei der Taufe werden die Täuflinge durch ein Ritual in eine Kirchengemeinde aufgenommen. Also deshalb nochmals die Frage: War die Taufe ursprünglich ein Ritual, um sich von der materiellen Welt zu lösen und Gott und seinem Reich näher zu sein?

Gut, das lasse ich mal so unkommentiert stehen. Kommen wir bitte nochmals auf diese unbekannten Jahre im Leben von Jesus zurück. Seltsam ist dieser Umstand doch schon, oder? Ich finde es verwirrend, dass 15 Jahre im Leben eines so charismatischen Religionsgründers wie Jesus von Nazareth einfach nicht existent sind – und niemand scheint sich daran zu stören oder wundert sich ernsthaft darüber. Da wird jedes Wort und jede Tat von ihm aufs Genaueste beschrieben,

durchleuchtet und exakt analysiert. Aber wo er sich über diesen langen Zeitraum aufgehalten und vor allem, was er da getan hat, wird nicht ernsthaft hinterfragt. Auch die Kirche äußert sich nicht dazu oder erklärt zumindest, warum das so ist.

Um Ihre Verwirrung noch ein bisschen zu steigern: Sie erwähnten soeben den Namen *„Jesus von Nazareth"*. Es gibt erstaunlicherweise keinen einzigen Hinweis darauf, dass die Stadt Nazareth zurzeit von Jesus' Wirken überhaupt existierte. Es gibt keine historischen Quellen, die Nazareth erwähnen. Dies nur noch so am Rande. Interessant, oder nicht?

Sie sehen, vieles aus dieser Zeit ist weder nachweisbar noch widerlegbar. Wir wissen einfach vieles nicht, weil schriftliche Aufzeichnungen aus dieser Zeit rar sind. Und ja, ich stimme Ihnen zu: Diese verlorenen, unbekannten 15 Jahre sind ein Mysterium, gerade weil sie so entscheidend für den Wandel im Denken und Handeln von Jesus waren.

In diesen Jahren muss er aber mit fernöstlichen, spirituellen Quellen aus Indien oder/auch mit hermetischem Gedankengut in Kontakt gekommen sein. Vielleicht war das auch der Grund für den Verrat seines Volkes an ihm. Der Tod als Märtyrer am Kreuz war dann die daraus folgende, logische Konsequenz.

Was meinen Sie damit? Wurde er nicht von Judas verraten?

Die wirkliche Rolle des Judas ist ja ebenfalls umstritten und wird unterschiedlich ausgelegt. Aber das ist ein Thema für sich. Schauen Sie: Jesus lebte in einer rauen, gewalttätigen Welt, in der die Römer Palästina und Judäa mit harter Hand regierten. Die Juden litten extrem unter diesen Umständen und erwarteten sehnsüchtig einen Messias. Einen Erlöser, der sie endlich vom Joch der römischen Unterdrückung befreien sollte. Speziell die Zeloten, eine militante und aggressiv ausgerichtete Gruppierung jüdischen Ursprungs, verfolgten den Plan eines rettenden Messias mit allen Mitteln.

Josef war von königlicher Geburt, er kam aus dem Hause Davids. Auch seine Frau Maria kam aus einer Familie mit einer hohen Stellung innerhalb der Priesterschaft. Ein Sohn aus dieser Verbindung war für „höhere" Aufgaben bestimmt und ausgewählt, weil er alle Voraussetzungen erfüllte, welche die Prophezeiungen voraussagten. Und Jesus hielt sich in vielen Dingen exakt an diesen Ablauf, der dafür vorgesehen war, als Messias in Jerusalem die Römer und die pharisäischen Priester herauszufordern. Um sich dann selbst als König von Judäa krönen zu lassen.

Dann muss irgendetwas irgendwann mächtig schiefgelaufen sein.
Ja. Seine Einstellung hat sich völlig verändert. Plötzlich predigte er nach seiner Rückkehr, von woher auch immer, über das Himmelreich, über göttliche Kräfte, die jeder Mensch in sich selbst suchen und finden soll. Von Frieden, Nächstenliebe und Verzeihung. Von Vergebung der Sünden und Erlösung durch einen gnädigen Gott. Das hatte doch nichts mehr mit dem Plan der Zeloten und ihrer Revolution, ihrem Aufstand gegen die römischen Besatzer zu tun.

Nicht wenige Kirchenforschende und Fachleute der Kirchengeschichte halten dieses Szenario für wahrscheinlich. Ein Verrat durch die eigenen, enttäuschten Gefährten und Verschwörer. Der jüdische Aufstand fand damals übrigens etwas später dennoch statt und wurde blutig niedergeschlagen.

Was halten Sie von der These, dass Jesus die Kreuzigung überlebt und irgendwo verborgen weitergelebt hat?
Nun befinden wir uns ganz tief im Sumpf der Verschwörungstheorien und Spekulationen. Das Ganze wurde ausgelöst durch ein Buch mit dem Titel *„Der Heilige Gral und seine Erben"*, das zwei britische Journalisten Mitte der 1980er-Jahre veröffentlichten und das für großes Aufsehen sorgte. Dan Brown hat das Thema dann in seinem Erfolgsroman *„Sakrileg"* mehr oder weniger eins zu eins übernommen und einem noch breiteren Publikum bekannt gemacht.

Worum geht es da genau?
Im Buch *„Der Heilige Gral und seine Erben"* wurde eine Geschichte um die Blutlinie, also um Nachfahren von Jesus konstruiert, die zwar clever und spannend geschrieben war, später aber zum großen Teil als Schwindel entlarvt wurde. Die *„Prieure de Sion"*, ein französischer Geheimbund, der sich als Hüter des wahren Glaubens verstand, wurde

nachweislich erst 1956 in Paris gegründet und existierte nicht, wie behauptet, seit mehr als 1500 Jahren.

Die Geschichte um den Pfarrer Berenger Sauniere, der in Rennes la Château, einem Bergdorf in den französischen Pyrenäen, angeblich einen Schatz fand, der so brisant war, dass er die katholische Kirche damit erpresste und zu erstaunlichem Reichtum kam, ist genauso ominös wie undurchsichtig.

Nun fehlt noch Ihre Meinung oder Ihr Urteil dazu.
Ach so. Beide Geschichten sind ohne Zweifel faszinierend und spannend geschrieben, aber als Sachbuch angreifbar. Die Basis der Storys wackelt ziemlich, weil die Beweise entweder sehr dünn sind oder schon widerlegt wurden. Wer sich damit befassen will, kann sich ja dann selbst ein Urteil bilden.

Jesus' Tod am Kreuz ist als Motiv von Hunderten von Malern und Bildhauern festgehalten worden. Was mich dabei immer wieder irritierte, war die Tatsache, dass er meist mit heller Haut und blonden Haaren dargestellt wurde.
Stimmt. Er wurde sozusagen für unser europäisches Weltbild als einer von „uns" übernommen, um die Nähe und Verbundenheit zu ihm auch optisch noch zu steigern. Meist sieht es fast so aus, als hänge dort ein blonder Schwede am Kreuz. Selbstverständlich müssen wir, wenn wir uns ein Bild von ihm vorstellen wollen, davon ausgehen, dass er ein dunkelhäutiger Mann aus Palästina mit schwarzen Haaren war.

Die Kreuzigung selber war ein grausamer Tod.
Ja, und das war von den Römern auch genauso beabsichtigt – als Abschreckung und Warnung. Diese grausame und entwürdigende Todesstrafe wurde allerdings nur an Aufständischen und Aufrührern sowie an einheimischen Verbrechern aus Judäa, Galiläa und anderen römischen Provinzen vollzogen. An römischen Bürgern, egal welcher Verbrechen man sie überführte, wurde dies niemals durchgeführt. Allerdings gibt es ja in der Zwischenzeit berechtigte Zweifel, wie wir uns so ein Kreuz vorstellen müssen.

Was soll das heißen? Jeder weiß doch, wie so ein Kreuz aussieht.
Stimmt, aber auch nur von Bildern, deren Form wir im Laufe der Zeit so übernommen haben. Es gibt keine authentischen Überlieferungen, nirgendwo ist detailliert beschrieben, wie so ein Kreuz aussah oder was für eine Form es hatte. Erstaunlich, nicht?
Vermutlich sah das Kreuz, an dem die Römer die Todesstrafe vollstreckten, wie ein X aus. Ein sogenanntes Andreaskreuz also.

Ich habe nie an der Form des Kreuzes gezweifelt.
Hintergrund dabei ist Folgender: Die Römer wollten diese Todesstrafe so abschreckend und grausam wie möglich gestalten. Und sie verhängten diese Todesstrafe speziell in der Zeit der jüdischen Aufstände zu Tausenden – an einem Tag!

Wie bitte? Tausende an einem Tag?
Ja, dies kam immer wieder vor. Einmal ritt ein Feldherr mit seinem Heer eine Straße zu einer besiegten jüdischen Stadt entlang, an der über die Länge von fast 20 Kilometern ein Kreuz neben dem anderen stand, und an jedem starb ein Mensch. Das ist aus heutiger Sicht kaum vorstellbar.

Allein bei dem Gedanken dreht sich mir der Magen um.
Die Absicht war, dass die bedauernswerten Opfer so lange wie möglich lebten und leiden. In den letzten Jahrzehnten wurden zum Thema Kreuzigung verschiedene Studien und Forschungen betrieben, die zu drei entscheidenden Ergebnissen führten.

1. Um Hunderte oder gar Tausende an einem Tag ans Kreuz zu nageln, war es nötig, diesen Vorgang logistisch schnell und unkompliziert durchzuführen. Mit einer Kreuzform, wie wir sie kennen, war dies ziemlich zeitaufwendig und schwierig. Dazu kommt, dass ein solches Kreuz, wie es stets dargestellt wird, tief im Boden fixiert werden muss, damit es überhaupt stabil steht. An einem Kreuz in X-Form ging dieser Vorgang viel schneller und effektiver.

2. Ein Mensch, der an einem Kreuz hing, wie wir es kennen, wäre viel zu schnell, ja in Stunden, an einer Kombination aus Erschöpfung, Verkrampfung und Luftmangel gestorben. Mit der X-Form konnte man dies verhindern und das Opfer überlebte oft mehrere Tage. Es musste auch nicht im Boden fixiert werden. Den Gekreuzigten lehnte man einfach an eine Mauer, Hauswand oder sonst wo hin. Wie gesagt, das ging dann sehr schnell, unaufwendig und effizient vor sich.

3. Dazu kommt, dass es in diesen Gebieten gar nicht genug Holz gab, um so aufwendige Kreuze herzustellen, wie wir sie kennen. Holz war dort ein rares Gut und viel zu wertvoll, um es in diesen Mengen zu verschwenden.

Sie sagten, es gäbe weder Zeichnungen noch genaue Beschreibungen, wie so ein Kreuz genau aussah. Dem muss ich widersprechen. Im Neuen Testament wird in fast allen Evangelien beschrieben, wie Jesus dazu gezwungen wurde, den Querbalken seines Kreuzes zu tragen.

Stimmt. Und dieser Bericht bestätigt den Zweifel an der Form des Kreuzes sogar noch. Ein Querbalken für ein Kreuz, wie wir es kennen, hätte ungefähr 50 bis 60 Kilogramm gewogen. Dieses Gewicht vom Platz des Gerichtsurteils quer durch halb Jerusalem bis an die Hinrichtungsstätte Golgotha zu schleppen, wäre selbst für Supermann eine Herausforderung gewesen. Dazu noch in dem geschwächten Zustand, in dem sich Jesus nach der Folter befand. Auch der arme Wicht, der dann in der Geschichte ausgewählt wurde, den Balken zu übernehmen, nachdem Jesus zusammenbrach, wäre dazu nicht imstande gewesen.

Warum und vom wem wurde dann das Kreuz als Symbol für das Christentum eingeführt?

Bevor das Kreuz als Symbol eingeführt wurde, war das Christusmonogramm XP das offizielle Zeichen der Christen. Diese beiden Buchstaben waren die Abkürzung der ersten beiden Buchstaben von *Christus* oder *Messias*.

Das Kreuz als Symbol der Christen stammt wohl vom koptischen Kreuz ab und wurde etwa im 4. Jahrhundert offiziell übernommen. Es ist ein Symbol für das Leiden und Sterben Jesu am Kreuz und die Vergebung der Sünden.

Eine andere Version bringt wieder den römischen Kaiser Konstantin ins Spiel, den wir schon erwähnten. Er soll auf einem Feldzug in einer Vision ein Kreuz über der Sonne gesehen haben, die ihm den Sieg über seine Feinde versprach.

Warum war auch der Fisch ein christliches Symbol?

Für die Christen, die in den ersten Jahrhunderten unter der Verfolgung litten, war dies ein geheimes Zeichen, um sich zu erkennen. Der eine Gläubige malte eine gekrümmte Linie in den Sand, der andere ergänzte sie mit dem Gegenstück, was in Kombination die Form eines Fisches ergibt.

Wozu brauchten die Christen denn ein geheimes Symbol, um sich zu erkennen?

Das Leben als Christ in der Frühzeit des Christentums war nicht ganz ungefährlich. Speziell in Rom waren Christen stets bedroht und wurden vehement verfolgt. Da war so ein Erkennungszeichen geradezu eine Lebensversicherung. Besonders in der Zeit von Nero und dem großen Brand in Rom waren die Christen Repressalien, Verfolgung und Folter ausgesetzt. Nero ließ Christen zur Belustigung und Unterhaltung des Volkes in Zirkusarenen von wilden Tieren zerfleischen. Rings um die Arena ließ er Christen ans Kreuz nageln, mit Pech übergießen, um sie dann bei lebendigem Leib wie eine Fackel zu verbrennen. Männer, Frauen und Kinder! Es war eine grausame Zeit und Rom reagierte immer mit äußerster Gewalt.

Und doch ging aus Rom und von seinen Herrschern die römisch-katholische Kirche hervor, wie wir sie heute kennen. Eigentlich ein Szenario, das sich nur schwer erklären lässt?

Ja, vor allem, weil aus den Opfern schnell Täter wurden, wie wir wissen. Mit der Macht der Kirche und dem schnellen Wachstum des christlichen Glaubens übernahmen die Führer der Kirche sofort diese rohen Methoden.

Denn die Gewaltspirale gegen Nicht-Christen, religiöse Randgruppen und Völker oder Personen, die der Kirche gefährlich werden konnten, drehte sich auch nach dem Untergang Roms munter weiter. Denken Sie nur an das Blutbad, das Kreuzritter im befreiten Jerusalem an der islamischen Bevölkerung anrichteten. Die Vernichtung der Katharer und des Templer-Ordens. Die Verfolgung harmloser Kräuterweiblein im Mittelalter und die darauffolgenden Hexenprozesse. In ganz Europa brannten die Scheiterhaufen im Namen Gottes und der Kirche.

Das Perverse daran: Die Reichen konnten sich stets freikaufen – der sogenannte Ablasshandel. Ihre Sünden wurden ihnen bei großzügigen Spenden vergeben. Diese Gewalt und Ungerechtigkeit führte ja dann auch zur Spaltung der Kirche, als sich Martin Luther gegen Rom wandte. Und damit durchkam! Einer der erstaunlichsten Vorgänge in der Kirchengeschichte überhaupt.

Noch eines zur Information, was nicht so ganz unwichtig ist. Bis Luther etwa 1517 die Bibel übersetzte, war sie nur in Latein verfügbar und damit für 80 Prozent der Bevölkerung nicht lesbar. Das heißt, sie mussten auf das vertrauen, was ihr Dorfpfaffe oder Stadtbischof von der Kanzel predigte.

Es gab aber schon eine Spaltung der Kirche, mehr als 500 Jahre vor Luthers Revolution und der Abkehr vom römischen Papst.
Ja, das war die Abspaltung der östlich-orthodoxen Kirche und ihrer Trennung von Rom.

Wie kam es dazu und warum?
Um dies aufzuklären, muss man in der Geschichte zusätzlich zu den von Ihnen erwähnten 500 Jahren um weitere 500 Jahre zurückgehen, denn diese Trennung entwickelte sich zunächst langsam und im Verborgenen. Der römische Staat mit all seinen Provinzen wurde einfach zu groß, um alles kontrollieren und verteidigen zu können. Deshalb entschloss sich Rom zur Trennung des Reichs in zwei gleichberechtigte Teile. Das westliche Reich wurde von Rom aus regiert, mit einem Kaiser und dem Papst als theologischem Führer. Der Osten geriet in den Einfluss von Byzanz mit der Hauptstadt Konstantinopel, dem heutigen Istanbul. In Rom war der Petersdom der Sitz der Kirche. Byzanz reagierte

mit der Hagia Sophia in Konstantinopel. Im westlichen Teil sprach man Latein, im östlichen Teil Griechisch.

Mit der Zeit entfernten sich die beiden Teile voneinander und gefährliche Spannungen und Differenzen in Bezug auf den Glauben bestimmten die weitere Geschichte, bis es um 1040 zur endgültigen Abspaltung des Ostens kam. Die Uneinigkeiten zwischen den zwei mächtigen Blöcken waren allerdings lediglich das Resultat einer fundamentalen Entfremdung. Die unterschiedlichen Bräuche und Sprachen haben dann schlussendlich zu dieser Trennung geführt. Heute gehören etwa 250 Millionen Menschen der orthodoxen christlichen Kirche des Ostens an. Und etwa 2,2 Milliarden der römisch-katholischen.

Wenn man zwischen den Zeilen liest, kann man aus Ihren Worten eine latente Abneigung gegen die katholische Kirche als Institution herauslesen. Ist Ihre Mission auch gleichzeitig ein Feldzug gegen die Kirche?

Nein! Weder noch. Aber ich lasse mich auch nicht von blindem, religiösem Eifer oder Hingabe beeinflussen. Es wäre jetzt auch ein Einfaches, die Sünden und Fehler der römisch-katholischen Kirche in ihrer 2000 Jahre alten Geschichte im Detail aufzulisten und zu bewerten. Die sind aber alle bekannt und ich möchte mich einfach nicht mit so negativen Energien auseinandersetzen. Fakt ist dennoch, dass trotz dieser ganzen unschönen Details, über die ich hier jetzt nicht sprechen möchte, viele Leute Trost in der Kirche finden. Für viele Menschen ist die Kirche nach wie vor ein Ort der Hoffnung und Geborgenheit. Und grundsätzlich ist es ja auch die Aufgabe der Kirche, diese Menschen mit ihren Ängsten und Sorgen, mit ihren Hoffnungen und Erwartungen, speziell auch in spiritueller Hinsicht, aufzunehmen und ihnen beizustehen.

Gilt für Sie dann vergeben und verzeihen auch in so schweren Fällen und bei Ereignissen, wie sie in der Geschichte der Kirche vorgekommen sind? Denn wir haben ja noch nicht einmal das Wüten der Spanier unter der katholischen Flagge in Südamerika erwähnt. Als die Conquistadoren Hernando Cortez und Francisco Pizzaro in Südamerika und Mexiko den halben Kontinent nahezu ausrotteten und Tonnen von Gold nach Spanien schickten.

Vergeben und verzeihen gilt immer und ist der erste Schritt ins Licht. Vergeben und verzeihen – aber nicht vergessen! Das ist wichtig!

Sie legen großen Wert auf die Geste des Verzeihens und der Vergebung. Was ist Ihre Motivation?

Vermutlich passt dieses Thema jetzt nicht wirklich zwingend in das Kapitel *Frühchristliche Kirchengeschichte*, aber grundsätzlich ist es doch so, dass es gleichzeitig zu jedem Zeitpunkt passt, warum also nicht hier.

Viele Menschen neigen dazu, zu schnell zu verurteilen oder Dinge zu bewerten. Dies fällt vielen sehr leicht, wobei sie sich mit dem Verzeihen wesentlich schwerer tun. Ehrliches Verzeihen hat mit der Tat oder dem Verursacher nicht wirklich etwas zu tun, denn wahre Vergebung kommt aus einem inneren Prozess heraus, aus uns selbst. Wir befreien uns sozusagen von einer schweren Last.

Vergebung ist in erster Linie heilend für diejenigen, die vergeben. Wer dazu nicht fähig ist, ist gleichzeitig auch unfähig, aufrichtig zu lieben. Denn die Vergebung ist eine der erstaunlichsten menschlichen Erfahrungen – ein Geschenk! Und sie ist der erste Schritt zur Versöhnung. Aber wirklich wirksam wird dieser Vorgang nur, wenn er nicht an irgendwelche Bedingungen oder Voraussetzungen gebunden ist. Es gibt da ein schönes altes Sprichwort:

„In der Verzeihung liegt eine liebliche Kraft, die es in der Rache nicht gibt". Wie wahr!

Schön gesprochen, und ehrlich gesagt, Ihre Worte treffen und erzielen Wirkung. Dennoch sehe ich in Ihren Augen so etwas wie leichten Zorn aufblitzen. Und dies bei Ihnen! Wie kommt's?

Womit ich nach wie vor echte Probleme habe, ist, der Kirche beim totalen Versagen der Erfüllung ihrer Aufgabe zuschauen zu müssen. Der Papst und die katholische Kirche hätten die Macht, einiges auf dieser Welt ungemein schnell und effizient zu verbessern, wenn sie denn ihrem Auftrag und ihren Aufgaben nachkommen würden. Aber auch hier gilt: Machterhalt und Festhalten an uralten, ja antiken Vorgaben und Regeln ist wichtiger, als endlich den Menschen das Licht zu schicken, das Jesus über seine Apostel in die Welt bringen wollte.

Dem Papst selbst sind doch mehr oder weniger auch die Hände gebunden, weil er zuerst dem Wohl der Kirche dienen soll und erst dann dem Wohl der Menschen. Der Vatikan ist ein Staat mit seiner Politik, mit Verwaltung, Banken, einem Geheimdienst und allem, was noch dazugehört. Die Skandale und Fehler der letzten Jahrzehnte führten zu einem Vertrauensverlust vieler Gläubigen. Die Anzahl der Kirchenaustritte und bitter enttäuschte Mitglieder, die ihre Kirche zu Abertausenden verlassen, sind ernsthafte Zeichen einer Auflösung. Wenn die katholische Kirche weiterhin so unbeweglich und starr bleibt und sich nicht reformiert, zerstört sie sich selbst. Dazu bedarf es nicht des Zutuns Außenstehender.

Gibt es an dieser Stelle noch etwas Versöhnliches in Richtung der Kirche zu sagen?

Macht endlich euren Job!

KAPITEL 14

Die verbotenen Evangelien und die Schriftrollen vom Toten Meer

Einblicke in das frühe Christentum

Über welche Schriften sprechen wir jetzt und wann und wo wurden sie gefunden?
Bei dem Fund von Nag Hamadi in Ägypten im Jahr 1945 geht es um in Leder gebundene Codices, also antike Bücher, die in koptischer Sprache niedergeschrieben waren.
Präzise handelt es sich dabei um folgende Schriften:
- Das Philippus-Evangelium
- Das Thomas-Evangelium
- Das Evangelium nach Maria Magdalena
- Die Sophia Jesu Christi

Dazu kommen noch weitere Texte von verschiedenen Fundorten aus dieser Zeit, die man zu den Apokryphen zählt, also Schriften, die nicht den Weg ins Neue Testament fanden. Wie zum Beispiel das *Kindheitsevangelium des Thomas*, das *Protevangelium des Jakobus*, das *Judas-Evangelium*, das *Petrus-Evangelium* und das *Nikodemus-Evangelium*.

Die Bezeichnung „Apokryph" kommt aus dem Griechischen und bedeutet in etwa „geheim" oder „verborgen".

Die Schriftrollen vom Toten Meer wurden zwei Jahre später, also 1947 in den Höhlen bei Qumran in Palästina entdeckt. Dabei handelt es sich um Hunderte in Tonkrügen versteckte Schriftrollen, die von einer asketisch lebenden, frühchristlichen Sekte der „Essener" verfasst wurden und über deren Leben und Glauben berichten. Dazu gehört eine Kupferrolle, die angeblich zu einem riesigen, verborgenen Schatz bei Jerusalem führen soll.

Sind die gnostischen oder apokryphen Schriften genauso glaubwürdig wie die vier uns bekannten Evangelien, die wir aus dem Neuen Testament kennen?

Ja, denn alle diese Schriften stammen aus derselben Zeit wie die vier bekannten Evangelien und sind Niederschriften von Zeitzeugen aus der Ära von Jesus von Nazareth.

Was unterscheidet die uns bekannten Evangelien aus der Bibel von den Funden aus Qumran und Nag Hamadi, also den apokryphen Schriften?

Die Evangelien von Lukas, Johannes, Markus und Matthäus sind eine theologische Biografie von Jesus. Die Funde aus Qumran und Nag Hamadi sind Schriftrollen und Codices, die zwar aus derselben Zeit stammen, aber eher aus Spruchsammlungen und philosophischen Abhandlungen bestehen.

Das sind die wissenschaftlichen Fakten. Wie sieht es beim Inhalt und den Texten aus?

Ein gutes Beispiel, das den Unterschied in den gnostischen und konservativ-orthodoxen Evangelien sofort sichtbar macht, ist Folgendes:

Im Evangelium des Apostels Johannes sagt Jesus: *„Ich bin das Licht der Welt. Wer mir nicht folgt, wird in der Finsternis wandern."*

Im Thomas-Evangelium, also einem gnostischen Text, fordert Jesus seine Jünger auf, das göttliche Licht zu entdecken, das jeder in sich trägt. Darüber hinaus sagt er: *„Ihr seid aus dem Königreich (der Quelle) und werdet wieder dahin zurückkehren."*

Hier wird aufgefordert, das göttliche Potenzial, das in jedem von uns verborgen ist, zu entdecken und zu nutzen. Das heißt, der erleuchtete göttliche Mensch erkennt, wer er ist und woher er kommt. Damit nähern wir uns wieder den hermetischen Gedanken und dem Wissen an. Der wesentliche Unterschied bestand in erster Linie darin, wie das Heil des Menschen erlangt werden kann. Bei den christlichen Gnostikern stand das Wissen noch über dem Glauben. Für sie war die irdische, die materielle Welt Trug und Illusion, die es zu überwinden galt, um durch Selbsterkenntnis den göttlichen Funken, der in jedem leuchtet, zu aktivieren.

Könnten Sie uns in wenigen Sätzen einen Überblick über Inhalt und Botschaft der jeweiligen Schriften geben?

• Das *Philippus-Evangelium* ist eine unzusammenhängende Sammlung von Dialogen und Aussagen Jesu sowie die Auseinandersetzung mit dem Leben nach dem Tod.

• Das *Thomas-Evangelium* beginnt mit dem markanten Satz: *„Dies sind die geheimen Worte, die der lebendige Jesus gesagt, und Didymos Judas Thomas aufgeschrieben hat."* Auch hier geht es vorwiegend um eine Sammlung von Sprüchen des Heilands vor dem Hintergrund, dass der Weg der Erkenntnis über die Selbsterfahrung führt.

• Im *Evangelium nach Maria Magdalena* geht es vor allem um die Offenbarungen, die sie von Jesus empfangen hat und um die Auseinandersetzung mit Petrus. Es geht um die Frage des „Lieblingsjüngers" von Jesus, der sie dafür auserwählt hat, weil sie angeblich als einzige die Aussagen zum göttlichen Reich verstanden hat und im Gegensatz zu den Jüngern nicht daran zweifelt.

• Die *Sophia Jesu Christi* ist eine hochgradig mystische Offenbarungslehre, die sich mit der Erschaffung der Engel und des Universums beschäftigt. Es kann auch so gelesen werden, dass der auferstandene Christus die Fragen seiner Jünger beantwortet.

• Das *Protevangelium des Jakobus* stellt vor allem die Kindheit Jesu und die Person und Herkunft der Gottesmutter Maria in den Vordergrund. Zeigte sich seine Göttlichkeit schon in frühen Jahren?

• Im *Kindheitsevangelium des Thomas* wird Jesus als ein Kind dargestellt, das sich seiner göttlichen Macht bewusst ist und diese zu seinem Vorteil auch einsetzt.

• Im *Judas-Evangelium* wird nicht über Jesus' messianisches Wirken berichtet. Es geht nur um die Hauptperson, den Apostel Judas Iskarioth und seine Rolle in der Geschichte. Hier wird er nicht als Verräter, sondern als Komplize und Helfer von Jesus geschildert, der ihm durch den vermeintlichen Verrat hilft, sein Erlösungswerk zu vollenden.

• Im *Petrus-Evangelium* rücken Kreuz und Auferstehung in den Vordergrund sowie die Schuldzuweisung an die Juden und die Unschuld des römischen Statthalters Pontius Pilatus. Der zweite Teil ist eine endzeitliche, apokalyptische Schilderung der Qualen und Strafen, welche die Sünder zur Abschreckung erleiden.

• Sehr Ähnliches schildert das *Nikodemus-Evangelium*. Auch hier geht es vorwiegend um den Prozess Jesus' vor Pontius Pilatus, die Kreuzigung und die Auferstehung. Es geht beiden Autoren vor allem darum, die Auferstehung als beweisbare Tatsache darzustellen. Auch hier werden die Römer und Pontius Pilatus von jeder Schuld freigesprochen und diese den Juden zugeschoben. Unter diesen und ähnlichen Anklagen musste diese Religionsgemeinschaft bis in die heutige Zeit leiden. Diese Schuld wurde in diesen alten Schriften jedoch nie dem ganzen Volk zugeschrieben, sondern einigen auserwählten Führern oder radikalen jüdischen Gruppierungen wie den Zeloten.

Wie sind abschließend diese apokryphen Schriften und Evangelien zu bewerten?

Sie geben vor allem Einsicht über die Vielfalt an frühchristlichen Glaubensgrundsätzen in den weit verbreiteten Gemeinden. Darüber hinaus sind sie ein Zeugnis und Beweis für die unvereinbaren Gegensätze zwischen gnostischen und orthodoxen Glaubensrichtungen. Der ständig schwelende Streit führte zu einer Entscheidung und dem Sieg der konservativen Kräfte. Die gnostische Version der christlichen Lehre als einer mystisch-spirituellen Erfahrung war für die konservativen, orthodoxen Kirchenführer so bedrohlich, dass sie brutal bekämpft, unterdrückt und verboten wurde.

Die Neubewertung der Fakten durch Bibelforschende und die historische Fachwelt wird auch in Zukunft immer wieder zu neuen Erkenntnissen und Entdeckungen führen.

KAPITEL 15

Die kanonischen Evangelien

Die Schriften der Bibel im Neuen Testament

Um die Neutralität zu wahren, geben Sie den Lesenden bitte einen Einblick in die Entstehung und den Inhalt der Schriften, die im Neuen Testament zu finden sind.
Dies geschah während der Auseinandersetzung der konservativen Kirchenführer mit den gnostischen Christen. Die Konservativen wählten im Laufe der Jahrhunderte diejenigen Schriften aus, die sie für wahr und wertvoll hielten und verbannten alles Mystische und Spirituelle aus ihrem Glauben. Kurz nach dem Konzil von Nicäa, auf dem ja vor allem über die heilige Dreifaltigkeit, den Status von Jesus als Gottes Sohn und über den Wortlaut der Glaubensbekenntnisse entschieden wurde, etablierten sich dann die auserwählten Schriften und Evangelien zu einem Kanon, einer Sammlung, die wir heute als Neues Testament kennen.

Sind das die Schriften, die wir zusammen mit denen des Alten Testaments die Bibel nennen?
Es gibt keine „Bibel!"

Es gibt keine Bibel? Provozieren Sie mich jetzt wieder? Es gibt eine und die kennt jedes Kind.
Nein.

Was soll das?
Ich möchte Sie darauf hinweisen, dass es keine Bibel gibt. Und die gab es **nie**! Oder zumindest keinen gemeinsamen Text, der von allen christlichen Kirchen gleichzeitig anerkannt wird oder Zustimmung findet. Sie finden in der Bibel der katholischen Kirche andere Texte und

Gewichtungen als in der evangelischen Bibel. Ganz zu schweigen von den Texten in der christlich-orthodoxen Kirche des Ostens. Die unterscheiden sich erheblich.

Na gut. Dann habe ich mal wieder etwas dazugelernt. Aber wir wollten uns speziell über die Schriften unterhalten, die wir als Neues Testament kennen. Um wie viele Schriften handelt es sich dabei?
Enthalten sind insgesamt 27 Schriften. Die vier Evangelien nach Markus, Matthäus, Lukas und Johannes. Die Apostelgeschichte des Lukas, was im Prinzip eine Fortsetzung des Evangeliums des Lukas ist, in der er sich mit den Ereignissen um Ostern und Pfingsten befasst. Dann gibt es noch die Paulusbriefe, die katholischen Briefe, sowie die Offenbarungen des Johannes.

Hierzu sollte man wissen, dass nichts davon von wirklichen Zeitzeugen von Jesus verfasst oder überliefert wurde, obwohl die Evangelien alle Namen von Jüngern Jesu trugen.
Das stimmt. Alle Schriften wurden frühestens etwa 70 n. Chr. verfasst, die wahren Autoren und wann und an welchem Ort sie niedergeschrieben wurden, sind nur schwer zuzuordnen. Dazu kommt, dass an allen Schriften spätere Theologen, Bischöfe und Kirchenführer Änderungen oder Streichungen vorgenommen haben, bis das Ergebnis der damaligen Ideologie angepasst war. Das heißt, sämtliche Evangelien und auch die anderen Texte wurden bei der Übersetzung vom Hebräischen ins Griechische und von dort ins Lateinische zumindest subtil korrigiert und verändert. Teilweise wurden ganze Textpassagen gestrichen und durch andere ersetzt. Worte, Sätze und religiöse Ausrichtung wurden im Sinn verändert. Die ganze Ideologie wurde in die streng konservative Richtung geführt.

Die vier Evangelien sind ein Hauptbestandteil des Neuen Testaments, erzählen mehr oder weniger die gleiche Geschichte über das Leben und Sterben Jesu, unterscheiden sich aber dennoch voneinander und widersprechen sich sogar zum Teil. Wie ist das zu erklären?
Zunächst muss man dazu sagen, dass das Markus-Evangelium wohl das älteste ist, denn sowohl Matthäus als auch Lukas greifen bei ihren

Versionen auf das von Markus zurück. Allerdings gibt es bei beiden Textstellen, die bei Markus nicht vorkommen, sodass Bibelforschende davon ausgehen, dass es eine Quelle geben muss, die noch vor Markus zur Verfügung gestanden hat. Diese Quelle wird von der Forschung „Q" genannt, ist bis heute jedoch noch nicht entdeckt worden. Diese drei Evangelien werden auch synoptische Evangelien genannt, weil sich Inhalt und Stil von dem Evangelium des Johannes unterscheiden.

Können Sie für uns, ebenfalls in kurzen Worten, eine Übersicht über die vier Evangelien geben?

• Das *Markus-Evangelium* wird Markus, einem Vertrauten des Jünger Petrus zugeschrieben. Der Grund war wohl, eine besondere Nähe zu einem Zeitzeugen herzustellen. Verfasst wurde es wohl um 70 n. Chr. in Syrien. Das Evangelium nach Markus hat eine stilvolle Würde, ist recht einfach geschrieben und wirkt ein bisschen düster. Bei Markus betritt Jesus die Szene gleich als Erwachsener. Er verzichtet nahezu komplett auf die Herkunft oder Geburt von Jesus. Im Markus-Evangelium wird Jesus bei der Taufe durch Johannes zu Gottes Sohn. Jesus stirbt einen verzweifelten Tod. Seine Jünger sind verängstigt, verunsichert und verstreut. Die Frauen, die das Grab von Jesus besuchen wollen, finden es leer vor. Von einem Engel erfahren sie von der Auferstehung Jesus. Damit endet das Evangelium abrupt.

• Das *Matthäus-Evangelium* ist, ähnlich wie alle anderen Evangelien, eine anonyme Abschrift, die etwa 80 n. Chr. im Gebiet von Syrien entstanden ist. Schwerpunkt hier ist die Rolle Jesus als Messias und seine königliche Abstammung aus dem Geschlecht von König David. Auffallend sind die vielen Verweise auf das Markus-Evangelium, das er jedoch in seinem Sinn vereinfacht, erzählerisch viel stilvoller wiedergibt und Jesus als die Weisheit Gottes in Menschengestalt darstellt. Die kritische Auseinandersetzung mit der Schuld der Juden wurde später leider dazu benutzt, einen fatalen Antisemitismus zu etablieren.

• Das *Lukas-Evangelium* ist am schwersten zuzuordnen, was Autor und Ort der Entstehung betrifft. Die Namensgebung nach Lukas wurde, wie so oft bei diesen Schriften, erst später hinzugefügt. Sowohl Rom als auch Kleinasien könnte der Ursprung dieser Schrift sein, die etwa 80 – 90 n. Chr. entstanden ist. Bei Lukas spielt der Gedanke der Wiederkunft Jesu auf Erden eine große Rolle. Sein Jesus ist sympathisch und großzügig. Er erzählt aber auch von Gleichnissen, die in den anderen Evangelien nicht vorkommen. Der Jesus im Lukas-Evangelium stirbt im Vertrauen auf Gott und vergibt seinen Feinden.

• Das *Johannes-Evangelium* ist vermutlich das jüngste der vier Evangelien und entstand wohl um 100 – 110 n. Chr. in Kleinasien, der heutigen Türkei. Auffallend ist, dass hier im Gegensatz zu den synoptischen Evangelien die historischen Ereignisse um Jesus kaum Erwähnung finden. Die Rolle von Jesus ist hier die der Lichtgestalt und des Heilsbringers, der nachösterliche Gottessohn. In der mystischen Auslegung der Ereignisse kehrt alles zu seinem Ausgangspunkt, zu Adam und Eva im Paradies zurück. Jesus Wirken in Palästina soll die Menschheit vom Sündenfall im Paradies befreien. Die neue Schöpfung ist beendet. Wegen der Nähe zu gnostischen Texten, speziell im Prolog, wo die Welt als dualer Ort der Finsternis dargestellt und die von Jesus verkündete Erkenntnis als Ort des Lichts verherrlicht wird, führte dazu, dass das Johannes-Evangelium auf den größten Widerstand bei der Aufnahme ins Neue Testament traf. Die auch hier deutlich zu erkennende Abneigung gegen die jüdischen Gesetze und Bräuche ist allerdings nicht grundsätzlich antisemitisch, sondern theologisch zu interpretieren.

Was unterscheidet diese vier Evangelien so gravierend voneinander, dass es für skeptisch eingestellte Menschen Gründe gibt, das Ganze kritisch zu hinterfragen oder sogar als historisch authentisch anzuweifeln?

Nun, es gibt eben viele Geschichten und Fakten, die erheblich voneinander abweichen oder sich zum Teil widersprechen. Aber einer der größten Unterschiede ist die Weihnachtsgeschichte um die Geburt von Jesus im Stall von Bethlehem. Denn die gibt es nur bei Matthäus und Lukas. Im Johannes- oder Markus-Evangelium fehlt diese wichtige Episode. Warum? Und nur bei Lukas erscheint der Engel Gabriel und verkündet Maria die jungfräuliche Geburt. Warum?

Diese jungfräuliche Geburt ist bis heute für viele der Grund, das Ganze kritisch zusehen, ja sogar für unglaubwürdig zu halten. Mir war nicht bewusst, dass dies nur in einem Evangelium so dargestellt wird. Was war der Grund dafür?

Um das zu beantworten, muss ich ein bisschen weiter ausholen. Zumal es sich ja um ein Doppelwunder handelt.

Wie bitte? Wie darf ich das verstehen?

Auch über dieses Ereignis sind schon ganze Bücher geschrieben worden und es ist ganz schwierig in wenigen Worten zu erklären. Das Doppelwunder ist die fast gleichzeitige Geburt von Jesus und seinem Cousin Johannes. Denn der Engel Gabriel erschien zwei Frauen. Der betagten Elisabeth und eben auch Maria und verkündete die frohe Botschaft eines Sohnes von göttlicher Gnade und Macht. Elisabeth, die eigentlich unfruchtbar war, gebar dann im hohen Alter Johannes, der später als der Prophet *Johannes der Täufer* zu Ruhm und Ehre kam. Maria nannte ihren Sohn Jesus.

Das Schicksal dieser beiden Männer war von Anfang an eng miteinander verknüpft. Zahlreiche Maler und Bildhauer der Renaissance befassten sich intensiv mit diesem Ereignis. Leonardo da Vinci nutzte dies allerdings dazu, seine Auftraggeber, die Kirche, ein wenig hinters Licht zu führen – und das ist noch milde ausgedrückt. Denn er wagte es, auf einem Gemälde zu hinterfragen, wer von beiden der höhere, beziehungsweise, der wahre Christus sei. Das nur nebenbei als Episode. Allein die Geschichte dieses Bildes liest sich wie ein Krimi.

Okay, wir waren aber eigentlich beim Grund dafür, warum es sich um eine jungfräuliche Geburt handeln sollte?

Der Hintergrund der jungfräulichen Geburt war wohl, zu verhindern, dass die Zeugung von Jesus mit fleischlicher Lust in Verbindung gebracht wird. Aus diesem Grund musste also auch seine Mutter Maria frei von Sünde sein. Die frühen Kirchenfürsten nahmen diesen Umstand dann natürlich dankend an und stellten dies sogar in den Mittelpunkt ihres Glaubensbekenntnisses, um der Göttlichkeit Jesu Christi noch mehr Ausdruck zu geben.

Paulus war kein Jünger von Jesu und ist diesem auch nie begegnet. Dennoch gelten die Paulus-Briefe als die ältesten Zeugnisse schriftlicher Quellen des Christentums.

Ja, und sie geben vor allem einen sehr guten Einblick in seine Ideologie und über die frühe Verbreitung des Christentums im Heiligen Land und dem Rest der Welt. Paulus' Sicht der Dinge war ja innerhalb der frühchristlichen Gemeinden äußerst umstritten, weil er der erste war, der diese neue christliche Religion auch Nichtjuden zugänglich machen wollte und dies auch sehr aktiv und motiviert umsetzte. Dies führte zu konfliktreichen Auseinandersetzungen zwischen den sogenannten Christjuden und den Heidenjuden, welche noch die Regeln und Werte des Alten Testaments verteidigten.

Die Apokalypse des Johannes ist verstörend und erschreckend zugleich.

Die Offenbarungen des Johannes ist eine Vision des Sehers Johannes, die er etwa 100 n. Chr. in Kleinasien niederschrieb. Er beschreibt die Schrecken, Qualen und Gräuel, welche den Menschen und der Erde vor der Wiederkunft Jesu Christi bevorstehen. Also ein apokalyptischer Endzeitbericht, der mit der Zerstörung der alten Weltordnung ein Neues Reich Gottes und des Lichts einleitet. Diese Vision macht vielen Menschen regelrecht Angst, und sollte wohl genau zu diesem Zweck dienen.

Wie bewerten Sie abschließend für sich die Fakten um die kanonischen und apokryphen Evangelien, aber auch die undurchsichtige, historische Aufarbeitung der Geschehnisse um Jesus sowie die Manipulationen und Veränderungen der Schriften im Sinne der jeweiligen Interessen und Ideologien?

Es ist eine Frage des Glaubens. Wie stark ist der Glaube? Wie groß ist die Hoffnung und Zuversicht auf die Erlösung und das Versprechen des ewigen Lebens? Es widerspricht sich ja auch nicht, beides zu glauben. Also die Anerkennung von Jesus als historische Figur, sein Leben, sein Tod und die Auferstehung. Die heilige Dreifaltigkeit. Vater, Sohn und Heiliger Geist. Aber brauche ich denn eine strafende und belehrende Kirche dazu, die mich dazu zwingt, nur ihre Ideologie und Sichtweise zu übernehmen, oder nehme ich mir die Freiheit und gehe über diese eng gesteckten Grenzen hinweg und öffne mich dem gnostischen Weg, das göttliche Licht in mir selbst zu finden, um es in die Welt zu tragen. Diese Entscheidung kann und muss jeder für sich selbst treffen.

Wir haben uns nun lange über die Entstehung der katholischen Kirche und über das Leben und Wirken von Jesus Christus unterhalten. Man kann dabei nicht abstreiten, dass vieles davon historisch nicht wirklich nachweisbar ist und teilweise verfälscht, verändert oder verboten und ausgelöscht wurde. Hat denn unser heutiger christlicher Glaube noch mit der ursprünglichen Version und Ideologie zu tun? Und was würde passieren – rein hypothetisch –, wenn die christliche Religion sich als haltlos erwiese? Welche Konsequenz hätte dies für die Menschheit und auch für all die anderen Religionen?

Hätte es denn überhaupt eine Auswirkung? Für die Kirchen würde dieses Szenario das Ende bedeuten, denn damit bräche ihr Weltbild zusammen. Ein Jesus, der nicht wirklich existierte, eine Kreuzigung und eine damit verbundene Auferstehung, die nie stattfand? Ob es historisch so war oder nur eine Metapher, ein Märchen, eine Sage oder was auch immer, ist nicht wirklich von Bedeutung. Es geht doch um die Botschaft!

Glaube!

Believe!

Was glauben Sie?

Das waren seine Worte: *„Ich bin das Licht der Welt. Wer mir folgt, wird nicht in der Finsternis umhergehen, sondern wird das Licht des Lebens in sich haben. Denn ich weiß, woher ich gekommen bin und wohin ich gehe."*

Amen.

KAPITEL 16

Logen und Geheimbünde

Von Templern, Katharern, Freimaurern und Rosenkreuzern

Nun begeben wir uns in ein für mich völlig unbekanntes Gebiet. Was sind denn Geheimbünde und Orden und was tun sie?
Von Geheimbünden gibt es unzählig viele. Die bekanntesten sind die Freimaurer, die Rosenkreuzer, der Weltbund der Illuminaten oder Opus Dei, eine Organisation innerhalb der katholischen Kirche. Geheimbünde sind Organisationen, die ihre Mitglieder, ihre Ziele, Rituale und Lehren sowie ihre Tätigkeiten geheim halten und keinem Außenstehenden bekannt machen. Manche Geheimgesellschaften behaupten sich im Besitz von jahrtausendealtem Wissen und sehen sich berufen, diese Weisheiten zu schützen und nur an auserwählte und dafür bestimmte Personen weiterzugeben.

Es gibt sehr viele Gerüchte und Verschwörungstheorien über diese Gesellschaften, vermutlich dadurch verursacht, dass alles so im Geheimen und Verborgenen stattfindet.
Was sind denn die Ziele oder Vorhaben dieser Gruppen?
Ja, das stimmt. Doch meist stellt sich die wahre Gesinnung und Tätigkeit dieser Gesellschaften und Bünde als wesentlich bodenständiger und harmloser heraus, als das, was man ihnen unterstellt.

Lassen Sie uns doch mal ein paar von ihnen näher beleuchten, um auf den Kern ihrer Machenschaften zu kommen. Informieren Sie uns bitte über die bekanntesten Gesellschaften und deren Hintergründe. Fangen wir mit den *Freimaurern* an. Diesen Namen hat jeder schon mal gehört, aber nur wenige wissen wohl, was die so tun und wer sich dahinter verbirgt.

Eine Chronik über die Entstehung der *Freimaurer* existiert formell wohl selbst in ihren eigenen Reihen nicht. Somit sind die Ursprünge der Freimaurerei historisch nach wie vor ungeklärt. Vermutlich hat sie sich aus den Überresten des im 13. Jahrhundert vernichteten Templerordens entwickelt. Dazu kamen im Laufe der Zeit noch verschiedene Einflüsse, wie die Tradition der eingeweihten Steinmetze und Baumeister, die im 14. Jahrhundert in Gebäuden die göttliche Geometrie manifestieren wollten. Die heilige Geometrie kam ab da beim Bau von Kathedralen zum Einsatz. Diese göttliche Philosophie basierte auf geheimem Wissen und Gedankengut griechischer Gelehrter wie Pythagoras und Platon, sowie auf hermetischen und islamischen Einflüssen. Dazu kamen noch die Ideen und Lehren der Rosenkreuzer und der aufkommende protestantische Glauben und die damit verbundene Spaltung der Kirche. Aus dieser Mischung erwuchsen dann die Ursprünge der modernen Freimaurerei im 17. Jahrhundert.

Was war oder ist die Philosophie hinter dieser Gesellschaft und was sind ihre Symbole?

Die *Freimaurer* sind ein Geheimbund, der sich weltweit in Logen und Großlogen organisiert. Seine Symbole sind Winkel und Zirkel. Weltweit sind geschätzt etwa 2,6 Millionen Menschen in dieser Organisation versammelt. Das Ziel der Freimaurerei liegt darin, die Grundsätze Freiheit, Gleichheit, Brüderlichkeit, Toleranz und Humanität im Alltag zu leben und so das menschlich Gute in der Welt zu fördern. Jeder sollte diese Grundsätze außerhalb der Loge verbreiten, Aufklärung nach Kräften fördern und der Intoleranz entgegentreten. Freimaurer verpflichten sich zur Verschwiegenheit, sodass ihre Bräuche und Wissen nicht nach außen getragen werden.

Das hört sich aber nicht besonders dramatisch oder geheimnisvoll an. Warum gibt es dann besonders zu den Freimaurern so negative Kritik oder undurchsichtige Theorien?

Nun ja, kritische Meinungen werfen dieser Gesellschaft vor, sich gegenseitig gesellschaftliche Vorteile zu verschaffen und sprechen von massivem politischem und wirtschaftlichem Einfluss, den die Freimaurer dazu benutzen, ihre Werte und Ziele durchzusetzen. Winkel und

Zirkel sind zum Beispiel tief in der amerikanischen Geschichte verwurzelt. Sie sind auf dem Grundstein des Kapitols genauso prominent vertreten wie auf der amerikanischen Dollarnote. Auch die Freiheitsstatue, die ja vom Erbauer des Eiffelturms, Gustave Eiffel, überarbeitet wurde, hat Ursprünge und Wurzeln im Freimaurertum. Gustave Eiffel war Freimaurer, genauso wie die amerikanischen Präsidenten George Washington oder Franklin D. Roosevelt. Auch Johann Wolfgang von Goethe und Wolfgang Amadeus Mozart waren Freimaurer. Mozarts Oper *„Die Zauberflöte"* enthält viele hermetische Elemente, wie der Kampf zwischen Licht und Dunkelheit, oder Gut gegen Böse.

Auch den Begriff *Rosenkreuzer* habe ich schon einmal gehört.

Die *Rosenkreuzer* sind eine spirituell/esoterische Gemeinschaft. Ihr Symbol ist ein Kreuz mit einer oder sieben Rosen. Angeblich wurde der Orden 1378 von einem Ritter mit dem Namen Christianus Rosenkreutz gegründet. Allerdings wird längst vermutet, dass der angebliche Begründer der Bruderschaft eine fiktive, erfundene Figur ist. Genaues weiß man nicht. Die Rosenkreuzer-Gemeinschaft ist eine internationale Vereinigung für christliche Mystik, die durch ihre Studien die innere Harmonie entdecken, die im gesamten Universum existiert.

An dieser Stelle eine kleine Randbemerkung – eine interessante Verbindung zur kosmischen Harmonie, der Ma'at aus dem alten Ägypten!

Eines der Ziele der *Rosenkreuzer* ist die Versöhnung von Wissenschaft, Ethik und Religion. Die *Rosenkreuzer* gehen davon aus, dass in jedem Menschen latent göttliche Kräfte vorhanden sind, die man erkennen, erwecken und wirksam werden lassen sollte. Übrigens: Auch hier ist die auffällige Verwandtschaft zur gnostischen Glaubenslehre bemerkenswert! Ich persönlich kann mich mit dieser Philosophie sehr gut anfreunden, entspricht sie doch nahezu meinen Werten und Vorstellungen.

Was hat es mit diesem sagenumwobenen *Templerorden* auf sich? Auch hierzu gibt es die unglaublichsten Aussagen und Verschwörungstheorien.

Ja, das ist auch durchaus zu verstehen, denn nach wie vor verbirgt sich in der historischen Geschichte dieses Ordens so manches ungelöste

Geheimnis. Denn diese Gemeinschaft wurde schon immer mit den ausgefallensten Mythen, Gerüchten, Legenden und Geheimnissen in Verbindung gebracht.

Zu ihren Anfängen – wann und warum entstanden sie?

Gegründet wurde der Orden 1118 und hatte ursprünglich die Aufgabe, die Straßen und Wege des Heiligen Landes in Palästina für die christlichen Pilger zu sichern. Der richtige Name des Ordens war *Arme Ritterschaft Christi vom Salomonischen Tempel*, seine Mitglieder wurden als Tempelritter bezeichnet. Mitte des 12. Jahrhunderts stieg der Orden zu einer der reichsten und mächtigsten Institutionen auf und seine Armee war elitär und gefürchtet. Durch seine große Mitgliederzahl, seinen Landbesitz und seinen Reichtum, gepaart mit diplomatischem Geschick und Kriegskunst, hatte der Templerorden einen enormen politischen sowie militärischen Einfluss. Viele Staaten und Monarchien wurden von ihm abhängig. Das weckte natürlich sowohl Neid als auch Begehrlichkeiten.

War das der Anfang vom Ende?

Der Einfluss der Templer reichte über die Monarchien von Frankreich, Spanien und England bis ins Römische Reich und über Ägypten bis Konstantinopel. Die Templer standen kurz davor, einen eigenen Ordensstaat zu begründen. Mitten im Herzen Frankreichs – dem Languedoc. Für König Philipp IV. von Frankreich war nun der Zeitpunkt zum Handeln gekommen.

Ich habe mal etwas von einem Freitag, den 13. mitbekommen.

Ja, denn nicht nur der französische König, der übrigens dringend Geld brauchte, sondern auch Papst Klemens hielt die Templer für eine Bedrohung seiner eigenen Macht. Am Morgen des 13. Oktober 1307 ließ der König alle Templer in einem Überraschungscoup verhaften und alle Ländereien und Besitztümer beschlagnahmen. Das legendäre Vermögen entging allerdings seinem Zugriff. Der sagenhafte Schatz der Templer blieb unauffindbar und bewahrt bis heute sein Geheimnis. Einiges deutet darauf hin, dass die Templer gewarnt wurden und viele in unbekannte Weiten entkamen.

Es gab aber auch grausame Prozesse gegen die Festgenommenen?
Ja, die gefangengenommenen Templer wurden vor Gericht gestellt und mit seltsamen Vorwürfen und Beschuldigungen konfrontiert. Die meisten wurden grausam gefoltert, um erpresste Geständnisse zu bekommen. Die meisten Templer wurden dann später auf dem Scheiterhaufen verbrannt. Die Großmeister de Molay und de Chaney wurden allerdings auf einem Grill lebendig zu Tode geröstet.

Das war dann das Ende des Templerordens?
Der Orden wurde in Frankreich völlig vernichtet und 1312 auf päpstlichen Erlass offiziell aufgelöst. Allerdings fürchteten sich König und Papst vor der Rache der Templer. Ironischerweise kamen dann auch beide nicht mal ein Jahr später unter undurchsichtigen Umständen zu Tode. Viele der geflohenen Templer wurden in anderen europäischen Ländern wie Spanien, Portugal, Deutschland oder Schottland freigesprochen und gründeten verschiedene neue Orden. So ist man sich zum Beispiel sicher, dass viele Freimaurer-Gesellschaften aus neuen Templeraktivitäten entstanden.

Und der angeblich so sagenhafte Templerschatz?
Wohin dieser gebracht wurde und ob es ihn überhaupt gab, bleibt wohl für immer ein Geheimnis – wie die Gerüchte vom Fund der Bundeslade in Jerusalem und die Suche nach dem Heiligen Gral.

Der Begriff *Katharer* fällt in Bezug auf diesen historischen Hintergrund auch immer wieder.
Ja, allerdings waren die *Katharer* kein Orden oder Geheimgesellschaft, sondern eine religiöse Glaubensgemeinschaft, die sich im 12. und 13. Jahrhundert vor allem im Süden Frankreichs angesiedelt hatte. Der Name stammt aus dem Griechischen: *katharos* = *rein*. Die *Katharer* hatten eine gnostische Ausrichtung, wobei sie die materielle Welt als grundsätzlich verdorben und böse ansahen. Die jenseitige, geistige Welt war göttlich, während sie die irdische Welt als Produkt eines bösen Prinzips verstanden. Ziel ihres Glaubens war es, das Gute im Menschen aus der bösen Welt in den Himmel zu führen. Die Befreiung der Seele aus ihrem Körper war eine Erlösungsreligion. Die Kirche führte gegen die *Katharer*

den gleichen Krieg wie später gegen die *Templer*. Der Kreuzzug unter Papst Innozenz den III. begann 1209 und wurde äußerst grausam und ohne Gnade geführt. Er endete in der berühmten Festung Montsegur 1244, als alle Bewohner von einem rachsüchtigen Heer abgeschlachtet wurden.

Durch Dan Brown und seinem Roman Sakrileg kam auch der Orden *Opus Dei* in die Schlagzeilen, der bisher eigentlich nicht in der Öffentlichkeit stand. Das sorgte bisweilen für heftige Auseinandersetzungen und Debatten, weil das eine Organisation der katholischen Kirche ist.

Ja. *Opus Dei* repräsentiert wohl die extremste und konservativste Form der Orthodoxie innerhalb der katholischen Kirche. Er ist sicher einer der umstrittensten Orden, weil zu seinen Prinzipien für ein gottesfürchtiges Leben Buße und Opfer, sowie extremes Fasten und Selbstzüchtigung gehören. Gegründet wurde *Opus Dei* 1928 von dem spanischen Priester Josemaria Escrivade Balaguer. Über die Organisation und ihre Philosophie und Ziele ist wenig bekannt. Offiziell ist es die Treue zum Papst und den Lehren der katholischen Kirche. Man kann sie aber deshalb nicht als Sekte bezeichnen – was viele tun, weil *Opus Dei* von der katholischen Kirche nicht nur anerkannt, sondern auch wohlwollend unterstützt wird.

Das war jetzt eine kurze, aber spannende Reise durch die Geschichte verschiedener Geheimorden und -bünde. Interessant auch deshalb, weil sehr deutlich zu erkennen war, dass überall gnostische oder hermetische Lehren zu den maßgeblichen Glaubensgrundsätzen gehören.

Richtig. Und hier sind wir wieder bei der Erkenntnis, wie **alles** zusammenhängt und zueinander gehört. Die Wurzeln dieses Wissens reichen ja von der Vergangenheit bis in die heutige Zeit und weiter darüber hinaus, denn die meisten Gesellschaften oder deren Erben existieren ja weiterhin und sind aktiv.

Nun muss ich aber trotzdem noch einmal nachhaken. Nach Ihrer Analyse und Ihren Erklärungen bleibt von dem großen Mysterium

oder den geheimnisvollen Legenden und Theorien nicht mehr viel übrig. **Gibt es also keine Mächte oder Zirkel, die im Verborgenen die Menschheit manipulieren oder beherrschen wollen?**

Natürlich gibt es die. Und wird es immer geben. Wir haben zum Beispiel noch nicht über die *Illuminaten* gesprochen. Ein Geheimbund, der vor langer Zeit offiziell aufgelöst wurde, aber dennoch überall seine Finger im Spiel hat. Allerdings gelingt es ihnen, sehr im Verborgenen zu bleiben. Und dann nehmen Sie doch nur unsere aktuelle Realität als Beispiel. Was da ganz offiziell im Weltwirtschaftsforum beschlossen und entschieden wird, ist nichts anderes als eine neue Weltordnung, der wir uns ausliefern sollen. Dies ist die wahre Machtzentrale, welche über das Schicksal der Menschheit entscheidet. Unsere Politiker sind deren Statisten und Komparsen. Politik ist ein schmutziges Geschäft und ein undurchsichtiges Netzwerk. Dazu ist sie eine Plage, die den Planeten Erde schon seit Jahrhunderten heimsucht. Wie hat der Schauspieler Robin Williams einmal gesagt: *„Unsere Politiker sollen doch bitteschön auch Sponsorenjacken wie die Formel 1-Fahrer tragen, damit wir Bürger wissen, wem **sie** gehören."* Dem gibt es nichts hinzuzufügen.

KAPITEL 17

Boten und Lehrer

Warum es sich lohnt, auf Botschaften zu achten

Im Vorfeld dieser Unterhaltung empfahlen Sie mir, darauf zu achten, Botschaften und Hinweise wahrzunehmen und nicht zu verpassen. Von wem sollte ich so eine Botschaft empfangen?
Sehr interessant und gleichzeitig sehr typisch, dass Sie das fragen. Das ist aber so simpel und einfach wie es wirksam ist. Benutzen Sie einfach Ihre Sinne. Machen Sie Augen und Ohren auf. Beobachten Sie Ihre Umgebung.

Auf was sollte ich da achten? Wie erkenne ich so eine Botschaft? Woher weiß ich, dass Sie an mich gerichtet ist?
Drei Fragen, dreimal die gleiche Antwort. Wenn Sie bereit dazu sind und sich dafür öffnen, erkennen Sie die Botschaft sofort.

Sie provozieren manchmal mit Ihren Antworten sofort eine neue Frage und geben mir irgendwie das Gefühl, bisher in meinem Leben etwas Wichtiges, Entscheidendes verpasst zu haben. Ich weiß noch immer nicht, wie ich mich verhalten soll um so eine Botschaft zu empfangen und zu erkennen.
Nein, das wissen Sie noch immer nicht. Ist aber auch nicht verwunderlich.

Sind Sie sicher, dass dies der richtige Weg ist, mir zu erklären, auf was ich achten soll, um so eine Botschaft zu erkennen?
Ja, klar.

??? Hilfe!
Sie sollen auf sich achten! Sie müssen für sich eine Entscheidung treffen. Und die lautet folgendermaßen: Ab heute, ab sofort achte ich auf Botschaften, die für mich bestimmt sind.

Okay, das habe ich verstanden. Und ich bin bereit dazu. Und nun? Von wo und wie empfange ich ab jetzt die Botschaft?
Haben Sie Ihre Sinne geschärft? Ihre Augen und Ohren auf Empfang gestellt? Alle Antennen sind ausgerichtet und die Umgebung wird gescannt?

Alles an mir ist voll auf Empfang eingestellt.
Dann passiert das ganz von allein, denn die Botschaften kommen aus allen möglichen Quellen, die Sie sich nur vorstellen können. Hören Sie, wenn Sie morgens im Auto zur Arbeit fahren, auf den Song, der gerade im Radio gespielt wird, vor allem auf den Text. Gut möglich, dass darin eine Botschaft versteckt ist, die für Sie und Ihren weiteren Lebensweg entscheidend sein kann.

Vielleicht stolpern Sie aber auch beim Lesen eines Buches über einer Textpassage, die Ihnen hilft, ein Problem zu lösen oder ein Hinweis auf Fragen ist, die Sie beschäftigen. Oder Sie sitzen im Café und nehmen am Nebentisch ein Gespräch wahr, das Ihnen vielleicht aus einer Sackgasse hilft, aus der Sie nicht mehr entkommen.

Sie sitzen im Theater oder der Oper und auf der Bühne geschieht plötzlich etwas, das mit Ihnen oder Ihrer Situation vergleichbar ist und Sie entdecken dabei eine elegante Lösung. Botschaften können auch Schilder oder auffällige Texte sein, die Sie auf etwas Entscheidendes hinweisen wollen. Sie sehen, es gibt eine Vielzahl von Möglichkeiten, wie Botschaften Sie erreichen können – Sie müssen sie nur erkennen.

Der Song im Radio oder wo auch immer – Sie wollen mir also erzählen, dass Musikerinnen und Musiker Boten sein können?
Aber ja, natürlich. Und es gibt sogar richtig gute.

Okay, jetzt will ich es wissen. Ein Beispiel, bitte.
Der Sänger *Chris de Burgh*.

Verzeihen Sie, wenn ich mir ein Grinsen nicht verkneifen kann. Sie sehen eher wie ein Mitglied der Rolling Stones aus und erzählen mir was vom Schmusesänger Chris de Burgh?

Wollen Sie sich wirklich auf diese Diskussion einlassen?

Ich muss. Ich lach' mich tot. Verzeihung!

Dieses Klischee mit dem Schmusesänger ... Der Typ ist mindestens genauso heavy wie die meisten Rocker, die Sie kennen. Der traut sich nämlich was. Da gehört schon eine ganz schöne Portion Coolness dazu, sich allein mit einer Gitarre auf die Bühne zu stellen und über Liebe, Vertrauen und Gefühle zu singen. Aber um genau diese Dinge geht es doch im Leben. Und de Burgh steht zu dem, was er singt, der ist total authentisch, dem glaube ich jedes Wort.

Na dann! Wo ist die Botschaft?

Okay, ein Beispiel. Im Lied *„The Head and The Heart"* geht es um eine Beziehung, die kurz vor dem Aus steht. De Burgh beschreibt die Gefühle, die in seinem Inneren toben. Vor allem der Kampf zwischen Kopf, also dem Verstand und Herz, also dem Gefühl und über die Entscheidung, die nun ansteht. Trennung oder Neustart. Wie viele Menschen waren denn schon einmal in so einer Situation und wie viele werden noch in eine solche kommen? Nehmen wir mal an, Sie selbst stehen auch gerade in diesem Moment vor so einer Entscheidung, hilflos ihren Gefühlen ausgesetzt. Wenn Sie dann „zufällig" im Radio dieses Lied hören und dann auch noch „zufällig" auf den Text achten, wird Ihnen dieses Lied in dieser Situation womöglich eine Entscheidung abnehmen oder Ihnen zumindest gewisse Dinge bewusst machen.

Er ist wohl ein Romantiker, wie Sie!

Vielleicht. Aber ein Bote. Wenn wir gerade bei de Burgh sind: noch ein Beispiel. Diesmal die andere Variante. Es gibt ja Situationen, in denen es wenig sinnvoll ist, eine Beziehung weiterzuführen. Jetzt kommt es darauf an, wie ich damit umgehe. Im Lied *„Carry Me like a Fire in Your Heart"* beschreibt er diese Szene, wie es nur ein Chris de Burgh kann. Voller Hoffnung, mit einer Wärme und einer Zuversicht und Vertrauen auf das, was kommen wird und was man zurücklässt. Ein Licht mitten in der Nacht. Eine Fackel, die Ihnen den Weg erleuchtet und das was man zurücklässt weiter im Herzen trägt. Aber Vorsicht – gefährlich! So etwas kann einem die Tränen in die Augen treiben, eben weil es so heavy ist. Ich könnte Ihnen noch 50 Songs von ihm nennen, die alle geniale Botschafter für alle möglichen Situationen sind. Hören Sie das Lied „*Spirit*" oder „*Raging Storm*" an, und Sie werden verstehen wovon ich spreche. Zweifellos ein weiser Mann!

What You leave behind. **Kann man das denn? In Liebe loslassen?**

Ja, aber das ist hohe Kunst und gehört ganz sicher zu den selbstlosesten Handlungen, die ein Mensch begehen kann. Einen geliebten Menschen in Liebe loszulassen ist eine Herausforderung und eine ernsthafte Prüfung am eigenen Charakter, weil der Schmerz einer Trennung nicht nur überwunden werden muss, sondern auch als notwendig und richtig anzuerkennen ist. Dazu gehört schon auch ein enorm hoher Grad an Vertrauen, dass hinter dem Loslassen noch etwas wartet.

Ich werde, wenn ich nach Hause komme, als erstes diese Lieder anhören. Ich bin jetzt echt neugierig geworden.

Dann ziehen Sie sich, wenn Sie schon dabei und gerade für Botschaften empfänglich sind, ein paar Songs von Hendrix rein.

Jimi Hendrix ist ein Botschafter?

Einer der besten!

Huch! Ich sage Ihnen, was welches Bild ich spontan von Hendrix habe. Der konnte Gitarre spielen, hatte ständig Frauen um sich herum und gehörte dem berühmten 27'er Club an, weil er sich mit 27 zu Tode gesoffen oder gekifft oder beides davon hat.

Eins haben Sie noch vergessen. Er war ein Gott!

Jimi Hendrix war ein Gott? Ja klar, Jimi Hendrix war ein Gott! Wie konnte ich das vergessen! Sie glauben nicht wirklich, dass Sie jemand ernst nimmt?

Ich kann es Ihnen erklären.

Also auf diese Argumentation bin ich gespannt.
Nun ja, ich könnte es mir jetzt auch einfach machen. Fragen Sie jeden Gitarristen, den Sie kennen und der sagt Ihnen, dass Hendrix Gott war. Aber das würde ihn auf sein außergewöhnlich revolutionäres Gitarrenspiel reduzieren. Und das wird ihm nicht gerecht. Es geht mir dabei mehr um seine Musik und seine Texte, seine Träume und Visionen. Seine Musik war nicht von dieser Welt.

Wie darf ich das verstehen?
Hendrix erzählte immer wieder von seinen verzweifelten Versuchen, die Musik, die er in seinen Träumen hörte, mit der Technik, die Ihm zur Verfügung stand, umzusetzen – was ihm zu seinem Bedauern nur bedingt gelang. Wer in seine Songs hineinhört, bemerkt sofort die verschiedenen Effekte und Geräusche sowie die Art, wie seine Gitarre klang. Das machte vor ihm niemand. Dieser Sound war neu und irgendwie – kosmisch.

Was inspirierte ihn, so viele neue Dinge auszuprobieren?
Wie gesagt, irgendwie klang das alles nicht von dieser Welt. Er erzählte ja auch immer wieder, wie er sich in seinen Träumen und im Schlaf in Welten aufhielt, die fremd, kosmisch und transzendent waren. *„Touch The Sky"* – er berührte den Himmel, so umschrieb er es. Fand auch er den Zugang zur Quelle? Wandelte er im göttlichen Licht?

Vielleicht hat er sich aber auch nur im Drogennebel verirrt und fand nicht mehr nach Hause?
Touché! Aber sorry, auch das ist eine so ermüdende wie dämliche Metapher, mit der er immer wieder in Verbindung gebracht wird. Für mich eine weitere Gelegenheit, einen jahrzehntelang gepredigten Irrtum aufzuklären. Der Titel seiner ersten LP war *„Are You Experienced"*. Also übersetzt heißt das etwa „bist du erfahren, hast du die Erfahrung". Das wurde stets mit Drogen in Verbindung gebracht, also mit Drogenerfahrungen. Was für eine bescheuerte Interpretation.

Hallo, wir befinden uns im Jahr 1967 mitten in der Hippie-Zeit, Flower-Power, freie Liebe, all diese Sachen. Beinahe jeder, aus dieser Szene hatte Erfahrungen mit Drogen aller Art. Das war doch nichts Außergewöhnliches und eine Beleidigung von Hendrix' Kreativität.

Im Text fragt er: *„Are you experienced, I am!"* Ich bin mir sicher, wirklich zu 100 Prozent und mehr: Ihm ging es bei der Frage nach der Erfahrung um außerkörperliche Erlebnisse, Astralreisen, transzendente Welten, feinstoffliche ätherische Zonen. Er hatte damit Erfahrung und er erzählte davon. Auch in seinen Songs. Die Musik, die Texte, der Sound … Wie er selbst sagte, nicht von dieser Welt.

Ich würde auch hier gern einmal in ein paar Songs reinhören. Ich kenne mich bei Hendrix allerdings nicht aus. Empfehlungen?

„Purple Haze, Burning of the Midnight Lamp, Third Stone from the Sun, 1983 A Merman I should turn to be, Little Wing". Im Song *„Angel"* singt er von einer Begegnung mit einem Engel.

Er war also mystisch veranlagt und komponierte psychedelische Songs. Ein Wanderer zwischen den Welten?

Seine langjährige Lebensgefährtin Monika Dannemann beschreibt ihn so: *„Er meditierte viel und hatte außergewöhnliche und übersinnliche Kräfte. Er erinnerte sich an Astralreisen und Leben in seiner Vergangenheit. Er glaubte, dass er auf der Erde eine besondere Mission zu erfüllen hatte, um die Seelen der Menschen zu wecken. Als Musiker wollte er bestimmte Botschaften übermitteln. Er hatte viele Antworten gefunden und wollte die weitergeben."* Mehr gibt es dazu, denke ich, nicht zu sagen.

Musikerinnen und Musiker sind also Boten? Und wir sollten ihnen besser zuhören?

Ja, aus vielen verschiedenen Gründen. Der Musiker und Gitarrist Carlos Santana ist den meisten Lesenden wohl bekannt. Fast jeder hat diesen Namen schon einmal gehört. Wissen Sie, welche Botschaft er mit seiner Musik seit mehr als 50 Jahren vermitteln möchte?

Sagen Sie es mir.
Liebe und Frieden. **Shanti.**

Wenn ich mir den Zustand unserer Welt so ansehe, hatten diese Versuche aber nicht gerade durchschlagenden Erfolg.
Ich denke, bei den Menschen, die seine Musik hören und kaufen, schon. Jeder einzelne Mensch, den er mit seiner Botschaft erreicht, ist ein Licht, das hilft, diese Welt von ihrer Dunkelheit zu befreien. Er spricht übrigens auch davon, dass jeder Mensch die Fähigkeit besitzt, etwas zu segnen. Denn wir sollten diese Energie nutzen, um Menschen zu helfen, ihr eigenes Licht zu finden.

Ein weiterer Krieger des Lichts, der wie Sie ja wohl auch das Vertrauen in die Religion verloren hat.
Auch dazu nimmt er klar Stellung. Seine Meinung dazu: *„Die Weltreligionen sind nichts anderes als multinationale Großkonzerne, die Angst verkaufen. Dabei ist Gott doch Licht und Liebe".*

Sie sagen also, dass es unzählige Songs und Kompositionen gibt, die uns als Botschaft oder Nachricht erreichen sollen, die uns aus einer Krise führen, bei einer Entscheidung hilfreich sein, oder uns in ganz neue Lebenswege begleiten?
Ja. Hunderte. Möglicherweise Tausende. Es geht darum, aufmerksam zu sein und sie zu erkennen. Wollen Sie noch ein Beispiel hören? Und dann ist aber Schluss damit?

Sie haben mich zwar richtig neugierig gemacht, aber wir müssen auch irgendwie weiterkommen.
1972 schrieb Ken Hensley von *Uriah Heep* den Song *„The Wizzard"*. Hören Sie rein und achten Sie auf jedes Wort, das da gesungen wird. Jedes Wort ist wahr und voller Zauber. Deshalb wohl der Titel – The Wizzard, Der Zauberer.
Aber wie oft soll man denn das alles singen, schreiben, erzählen, bis die Menschen begreifen, auf welche Weise ihnen jeden Tag das goldene Licht begegnet? Geschrieben wurde es schon vor 50 Jahren und noch immer nimmt es kaum wahr.

Was meinen Sie mit „wie oft soll man das alles singen und erzählen", was ist „das alles"?

Es ist immer die gleiche Geschichte, tausendmal erzählt. Achtung, aufgepasst. Die Band Savatage. Das Album: *„Streets – A Rock Opera"*. Der Song: *„Believe"*. Hier der Text:

I am the Way, I am the Light
I am the Dark inside the Night
I hear your Hopes, I feel your Dreams
And in the Dark I hear your Screams
Don't turn away, Just take my Hand
And when you make your final Stand
I'll be right there, I never leave
And all I ask of You
Believe

Believe! Believe! Believe! Glauben Sie! An sich selbst. An Ihre unsterbliche Seele. Daran, dass wir alle göttlich sind. Sternenstaub. Teil des Universums. Daran, dass Sie mit Ihren Gedanken Ihre Wirklichkeit realisieren. Dass Ihre Träume, Wünsche und Visionen darauf warten, von Ihnen gelebt zu werden. Lassen Sie nie die Angst über Ihre Hoffnungen und Ziele siegen. Sei mutig – und spring!

Ja, wie denn, wenn sich da ein Abgrund vor mir auftut?
Don't turn away, Just take my Hand …

So ganz allein und verloren, niemand hilft?
I'll be right there, I never leave …

Und wenn es schief geht?
Believe!

Okay, ich habe jetzt gelernt, meine Augen und Ohren aufzumachen und Musik nicht nur als Musik wahrzunehmen, sondern Botschaften und Hinweise zu erkennen.
Ja. Sie können Musik, wenn Sie wollen, aber auch nur als das wahrnehmen was sie ist – Musik.

Aha. Also ganz ohne Mehrwert?
Nun, der Mehrwert, von dem Sie sprechen, der ist ja immer irgendwie dabei. Also nehmen wir mal an, Sie hatten einen stressigen Tag, oder sind erschöpft und müde, oder einfach nur schlecht drauf. Solche Tage kennen wir ja alle. Kennen Sie die italienische Sängerin *Alice*? Manchmal ist allein die Stimme die Botschaft. Manche sind mit einer so außergewöhnlichen Stimme geboren worden, die ausreicht, um die Welt, unsere Körper, unsere Seelen in ein goldenes, göttliches Licht zu hüllen. CD von *Alice* einlegen, entspannen und sich von dieser Stimme verzaubern lassen, danach geht's Ihnen besser. Egal, wie die Stimmung zuvor war. Durch diese Stimme spricht Gott mit Ihnen und berührt Ihre Sinne. Sie baden im goldenen Licht.

Sie sagten, auch das schriftliche Wort, Romane, Gedichte, Erzählungen eignen sich als Botschaften für uns, wenn wir Sie nur wahrnehmen?
Das ist der Schlüssel! Aber keine Sorge, Sie müssen beim Lesen nicht verkrampfen. Wenn Ihre Sinne auf Empfang gestellt sind, erkennen Sie die Hinweise, die für Sie bestimmt sind.

Es gibt übrigens auch ausgezeichnete Sachbücher, die Ihnen den Einstieg in diese Welt erleichtern oder unterstützend helfen.

Zum Einstieg ein Tipp oder eine Empfehlung?
James Redfield: *„Die Prophezeiungen von Celestine"*
Rhonda Byrne: *„The Secret"*
Esther & Jerry Hicks: *„The Law of Attraction"*
Drei Bücher, die Sie nicht nur einmal lesen, versprochen.

Um bei diesem Thema zum Abschluss zu kommen: Sie sagen also, dass nicht nur religiöse Figuren und Führer wie Buddha oder Jesus uns als Botschafter dienen, sondern dass uns diese Hinweise von überall erreichen können. Es geht nur um die Wahrnehmung und die Aufmerksamkeit, dies zu erkennen.
Korrekt! Ich an Ihrer Stelle würde die empfangene Botschaft dann aber noch so verwerten, dass sie ihren Nutzen erfüllt. Sie müssen also aktiv werden.

Ja, ich weiß, und springen – obwohl ich den Abgrund sehe.
Der Abgrund ist nicht real. Der existiert nur in Ihrem Kopf. Verursacht durch Ängste, negative Erfahrungen und fremde Einflüsse. Wir Menschen unterschätzen die Macht, die uns gegeben wurde und die Kraft der Seele, die alles erreichen kann, was Sie sich wünscht zu erreichen.

Ganz ehrlich, das hört sich theoretisch ja alles sehr vertrauensvoll und optimistisch an. Aber glauben Sie mir, ich sehe die Abgründe wirklich, wenn ich springen will, sogar sehr deutlich. Und alles in mir sagt – stop!
Natürlich sehen Sie die Abgründe, weil Ihre Gedanken sie manifestieren. Ich versuche, es Ihnen an einem leicht verständlichen Beispiel zu erklären. Nehmen wir mal an, Sie fühlen sich seit längerer Zeit in Ihrem jetzigen Leben nicht mehr wohl. Das Wetter ist zu kalt, der Job zu stressig, die Kollegen hinterlistige Intriganten, Ihr Freund ein Gockel, der jeder Henne nachläuft und Ihre Bank schickt Ihnen jeden Monat einen freundlichen Brief, in dem Sie aufgefordert werden, Ihr Konto auszugleichen.

Sie haben noch vergessen zu sagen, dass mein Stammfrisör pleitegegangen ist, mein Hund das Designersofa angefressen hat und mein Arzt mich darauf hingewiesen hat, dass der Pickel auf meiner Nase erst in zwei Wochen verschwinden wird.
Richtig, sorry, wie unaufmerksam. Okay, das ist die Ausgangslage. Also, was tun? Sie können alles beim Alten belassen und denken, na schlimmer kann es ja nicht werden. Sie können aber auch eine Entscheidung treffen. Diese Macht haben Sie. Von heute auf Morgen. Und niemand kann Sie daran hindern. Nehmen wir also weiter an, Sie entscheiden sich dazu – wie gesagt, von heute auf Morgen – nach Neuseeland auszuwandern und Schafe zu züchten.

Aber **nein** – jetzt kommen die Ängste und Bedenken. Die *what ifs, maybes and might have beens*. Und jetzt kommt gleichzeitig auch das Gefährliche bei der Sache. Je mehr und länger Sie sich mit all den Eventualitäten beschäftigen, die vielleicht eintreten können, desto wahrscheinlicher wird es, dass das eine oder andere eintritt, weil Sie es kraft Ihrer

Gedanken manifestieren. Denken Sie jedoch nicht an all die möglichen, negativen Ereignisse, ziehen Sie diese auch nicht in Ihr Leben.

Es geht sogar noch besser, hier die Steigerung: Denken Sie an die positiven Ereignisse, die geschehen könnten, liegt die Gefahr eines Scheiterns bei nahezu null.

Null ist übrigens eine Zahl ohne Wert! Darauf soll ich wirklich vertrauen?
Ich erspare mir jetzt jeglichen Kommentar.

Habe ich Sie jetzt verärgert?
Ich biete Ihnen die Möglichkeit, auf den Schwingen des Lichts in eine selbstbestimmte und erfüllende Zukunft zu fliegen und Sie vergleichen sich selbst mit der Zahl Null. Erkennen Sie Ihr Problem?

Nun ja, vielleicht will ich es ja gar nicht erkennen. Ich weiß nicht. Es fällt mir einfach sehr schwer, dieses Grundvertrauen in mich selbst aufzubauen. Natürlich habe ich viel von dem, was Sie mir bisher erzählt und erklärt haben, wahrgenommen und im Prinzip auch verstanden. Und ich habe mir vorgenommen, viel davon auch umzusetzen. Aber ich glaube, das dauert, bis ich dafür ein Gespür und ein Gefühl aufbauen kann.
Was möchten Sie denn davon in Zukunft umsetzen?

Also
• **Ich möchte unbedingt die negativen Gedanken und Gefühle in positive verwandeln.**
• **Ich möchte versuchen, die Regler auf der Skala in den richtigen Bereich zu verschieben.**
• **Ich will versuchen, von Schwarz auf Weiß zu springen.**
• **Ich will versuchen, Botinnen und Boten und deren Botschaften zu erkennen.**
• **Ich möchte mir und den universellen Kräften vertrauen und springen, selbst wenn ich einen Abgrund sehe.**
• **Ich möchte mir der Kraft und der Macht meiner Seele bewusst werden.**

- Ich möchte unbedingt das Licht in mir entdecken und es in die Welt tragen.
- Und ich möchte in Zukunft unbedingt bei möglichst vielen Gelegenheiten fragen: „Was würde die Liebe tun?"
- Sehr gerne möchte ich auch meine Träume und Visionen leben und umsetzen.

Träume und Visionen. Gutes Stichwort, da sind wir schon beim Thema. Denn darum geht es im nächsten Kapitel.

KAPITEL 18

Träume und Visionen

Transzendente Grenzen überschreiten

Sie sagten mir im Vorfeld dieser Unterhaltung, es gebe Kapitel, bei denen es für Sie schwieriger, auch kritischer wird, Ihre persönliche Meinung zu äußern und zu erklären. Dieses Kapitel gehört zweifellos dazu.
Keine Frage. Auch deshalb, weil es auf sehr persönlichen Erfahrungen basiert. Außerdem fällt spätestens jetzt der Vorhang, die Bühne strahlt im hellen Scheinwerferlicht und das Publikum wartet voller Erwartung auf die Show. Sie übrigens auch!

Ja, ich auch. Mit was wollen wir beginnen? Mit Ihrer Aussage, Ihre Träume und Visionen seien der Auslöser und der Grund, sich mit all diesen Themen zu beschäftigen? Und damit seien diese Träume auch für die Geburt des Projekts ETERNITY verantwortlich?
Ja, dies ist der Anfang von allem, die Quelle sozusagen, die einen Strom an Ereignissen auslöste.

Sollen wir das Thema erst einmal nüchtern und sachlich angehen? Was sind denn Träume und Visionen?
Lassen Sie uns zuerst den Unterschied zwischen Träumen und Visionen klären.
Träume sind das subjektive Erleben während des Schlafs. Mit dem Traum betreten wir eine virtuelle Welt. Träume gelten im allgemeinen Sprachgebrauch als Tor zum Unterbewusstsein und als Orientierungshilfe. Surreale Bilder sind verschlüsselte Nachrichten.
Visionen sind eine übernatürliche Erscheinung oder eine Art Offenbarung, also eine mystische Erfahrung. Sie sind Manifestationen eines

göttlichen Bewusstseins und tragen zu unserem Wachstum und Erleuchtung bei. Man empfängt sie als etwas Heiliges, als Geschenk, als Gnade und als Segen.

Die Schlaf- und Traumforschung oder bestimmte Bereiche der Psychologie beschäftigen sich auch mit dem rätselhaften Phänomen des Träumens.

Sie unterscheiden zwischen REM-Träumen, Einschlafträumen, Albträumen oder luziden Träumen. Eine seriöse wissenschaftliche Erklärung für unsere Träume gibt es allerdings nicht, denn sie kann kein widerspruchfreies Erklärungsbild zum Traum anbieten. Dazu kommt, dass unsere gegenwärtige Gesellschaft und Kultur nüchterne wissenschaftliche Analysen und Vernunft erwartet und fördert, aber keine Träume und Visionen.

Warum müssten oder sollten wir als Gemeinschaft da umdenken oder neu denken?

Weil das Bewusstsein eine schöpferische Kraft ist und die Erkenntnisse, die wir daraus mitnehmen, zielgerichtet die eigene Wirklichkeit verändern können.

Dabei gibt es aus der Welt der Dichtung und Philosophie genügend Aussagen oder Texte, welche die Bedeutung des Träumens oder von Visionen hervorheben.

Mehr als ausreichend, hier vielleicht ein paar passende Aussagen dazu:

William Shakespeare: *„Wir sind alle vom gleichen Stoff, aus dem die Träume sind und unser kurzes Leben ist eingebettet in einen langen Schlaf."*

Salvador Dali: *„Eines Tages wird man offiziell zugeben müssen, dass das, was wir als Wirklichkeit bezeichnen, eine noch größere Illusion ist als die Welt des Traums."*

Auch die Schriften des großen englischen Dichters **William Blake** sind voll von Andeutungen und Hinweisen, sich mit Träumen und Visionen auseinanderzusetzen. Speziell seine *„Pforten der Wahrnehmung"* sind sehr zu empfehlen. Wenn ich es mir richtig überlege, ist eigentlich das gesamte Werk von Blake ein Geschenk an jeden, der sich damit befasst. Es ist ein Fest für die Sinne, eine Quelle der Lust auf Poesie, eine große Offenbarung!

Herrmann Hesses „Siddharta" ist ein Musterbeispiel für visionäres Denken.

Die bekannte Ordensschwester *Hildegard von Bingen* hatte göttliche Eingebungen und versuchte diese an ihre Mitmenschen weiterzugeben.

Sie waren stets bemüht, die Hermetik oder die ägyptische Kultur in all unsere Themen zu integrieren oder zumindest zu erwähnen. Gelingt das hier auch?

Aber natürlich. Die Ägypter glaubten, in Träumen dem Universum und der gesamten Götterwelt zu begegnen. Dabei unterschieden sie streng zwischen gewöhnlichen und heiligen Träumen. In den heiligen Träumen hatten sie Kontakt mit dem göttlichen Licht und Energie.

Nehmen Sie den letzten Satz bitte ganz bewusst wahr, denn er hat in diesem Kapitel noch eine wichtige Bedeutung. Vergleichen Sie diesen Satz mit dem, was ich Ihnen gleich erzählen werde.

Hat das etwas mit den Begriffen Traum- oder Astralreisen zu tun? Und was, wenn wir schon dabei sind, ist denn der Unterschied zwischen diesen?

Bei Traumreisen findet der luzide Traum – luzid heißt hier bewusst wahrnehmen – im Körper statt. Astralreisen sind das physische Verlassen des Körpers.

Können wir das vielleicht noch ein wenig konkretisieren?

Traumreisen sind eine Reise ins Innere, so etwas wie ein gelenkter Tagtraum. Zu Anfang wird man in eine tiefe Entspannung oder Trance versetzt, was im Unterbewusstsein für mehr Harmonie und zur Selbstheilung beitragen soll.

Astralreisen sind mystische Erlebnisse in transzendenten, ätherischen Welten. Ein Teil des Bewusstseins entfernt sich aus dem Körper und begibt sich auf außerkörperliche Reisen in anderen Energieebenen. Also eine Seelenerfahrung in höheren Sphären.

Über solche Berichte und Erfahrungen gibt es unzählige Versuche, dies auch nüchtern und wissenschaftlich zu erklären. **Denken Sie, dass dies nur wenigen Menschen widerfährt?**
Die Wissenschaft nennt dieses Phänomen abgekürzt OBE, Out of Body Experiences. Dass sich die Seele vom Körper lösen kann und auf einer höheren Bewusstseinsebene Erfahrungen und Erkenntnisse sammelt, kennen wir aus unzähligen Berichten, seitdem es die Menschheit gibt. Den Naturvölkern war diese Technik bekannt. Im Schamanismus ist dies Bestandteil der Philosophie, aber auch wahre Meister oder weise Lehrer wie Buddha nutzten diese Erfahrung, um **eins** mit den kosmischen Kräften zu werden. Und – ja, Sie ahnen es –, auch die alten Ägypter und ihre Priester übten diese Techniken in ihren Initiationsriten aus.

Möglicherweise unternimmt **jeder Mensch** während des Schlafs Astralreisen, die allermeisten nehmen dies jedoch nie bewusst wahr. Vielleicht ist es ja wirklich so, dass sich die Seele, während sich der Körper erholt, mit Energie in ätherischen Sphären versorgt?

Woher sind Sie sich so sicher, dass dies bei Ihnen geschieht?
Das erkläre ich Ihnen im Kapitel über die *Seele*.

Gut. Also dann frage Ich anders. Sie erzählten mir, Sie erleben im Schlaf manchmal genau diese Vorgänge. Sie unterscheiden dabei normale von astralen Träumen, die Sie Powerträume nennen. Vor allem deren Intensität muss doch erst einmal total fremd und verstörend gewesen sein?
Selbstverständlich. Ich kam mir vor wie ein Bestandteil oder eine Figur in einem surrealen Gemälde. Alles fühlte sich plötzlich fremd und fantastisch, gleichzeitig aber doch vertraut und sehr real an.

Hat Sie das denn nicht irritiert oder gar verängstigt?
Am Anfang sicher beides. Vor allem kann ich mir bis heute nicht erklären, worum es da geht. Was für Welten sind das? Was erlebe ich da? Und warum? Ist das ein Blick in die Zukunft, also in zukünftige Leben? Sind das Erlebnisse aus einem anderen Universum? Ein Paralleluniversum? Warum ist dabei alles so intensiv?

Was unterscheidet ihre normalen Träume von den Powerträumen? Das war der Punkt, an dem Sie mich wirklich völlig in den Bann gezogen haben.
Die Energie, die ich während dieses Aufenthaltes spüre und die ich davon mitbringe. Diese Energie ist so positiv und mit Glückseligkeit aufgeladen, dass man wie in der Wolke eines göttlichen Lichts schwebt und voller Dankbarkeit und Euphorie alles empfängt und aufnimmt, was man geschenkt bekommt. Diese Energie ist nicht mit irdischen Worten oder Begriffen zu beschreiben. Und – sie hält nach dem Erwachen noch Stunden oder Tage an. Man trägt Sie noch lange bei sich, ist voller Elan und Tatendrang, total auf positiv und Freude gepolt. Als würde man sich an einen Trafo oder Generator anschließen und seine Batterien aufladen.

Wie erklären Sie diese rätselhaften Vorgänge und Erlebnisse? Gibt es überhaupt eine Erklärung dafür?
Wissen Sie: So klar und deutlich habe ich auch keine Antwort dafür, geschweige denn eine klar definierte, wissenschaftlich exakte Deutung. Ich bin weder Neuro-Wissenschaftler, Physiker oder Mediziner, noch kann ich das theologisch nachweislich beweisen oder erklären. Aber für mich sind diese Ereignisse, die absolut real sind, die Erkenntnis, dass es unerforschte Grenzbereiche gibt, die nicht eindeutig zu erklären sind.

Wenn es aber so ist, dass an der Quelle alles Seins tatsächlich alles gleichzeitig stattfindet, also ein Ort ohne Raum und Zeit existiert, dann gibt es eine Vielzahl an Möglichkeiten, dies zu interpretieren. Wenn die Vergangenheit, die Gegenwart und die Zukunft dort parallel zur gleichen Zeit ablaufen, nimmt man beim Kontakt mit diesem Ort auch alles genauso wahr.

Die Quantenphysik dringt in Bereiche vor, die Parallelwelten, Multiversen oder holografische Projektionen als ernstzunehmende Theorien erlauben. Denn dann könnten sich solche Ereignisse womöglich als parallele Leben definieren lassen, die wir mit unserem begrenzten Verständnis als Vergangenheit oder Zukunft bezeichnen würden.

Gibt es noch eine andere Erklärung? Und was ist das für eine Energie, von der Sie sprechen?
Ich habe keine andere. Es sind kosmische Erlebnisse, die aber gleichzeitig absolut real sind. Ich erlebe das wirklich. Und die Energie ist ein Geschenk. Ein Hinweis darauf, dass es da draußen irgendetwas gibt, nennen Sie es, wie Sie wollen – die Ewigkeit? Ich nenne es ETERNITY!

Das hört sich alles sehr ungewöhnlich, Entschuldigung, fast elitär an. Glauben Sie, dass es eine Anzahl von Menschen gibt, die im Hier und Jetzt eine Botschaft verbreiten oder eine Aufgabe zu erfüllen haben, die den Menschen und vielleicht der Menschheit Hoffnung und Zuversicht geben soll?
Ja, das glaube ich. Was diese Träume und Erlebnisse angeht, bin ich ganz sicher, dass so etwas recht viele kennen und regelmäßig ausüben. Ich denke, wenn man sich nur lange und tief genug damit beschäftigt, öffnet sich ein Tor in diese Welten. Vermutlich sind dies Vorgänge, die mit dem mentalen Universum und dem Eintritt in sein Quantenfeld zu tun haben. Es sagt uns wohl *„Hallo, schön dich kennenzulernen"*. Und lässt einen kurzen Blick in sein Wohnzimmer zu.

Aber verstörend ist das schon. Haben Sie Verständnis für diejenigen, die diesen Erzählungen ablehnend oder kritisch gegenüberstehen?
Kritischen Stimmen oder Menschen, die da ernsthafte Bedenken haben, bringe ich volles Verständnis entgegen. Schließlich handelt es sich hier um Mysterien und schwer verständliche Anomalien. Dennoch lohnt es sich für jede und jeden, speziell die Zweifelnden und diejenigen, die dem mit Skepsis gegenüberstehen, einmal darüber nachzudenken, ob es nicht doch Dinge zwischen Himmel und Erde gibt, die voller Geheimnisse und verborgener Pfade sind.

Die Fragen, denen wir uns stellen müssen, sind doch folgende: Gibt es Tore in andere Dimensionen? Gibt es einen Zugang in parallele Universen? Gibt es Reisen in transzendente Welten? Gibt es hochentwickelte Lichtwesen, die uns aus ihrer feinstofflichen Welt Botschaften zukommen lassen?

Die Bibel – um ein bekanntes Referenzwerk zu nennen – ist voll mit Beweisen und Berichten darüber. Aus allen alten Hochkulturen gibt es exakte und glaubwürdige Geschichten darüber. Warum maßt sich dann der moderne, fortschrittliche Mensch an, über die Wissenschaft alles erklären zu können und das, was außerhalb dieser Grenzen ist, als faulen Zauber entlarven zu müssen?

Ihr Bild „Melancolic Memories of a Fallen Angel" ist voll mit Engeln, Lichtwesen und anderen geheimnisvollen Figuren. Persönliche Erfahrungen?

Sie dürfen nicht vergessen, alle Bilder der Ausstellung sind Allegorien. Das heißt, ich versuche mit Figuren, Symbolen und anderen Hinweisen das Thema, den Hintergrund und die Bedeutung des Titels auf der Leinwand so darzustellen, dass der Betrachtende das sieht und versteht. Also kann die Figur eines Engels symbolisch für ein Ereignis oder eine Begegnung stehen, aber eventuell auch Zeugnis für eine reale Wahrnehmung sein. Darüber hinaus lässt es sich genügend Spielraum, seine eigene Sicht oder Interpretation des Geschehens mit einzubeziehen. So funktioniert dieses Spiel.

Sie sagten aber auch, dass gerade dieses Bild perfekt den Ursprung Ihrer Idee für das Projekt ETERNITY repräsentiert.

Jeder, der dieses Bild betrachtet, erkennt sofort, dass es sich im Prinzip um ein Selbstporträt handelt. Der Frau in Rot, die rechts neben mir zu sehen ist, könnte man die „Schuld" dafür geben, dass dieses Projekt in Angriff genommen und umgesetzt wird. Der Ursprung. Die Quelle. Die Muse und treue Begleiterin. Also schuldig im Sinne der Anklage.
Ein Engel?
Ein Lichtwesen?
Spirituelle Gefährtin oder nur ein hinterhältiger Trick des Verstandes? Finden Sie es heraus!

Aber das Resultat aus einem Traum oder einer Vision?

Jetzt sind wir unverhofft bei einem anderen Phänomen angekommen. Ein Paradoxon. Was ist zuerst da, wer oder was ist die Ursache? Der Traum ... und dann die Lady in Red, oder ist die Frau in Rot die

Ursache des Traums? Es macht jetzt keinen Sinn, das weiter zu hinterfragen, denn das lässt sich nicht auflösen.

Um das Thema Träume und Visionen abschließen zu können, würde ich mir jetzt noch eine provokante Aussage oder Meinung von Ihnen dazu wünschen.

Träumt das All, also das ewig währende Bewusstsein, unsere Realität?

KAPITEL 19

Die Seele

Das göttliche Spiel

Wie sieht die Seele aus? Und wo im Körper sitzt sie?
Zwei Fragen, die wir innerhalb dieses Kapitels zweifellos beantworten werden.

Sie kennen also eine Antwort? Wissen Sie, wie vielen Menschen ich diese Frage schon gestellt habe, ohne auch nur ein einziges Mal eine sinnvolle oder befriedigende Antwort zu bekommen? Mir ist klar, dass wir uns immer mehr dem nähern, worum es Ihnen wirklich geht – dennoch kann ich mir im Moment nicht annähernd vorstellen, dass ich eine Antwort bekomme, die ich akzeptieren kann. Ich sage es frei heraus: Da muss schon etwas kommen, das mich restlos überzeugt und beeindruckt.

Jetzt kommen Sie ja richtig in Fahrt. Sehr gut! Aber bevor Sie nun vor Ungeduld platzen, schlage ich Ihnen vor, Ihr Gehirn zu benutzen und nachzudenken. Zum Beispiel über all die Themen, die wir bisher behandelt und besprochen haben.

In Ruhe nachdenken kann ich, ehrlich gesagt, bei der Frage nach der Seele überhaupt nicht. Dazu bin ich emotional viel zu aufgeladen. Und ich sage Ihnen noch etwas: Unser Gespräch war bis zu diesem Punkt äußerst interessant und informativ. Nein, mehr noch. Ich war zum Teil regelrecht begeistert. Ganz ehrlich. Vor allem, weil ich zu vielen Themen das Angebot einer neuen und freieren Option bekommen habe. Aber nun kommen wir an einen Punkt, an dem das Ganze entweder ins Leere oder Banale kippen kann oder ich mental auf den Schwingen des Lichts Richtung Himmel schwebe. Zumal Sie im

Kapitel davor schon Lust auf mehr gemacht haben. **Sie wissen über die Gefahr, die sich eventuell auftut?**
Benutzen Sie doch bitte Ihren Verstand und schalten Sie Ihr Gehirn auf Empfang.

Es ist auf Empfang. Es arbeitet sogar auf Hochtouren. Warum erwähnen Sie ausgerechnet jetzt das Gehirn so explizit?
Weil die Seele dort nicht sitzt.

Mein Gehirn hat nichts mit der Seele zu tun? Es ist nicht Sitz der Seele?
Nein.

Was steuert mich dann?
Ihr Bewusstsein. Aber nicht Ihr Verstand.

Wo ist da der Unterschied? Was ist Bewusstsein?
Bewusstsein ist die Fähigkeit eines Lebewesens, sich seiner Existenz „bewusst" zu sein. Sich selbst „wahr-zu-nehmen". Bewusstsein öffnet die Tore für Informationen, steuert die Wahrnehmung und nimmt somit Einfluss auf unsere Sinne. Der Verstand bewirkt dann das Denken. Daraus folgen wiederum die Gedanken.

Okay, ich sehe schon, Sie machen es wieder kompliziert und fordern Nachfragen geradezu heraus. Wo findet denn dann dieses Bewusstsein statt?
Das Bewusstsein ist eine vom Gehirn unabhängige Instanz. Das Gehirn ist somit nicht der Produzent des Bewusstseins. Das bedeutet: Das Bewusstsein kann auch unabhängig von einem Körper existieren.
Aber bitte aufpassen! Jetzt nicht das Bewusstsein mit dem Begriff „Verstand" verwechseln. Denn dieser ist natürlich ein Produkt des Gehirns. Das heißt also: **Wir** sind **nicht** unser Körper, Gehirn oder Verstand. Denn unser wahrer Wesenskern ist unser Bewusstsein – eine reine, feinstoffliche Energie.

Was heißt das im Klartext oder für diejenigen, deren Gehirn jetzt nicht voll eingeschaltet ist?

Der Mensch besteht **nicht** aus einem Körper, einem Gehirn und einem Geist, der vielleicht auch noch eine Seele hat, wo auch immer die sich befinden soll.

Der Mensch **ist** eine Seele, ein Energiewesen, das sich immer wieder dazu entschließt, einen Körper anzunehmen. Verstehen Sie diesen gewaltigen Unterschied? Deshalb sollten Sie Ihr Hirn einschalten. Um das wahrzunehmen und zu begreifen.

Kann ich meine Seele denn spüren oder fühlen, und wie bemerke ich, was meine Seele erfahren möchte? Woran erkenne ich, wenn ich von meinem Lebens-/Seelenweg abkomme oder den Wünschen der Seele so gar nicht entspreche?

Wir kommen nun zu einer bedeutenden Situation, denn wir sprechen jetzt über Schicksal und Bestimmung. Jeder Mensch erkennt seine Aufgabe oder seinen Auftrag, wenn er im Stillen tief in sich hineinhört. Was sind meine Talente? Worin bin ich besonders begabt? Was interessiert mich wirklich und was möchte ich lernen oder erfahren? Gehe ich gelassen und entspannt durchs Leben oder treffe ich ständig auf Widerstand? Werde ich immer wieder vor die gleichen Aufgaben oder Situationen gestellt? Warum ist das so, und was soll ich daraus lernen? Warum begegne ich immer wieder Menschen, die mich mit meinen Problemen konfrontieren?

All dies sind Hinweise, Personen und Umstände, die Sie darauf aufmerksam machen sollen, was Ihre Aufgabe im Spiel des Lebens ist. Spielt es sich einfach oder haben Sie das Gefühl, das Ganze wird rauer, härter und anstrengender? Spüren Sie Widerstand, dann merken Sie schnell, dass Sie etwas aus der Spur geraten sind. Denn wenn etwas aus der Perspektive der Seele bedeutungslos wird, verlieren Sie die Verbundenheit mit der Schöpfung.

Was bereitet meiner Seele Freude? Was kann ich Gutes für sie und mich tun?

Das Ziel der Seele ist es, in vollkommener Harmonie mit der Schöpfung zu sein. Stellen Sie sich Ihren kosmischen Aufgaben und erkennen

Sie Vergebung, Schuld und Wiedergutmachung an. Gehen Sie mit Mitgefühl, Empathie und Güte auf die Menschen zu, die Ihnen begegnen oder mit denen Sie eine enge Beziehung führen. Stellen Sie sich Ihren Aufgaben und führen Sie alle Lernprozesse bis zum Ende durch. Finden Sie **Ihr** Licht in Ihrem Inneren und öffnen Sie sich Ihren Wünschen und Träumen. Verweigern Sie sich dem Gefühl der Angst oder Unsicherheit und bekennen Sie sich ganz gezielt zu der Erfahrung, dass die Seele keine Grenzen kennt und diese Fusion mit dem Kosmos, dieses **Einssein mit allem** durchaus realistisch ist.

Sie erwähnten soeben auch die Begegnung mit Menschen, mit denen ich eine engere Beziehung führe. Ich bringe jetzt noch den Begriff „Nähe" mit ein, weil er sich an dieser Stelle so gut einfügt. Bitte nicht erschrecken, aber ich frage ganz bewusst genau hier nochmals nach der Bedeutung von Sex in unseren Beziehungen. Denn als Frau spielen für mich die Begriffe „Nähe" und „Liebe" eine entscheidende Rolle. Sie haben sich diesem Thema bisher nahezu verweigert und ich könnte das auch akzeptieren, würde ich nicht so deutlich spüren, dass Sie etwas wissen, was mich sehr interessiert. Kann Sex mit meinem Partner eine Situation herbeiführen, die über eine außergewöhnliche Nähe hinausgeht?

Ja. Sie sprechen jetzt von der Verschmelzung der Seelen.

Richtig. Genau darauf wollte ich hinaus. Sie wissen davon und haben Erfahrung damit? Ist es denn wirklich so außergewöhnlich und welches Wissen oder welche Handlungen führen zu so einem Ereignis?

Bei der Verschmelzung zweier Seelen handelt es sich um einen Zustand tiefster Verbundenheit. Es gibt keinerlei Trennung, man spürt sich und den anderen intensiver als jemals zuvor. Allerdings ist hier schon ein extrem hoher Grad an blindem Vertrauen und engster Vertrautheit als Voraussetzung für eine erfolgreiche Umsetzung mitzubringen. Das Ergebnis ist deshalb so sensationell, weil zum körperlichen Orgasmus noch das Glücksgefühl der mentalen, geistigen Verschmelzung kommt. Dies kann man dann durchaus mit einer nahezu göttlichen Erfahrung vergleichen. Sie baden im goldenen Licht.

Verraten Sie mir doch den Trick!
Es gibt keinen.

Natürlich gibt es den. Warum gelingt so etwas dann nicht jedem?
Will das denn jede und jeder erfahren? Und ist jede und jeder dazu bereit? Ich meine die Aufgabe, die einem da bevorsteht. Diese Nähe und Vertrautheit zu einem anderen Menschen aufzubauen bedeutet doch gleichzeitig, sich mit ihm auseinanderzusetzen. Seine Wünsche und Bedürfnisse zu erfahren. Seine Lust zu verstehen. Das dauert. Und ist ein langer Prozess. Und nicht jeder und jedem, der das versucht, gelingt es. Warum auch? Die meisten haben doch auch so Freude am Sex. Also alles gut.

Nein, es ist eben nicht alles gut. Denn für diejenigen, die Sex nicht nur für eine körperliche, sondern auch für eine spirituelle Erfahrung halten, ist doch so ein Hinweis wichtig. Also bitte: Was gibt es zu beachten, oder wie erreiche ich dieses Ziel am sichersten?
Also eines gleich mal im Voraus: Es gibt keine Faustregel, die bei allen gleich funktioniert. Kann ja auch nicht sein. Aber es gibt natürlich gewisse Voraussetzungen, ohne die es nicht gelingen kann. Also aufgepasst.

Voraussetzung ist, dass man Lust aufeinander hat. Sich gut kennt und ein gewisses Vertrauen vorhanden ist. Denn alles, was dabei geschieht, wird nicht bewertet, hinterfragt oder verurteilt. Man befindet sich in einer Blase, in der **nichts** passieren kann. Ein Gefühl von Geborgenheit und Sicherheit. Man muss auch dazu bereit sein, seine Gefühle und Emotionen loszulassen und die Kontrolle zu verlieren. Und damit sind wir schon beim größten Problem.

Loslassen und die Kontrolle verlieren?
Ja. Speziell Frauen tun sich da sehr schwer, weil der Kontrollverlust für sie so ziemlich das Schlimmste ist, was sie sich vorstellen können. Das „Worst-Case"-Szenario sozusagen. Und das kann man ja auch bis zu einem gewissen Grad verstehen.

Da gehört dann schon ein enorm hoher Grad an Vertrauen dazu, sich seinem Partner so zu zeigen. Aber zu lernen, loszulassen ist eine der

Grundvoraussetzungen, wenn man die Grenzen der transzendenten Welten überschreiten möchte. Das gilt übrigens auch für Traum- oder Astralreisen. Die Seele ist eine Meisterin im Loslassen. Das Ego verhindert meist die erfolgreiche Ausführung.

Ich sehe schon. Es wird einem nichts geschenkt. Auch hierbei ist also Arbeit an mir, an meinem Umfeld und an meiner Beziehung notwendig. Aber ich bemerke nebenbei ganz deutlich, dass ich mich dabei selbst immer besser kennenlerne. Die Arbeit an mir und meinen Zielen und Wünschen scheint wohl der Schlüssel zu allem zu sein. Wann führe ich die Wünsche meiner Seele aus und wann die meines Egos? Und wie trickse ich mein Ego aus, wenn es den Zielen meiner Seele im Weg steht?

Mit dieser Situation werden Sie ganz sicher sehr oft konfrontiert werden. Denn der Mensch ist von Grund auf sehr Ich-bezogen. Deshalb: Hören Sie in Zukunft mehr auf Ihr Herz als auf Ihren Verstand. Ihr Verstand versucht immer, in Sekundenbruchteilen aus allen eingehenden Informationen Ihrem **Ich** einen Vorteil anzubieten. Der Impuls Ihres Herzens – die Seele – entscheidet nach den Vorteilen, die Ihnen die Situation für Ihre Lebensaufgabe zu bieten hat. **Heart** over **Mind**.

Also sitzt die Seele im Herzen?
Nein. Auch da nicht.

Aber Sie sagten doch soeben, dass ich viel öfter mein Herz entscheiden lassen soll. Ich ging davon aus, dass dies die Sprache der Seele ist.
Ja, ist es auch. Aber nicht ihr Wohnort.

Nun sind wir wieder am Anfang des Kapitels angekommen und noch keinen Schritt weiter. Ich habe nach dem Sitz der Seele gefragt und eingestanden, wie sehr ich auf eine Antwort warte, die mich zufriedenstellt, oder noch besser: glücklich macht.
Sie fragten auch, wie die Seele aussieht.

Ach, es ist doch noch aussichtsloser, darauf eine Antwort zu bekommen.
So?

Ja klar. Wie soll das denn gehen?
Indem Sie die Seele beobachten.

Aha. Ich verstecke mich hinterm Baum und warte bis sie sich zeigt!
Sie sind ein bisschen genervt. Kann das sein?

Sorry. Nein. Nicht wirklich. Aber ich hatte schon sehr hohe Erwartungen, was diese Frage betrifft. Gibt es darauf eine Antwort? Hat die Seele eine Form oder eine Farbe? Oder ist sie unsichtbar und damit auch nicht nachzuweisen? Gibt es Beweise für ihre Existenz?
Wir sind jetzt im vorletzten Kapitel und Sie fragen noch immer nach Beweisen. Ich tue jetzt mal so, als hätte ich das überhört. Die Existenz Ihrer Person ist doch Beweis genug, denn wir haben gelernt, dass nicht Ihr Verstand Sie steuert, sondern Ihr Bewusstsein. Und dieses Bewusstsein sind **Sie**. Eine Seele. Unsterblich und göttlich. Wunderschön und außergewöhnlich mächtig.

Wie wollen Sie beurteilen können, ob eine Seele wunderschön ist?
Weil Sie eine Form und eine Farbe hat – und dennoch nicht sichtbar ist.

Das widerspricht sich schon wieder. Sie sagten, ich soll versuchen, meine Seele zu beobachten. Wie soll das gehen, wenn sie unsichtbar ist?
Das weiß ich nicht.

Das führt doch zu nichts. Ich bezweifele, dass wir da an einen Punkt gelangen, der mich und auch die Lesenden zufriedenstellt. Warum ist es so schwer, hierfür befriedigende Ergebnisse und Antworten zu bekommen?
Weil Sie ständig über andere reden. So wie Sie es übrigens schon während des ganzen Dialogs tun. Fangen Sie doch einmal bei sich selbst

an. Suchen Sie doch erst einmal **sich selbst**. Entdecken Sie **Ihr** Licht in sich. Erfahren Sie **Ihre** göttliche Abstammung. Wenn Sie das tun, begegnen Sie auch **Ihrer** Seele. Oder anders ausgedrückt: Ihrem wahren Selbst.

Sie fordern mich jetzt schon zum wiederholten Male auf, mich mehr mit mir selbst zu befassen. Das ist auffällig und hat ein Muster. Warum fällt es mir so schwer, dies anzunehmen? Was hindert mich daran, mich mehr mit mir selbst zu beschäftigen?

Nun, die Begegnung mit sich selbst kann auch eine Konfrontation bedeuten. Und der gehen wir Menschen bekanntlich ja gern aus dem Weg. Aber es hilft nichts. Erst wenn Sie wissen und erfahren haben, wer Sie wirklich sind, mit all Ihren Hoffnungen, Wünschen und Bedürfnissen, Ihren Ängsten, Sehnsüchten und Träumen, sind Sie bereit dazu, mehr zu empfangen. Auf diesem Weg öffnen sich Tore, durch die Sie gehen müssen. Denn Sie werden zu einer Abenteurerin und Forscherin, die Welten und Sphären erforscht, die noch auf ihre Entdeckung warten. Aber Vorsicht: Sie segeln in Ihrem eigenen Kosmos.

Darf ich dazu eine Textzeile aus einem Song von Axel Rudi Pell zitieren? „*I'm Moving through the Twilight, passed a Black Moon on my Way. I'm Sailing on the Ocean of Time.*"

Wem oder was werde ich dabei begegnen? Das hört sich sehr mystisch und geheimnisvoll an ...

Ja, denn Sie befinden sich von nun an auf einem Kreuzzug und werden Ihr Banner stolz und selbstbewusst vor sich hertragen. Sie werden allen Gefahren, Hindernissen und Blockaden trotzen und sie aus dem Weg räumen. Sie entdecken und stellen sich Ihren Ängsten und traumatischen Erlebnissen und besiegen Ihre Furcht. Stellen Sie sich **Ihr Banner** vor. In seinen herrlichen Farben und Formen. Oder noch besser: Entwerfen Sie Ihr eigenes, persönliches Banner. **These Colors don't Run!**

Mit etwas Glück und Fortune begegnen Sie dann auch Ihrem wahren Selbst – Ihrer Seele. Ich verspreche Ihnen: Sie haben noch nie etwas Wundervolleres gesehen!

So eine Aussage setzt voraus, dass Sie Ihre Seele entdeckt und gesehen haben.
Ja, davon müssen wir jetzt ausgehen.

Ist Ihnen bewusst, was Sie da sagen?
Natürlich.

Ich bin nun überrascht, freudig erregt, gleichzeitig aber irgendwie auch schon wieder ein bisschen sauer auf Sie. Wow! Was für eine Erkenntnis. Warum sagten Sie mir das nicht gleich, als ich am Anfang des Kapitels danach gefragt habe und lassen mich nun wie eine Heulsuse aussehen, weil ich zwischendurch so enttäuscht wirkte?
Weil man Sie noch führen muss. Sie sehen, wir sind über den Umweg der Suche nach sich selbst an diesem Punkt gelandet und der war dringend notwendig. Und mit Verlaub, aber Sie sind auch ein bisschen eine Heulsuse. Ich sehe bei Ihnen zwar Anzeichen für eine Weiterentwicklung, aber da muss in Zukunft schon noch mehr kommen. Sie sind sich Ihrer Macht, Ihrer Möglichkeiten und Ihrer Göttlichkeit noch nicht wirklich bewusst, sonst würden Sie nicht immer wieder an sich selbst zweifeln. Also sorry dafür, aber dieser Umweg war nicht zu vermeiden.

Vergessen und verziehen. Sie haben Ihre Seele gesehen? Wann, warum, wie und wo? Verzeihung, aber mir fehlen gerade die richtigen Worte. Ich sitze total aufgeregt vor Ihnen und schaue Sie wohl mit riesigen, erwartungsvollen Augen an.
Ich habe sie beobachtet.

Sie haben Ihre Seele beobachtet? Wie geht das?
Ich muss gestehen, dass es wohl reiner Zufall war. Nun gut, wir wissen einerseits, dass es so etwas wie Zufall nicht gibt. Anyway. Ich wurde, um es präziser auszudrücken, dazu gezwungen.

Sie wurden dazu gezwungen, Ihre Seele zu beobachten? Warum das denn? Bei welcher Gelegenheit wird man dazu gezwungen, seine Seele zu beobachten? Durch wen und durch was?
Durch mich.

Das wird ja immer noch verrückter. Sie haben sich selbst dazu gezwungen, Ihre Seele zu beobachten?
In gewisser Weise ja, so könnte man das interpretieren.

Jetzt sagen Sie schon. Wann, warum und wie ging das vor sich? Und war das nur bei einer Gelegenheit oder wiederholte sich dieser Vorfall?
Nein, das passierte so ungefähr vier- bis fünfmal bisher. Ist also sehr, sehr selten. Und beim ersten Mal bin ich zu Tode erschrocken. Oder besser gesagt, ich dachte, ich bin gestorben. Denn es geschah im Schlaf. Und um jetzt gleich den fachlich versierten Besserwissenden den Wind aus den Segeln zu nehmen: Nein, das Ganze hat nichts mit der sogenannten Schlafstarre zu tun, die wohl ähnliche Symptome aufweist.

Erzählen Sie weiter.
Wie gesagt, es passierte im Schlaf. Oder besser gesagt: Ich bin aufgewacht und konnte mich nicht bewegen. Ich lag da, steif und starr und bewegungsunfähig. Dabei bekam ich alles mit, was um mich herum geschah. Ich hörte meine Frau im Bad. Ich nahm die Geräusche außerhalb des Hauses wahr. Hörte, wie sich Menschen unterhielten. Und lag da wie tot. Ich war total hilflos und das Schlimmste war meine Befürchtung: So, das ist also der Tod. Man liegt wie so ein Depp herum, kann sich nicht mehr bewegen und bekommt dennoch alles mit. Der reinste Horror. Da kommt dann ganz schnell Panik auf. Aber es half nichts. Ich konnte mich nicht mehr bewegen.

Bis dann plötzlich dieses Ding über mir auftauchte. Rund und durchsichtig wie eine Seifenblase, in Blautönen schimmernd und wunderschön. Es schwebte kurz über mir und drang dann ich mich ein. Sofort funktionierte alles wieder wie normal. Das Erste was ich tat: Ich sprang aus dem Bett und schaute aus dem Fenster nach den Stimmen, die ich hörte. Und tatsächlich standen da zwei Nachbarn, die sich unterhielten – und meine Frau war im Bad. Ich war, als das zum ersten Mal geschah, spirituell noch lange nicht so weit wie heute und dennoch war mir sofort bewusst, dass meine Seele, diese Streunerin, unterwegs gewesen war und sich wohl leicht verspätet hatte. Mein Gott, war das ein Schreck.

Das ist ja unglaublich! Und Sie sagen, das hat sich noch öfters wiederholt?

Ja. Aber ich war ja nun darauf vorbereitet und deshalb relativ gelassen. Wobei es schon jedes Mal sehr merkwürdig ist. Aber ich denke, heute weiß ich, dass unsere Seelen nachts, während wir schlafen, wohl ihre eigenen Wege gehen. Ist nur eine Vermutung, aber ich glaube ziemlich fest daran. Während unsere Körper sich im Schlaf erholen, tankt unsere Seele Energie in der transzendenten Welt und in sphärischen Räumen. Ist das vielleicht sogar der Grund, warum wir Menschen regelmäßig Schlaf brauchen?

Wie lange dauert so ein Vorgang der kompletten Starre? Und was bedeutet das denn nun?

Also mir kam das endlos lange vor, wie Minuten. Ich denke allerdings, in Wirklichkeit sind das lediglich Sekundenbruchteile. Dass man währenddessen selbst beobachtet, wie die Seele zurückkommt, ist wohl von der Natur so nicht geplant. Ich würde das als leichte Störung im System beschreiben, die so nicht vorgesehen ist. Wie gesagt, das wiederholte sich noch ein paar Mal. Bestätigt aber nur die reale Existenz meiner Powerträume, die ich ja wirklichkeitstreu erlebe, wo auch immer das ist. Denn dies sind transzendente Welten, und die Energie, die dabei noch anhaftet, ist nicht von dieser Welt. Dieser Vorgang lässt sich übrigens sowohl naturwissenschaftlich als auch quantenmechanisch erklären. Sie sehen, wir erleben hiermit erneut die Annäherung von Wissenschaft und Religion/Spiritualität. Ein Ereignis, das der Orden der Rosenkreuzer nicht nur anstrebt, sondern vorausgesagt hat.

Sie denken, dieser Vorgang, der ja irgendwo in unserem Gehirn stattfinden muss, lässt sich wissenschaftlich erklären?

Es gibt zumindest Versuche, diese Erlebnisse zu beschreiben. Folgendes findet dabei wohl in unserem Gehirn statt: Ein Bereich im Gehirn mit der Bezeichnung Neokortex wird dabei nahezu stillgelegt, während sich das Limbische System zusätzlich aktiviert. Die Zirbeldrüse, ein Organ, das aktiv und massiv in unser Seelenleben eingreift und ziemlich genau in der Mitte unseres Gehirns liegt, nimmt diesen Vorgang wahr und beginnt mit der Ausschüttung der körpereigenen Droge *DMT*. Dies hat zur Folge, dass eine erweiterte Wahrnehmungsfähigkeit Bewusstseinszustände zulässt, die an eine grenzenlose Seligkeit erinnert.

Limbisches System? Neokortex? Zirbeldrüse? Steigen wir jetzt in die Neuromedizin oder Hirnforschung ein?

Nein, denn jegliche weiteren Details würden die Lesenden zum großen Teil komplett überfordern. Ich möchte in diesem Buch ja lediglich auf gewisse Dinge hinweisen, ohne zu tief ins Detail zu gehen. Ich könnte leicht über jedes einzelne, spezielle Kapitel ein ganzes Buch schreiben, doch das ist nicht nötig, denn es geht nur darum, auf den Zusammenhang gewisser Dinge aufmerksam zu machen. Die Zirbeldrüse ist es allerdings wert, dass wir noch einmal genauer auf sie eingehen.

Aha? Was ist das denn für ein Wunderwerk?

Nun, im Prinzip ist sie für unsere körperliche und geistige Gesundheit verantwortlich und steuert unseren Wach-Schlaf-Rhythmus. Dabei schüttet sie abwechselnd die beiden Hormone *Serotonin* und *Melatonin* aus. Ich erspare Ihnen jetzt die komplizierten Vorgänge, die beide Stoffe in unserem Körper verursachen. Darüber hinaus produziert sie einen Stoff namens *Dimethyltryptamin* (DMT), der uns zu einer ausgeprägten Veränderung des visuellen Erlebens führen kann.

Interessant ist, dass sich dieses Organ im Lauf der menschlichen Evolution stark zurückgebildet hat und nur noch wenige Millimeter groß ist. Verantwortlich dafür ist unsere moderne Lebensweise mit all den künstlichen Lichtquellen, sowie die Belastung unseres Körpers bei der Nahrungsaufnahme mit den verschiedensten Toxinen. Die Vergiftung unserer Körper durch Quecksilber, Koffein, Tabak und Alkohol sowie durch Fluorid, das in nahezu jeder Zahncreme enthalten ist, lässt die Funktion dieses Organs verkümmern.

Zurück zu Ihrer Seele – Sie denken also, auch aus dieser Erfahrung heraus, dass dieses „Ding", wie Sie es nannten, Ihr wahres Ich ist. Wir existieren also auch ohne Körper als reines Energiewesen?

Ja. Aber das ist ja keine Behauptung oder Feststellung von mir. Das haben ja alle weisen Religionsführer und spirituellen Lehrenden schon immer an uns Menschen weitergegeben. Nur, diese sehr persönlichen Erfahrungen von mir bestätigen halt diese Thesen.

Und Sie sagten, es habe wunderschön ausgesehen?
Mehr als das. Es hatte eine unglaublich schöne, göttliche Präsenz. Erhaben, rein und kristallklar. Übrigens ist an dieser Stelle erwähnenswert, wie der Philosoph *Demokrit*, der etwa 400 Jahre vor Christi Geburt lebte, die Seele beschrieb: *„Eine Zusammenballung kugelartiger Feueratome, die sich nach Eintritt über den ganzen Körper verteilen."*

Unsere wahre Existenz ist ein Wunder, und ich schwöre Ihnen eines: Würde jeder Mensch dies einmal sehen und wahrnehmen, könnte niemals mehr einer dem anderen irgendetwas antun. Niemand würde es wagen, so etwas Schönes und Reines zu zerstören. Und wir tun es täglich, tausendfach und auf verschiedenste Art und Weise. *„Liebe deinen Nächsten wie dich selbst."* Vor diesem Hintergrund bekommen doch die Worte von Jesus noch eine viel tiefere Bedeutung.

Wow. Ich weiß im Moment nicht, wie ich das verarbeiten soll. Aber Ihre ganzen Geschichten und Erzählungen während unserer endlos langen Gespräche, Ihre Ausführungen über die wahre Lehre von Jesus Christus, über Quantenphysik, hermetische Gesetze und uraltes Wissen antiker Hochkulturen bis hin zu den Themen Träume und Visionen ergibt doch ein klares Bild. ALLES ist EINS. Wir sind EINS. Alles ist miteinander verbunden und vernetzt. Wie die Quanten im gesamten Kosmos. Und keiner nimmt das wahr?

Nun, Sie wissen doch. Die Politik, die Kirchen, unsere ganze Gesellschaftsform lebt in einer anderen Welt. Deshalb kann nur jeder selbst den Entschluss fassen, sich damit zu beschäftigen und die Abhängigkeit von diesem System zu beenden. Das heißt aber auch, bereit zu sein, sich zu verändern. Wie viele Menschen spüren denn tief in sich diese unbestimmte Sehnsucht nach Erfüllung – die Suche nach einem tieferen Sinn und einem glücklichen Leben? Jede Veränderung zum Positiven beginnt aber bei uns selbst! Veränderung setzt die Bereitschaft voraus, uns unseren Gefühlen zu stellen. Unsere Rahmenbedingungen zu verändern und unsere Komfortzone zu verlassen.

Wir selbst sind das Wunder, auf das so viele warten!
Wir können jederzeit eine neue Wahl treffen und Veränderungen bewusst herbeiführen. Darin liegt unsere wirkliche Größe und Macht. Der Prozess des inneren Wachstums ist heilig. Er gehört uns allein! Und unser wahres Selbst bestimmt die Richtung und das Tempo dieser Veränderung. Innere Freiheit entsteht, wenn wir uns nicht mehr abhängig von äußeren Umständen machen und indem wir lernen, unseren Gefühlen, Ideen und Impulsen zu folgen und ihnen zu vertrauen. Damit befreien wir uns von der Meinung und dem Einfluss anderer.

Diesen heiligen Moment der Erkenntnis versuchen wir als Künstlergruppe in unserem Projekt ETERNITY festzuhalten, um eine positive Botschaft an unser Publikum zu schicken. Deshalb nochmals die Aufforderung: Sei mutig – und spring! Suche dein Licht in deinem Inneren und trage es in die Welt. Gib deinem Leben einen Sinn und vor allem: Lebe für die Schöpfung.

Ich habe jetzt erfahren, wie die Seele aussieht und wie wunderschön sie ist. Aber wo sitzt Sie nun? Wo ist ihr Platz? Wenn sie zurück in Ihren Körper ging, wohin hat sie sich verkrochen oder versteckt?
Sie denken noch immer nicht universell oder kosmisch. Sie sind noch immer zu sehr mit der materiellen Welt und den dazugehörenden Gedanken verbunden. Sie erwarten jetzt von mir, dass ich irgendwo an meinem Körper eine Schublade oder ein Türchen öffne, eine kleine blaue Kugel herausnehme und Ihnen als meine Seele präsentiere. Take that!
Wir sprechen hier von einer Energieform auf feinstofflicher Basis. Schauen Sie mich an. Ich bin nicht der Körper, den Sie sehen. Das ist meine materielle Form, die ich in der Welt der Materie annehmen muss, um zu existieren. Die Seele hat keinen bestimmten Platz im Körper, weil sie überall ist. In jeder Zelle und Pore ... und darüber hinaus!

Spüren Sie manchmal die Aura eines Menschen, wenn Sie einen Raum betreten oder ihm gegenüberstehen? Viele Menschen können das. Und das ist nicht immer angenehm. Ich definiere Sie übrigens nicht über

Ihren Körper oder Ihr Aussehen. Sondern über das, was Sie ausstrahlen. Die Energie, die Sie abgeben. Denn das ist Ihre wahre Existenz.

Also noch einmal in aller Deutlichkeit. Die Seele hat keinen genau zu bestimmenden Platz in unserem Körper. Sie ist unser wahres **Ich**. Das Bewusstsein, das auch unabhängig von einem Körper existieren kann.
Sie ist in uns.
Oder, noch besser ausgedrückt:
Sie ist unser wahres **Ich**.

Sieh nicht voraus blick nie zurück
Denn nur im jetz'gen Augenblick
Bist nah den Himmel zu berühren
Das Ewige deines Selbst zu spüren
Immer war sie, und für alle Zeit
Die Seele - Teil der Ewigkeit

KAPITEL 20

Die Suche nach dem Heiligen Gral

Dem Mythos auf der Spur

Wir sind beim letzten Kapitel dieses Buches angekommen und stehen sozusagen im Finale. Ich bedaure das fast, da die Reise bis hierhin mehr als interessant und lehrreich war. Ich habe durch Sie jetzt tiefe Einblicke in Themen und Fakten bekommen, die mir vorher so nicht bewusst waren. Ich habe durch unsere Gespräche auch sehr wohl verstanden und erkannt, wie sehr Alles miteinander verknüpft und verbunden ist. Ebenso bin ich sehr neugierig darauf, wie Sie diese Themen in Ihre Bilder und Gemälde integrieren. Aber, um dem Ganzen einen würdigen Abschluss zu geben, haben wir uns den Höhepunkt – wie es sich für eine gute Regieführung gehört – für das Finale aufgehoben. Ich habe, wie sicherlich jeder Mensch, natürlich vom Heiligen Gral und seinem Mythos gehört und gelesen. Erzählen Sie uns bitte von Ihrer persönlichen Suche nach dem Heiligen Gral und was Sie dabei erlebt und empfunden haben.

Sollen wir vielleicht zuerst noch einmal auf den Mythos des Heiligen Grals und auf seine historische Herkunft eingehen?

Richtig. Ich denke, das wäre der perfekte Einstieg in dieses Thema. Der Heilige Gral – was ist das? Warum sucht die Menschheit so besessen danach? Warum sind wir so fasziniert von dieser Geschichte?

Der Heilige Gral ist eine heilige Reliquie. Dem Mythos nach, soll es sich dabei um den Kelch handeln, aus dem Jesus Christus beim letzten Abendmahl den Wein getrunken hat. Er ist, neben der legendären Bundeslade, der wohl meistgesuchte Schatz in der Geschichte der Menschheit, da er, der Legende nach, unendliche Kraft und Macht verleihen soll.

Der Gralsmythos ist eine Kombination aus unterschiedlichen Sagenfragmenten, so spielt er auch eine bedeutende Rolle in der Geschichte um König Arthus und die Ritter der Tafelrunde. Setzt man all die Fragmente und Puzzleteile, die wir aus den Gralslegenden kennen, zusammen, so besitzt der Kelch die Macht, etwas auf eine andere, höhere Ebene zu transformieren – wie auch immer das vor sich gehen soll.

Es gibt nicht nur Viele, die behaupten, den Heiligen Gral gefunden zu haben, sondern auch Unzählige, die diesen angeblichen Kelch auch ausstellen und der Öffentlichkeit präsentieren.

Ja, es gibt alleine in Europa etwa 200 stolze Besitzende, die felsenfest davon überzeugt sind, den „wahren" Heiligen Gral in ihrem Besitz zu haben. Zwei, die sehr offensiv und überzeugend damit werben, kommen aus Spanien. In der Kathedrale von Valencia wird der Becher präsentiert, den Jesus beim Abendmahl in Gebrauch gehabt haben soll, perfekt mit einer dazugehörenden Geschichte, Historie und Altertumsnachweis. Dumm nur, dass die spanische Stadt Leon genauso überzeugt davon ist, in ihrer Basilika San Isidoro den echten Gral zu besitzen. Da sind sie in guter Gesellschaft, denn wie vorher schon erwähnt, gibt es Viele, die das von sich und ihrem Schatz, dem Kelch behaupten.

Es gibt unzählige Geschichten, Gedichte und Sagen um den Gral. Aber auch für Kunstschaffende war der Heilige Gral ein beliebter und begehrter Gegenstand für ihre Werke.

Ja, man kann als Beispiel Richard Wagner und seine zwei Opern *„Lohengrin"* und *„Parsifal"* nennen. Wagner verbindet hier gekonnt den Mythos um den Gral mit christlichen Elementen. Der Gral ist hier ein Gefäß, das von Engeln auf die Erde gebracht wird.

Durch Dan Browns Buch „Sakrileg" wurde der Gral noch einmal ganz prominent in den Mittelpunkt gestellt. Ein Weltbestseller, sowohl als Roman wie auch als Blockbuster in den Kinos. Hier wird der Heilige Gral aber als etwas völlig anderes dargestellt.

Brown benutzt hier ein Wortspiel, um eine spannende, aber fiktionale Geschichte um Maria Magdalena gestalten zu können. Aus dem französischen Wort für den heiligen Gral, *San Greal*, macht er durch eine neue Trennung des Wortes, *Sang Real* = Königliches Blut, einen Begriff mit einer völlig anderen Bedeutung. Damit verweist er auf eine Blutlinie aus den vermeintlichen Erben Maria Magdalenas und Jesus Christus', die über das Geschlecht der Merowinger bis in die heutige Zeit überlebt haben sollen. Zweifellos ein spannender Roman mit einem tollen Plot, aber eben auf einer Fälschung basierend, die er eins zu eins aus dem Sachbuch „*Der Heilige Gral und seine Erben*" übernommen hat. Deshalb lohnt es sich auch nicht wirklich, auf diese Thesen und Behauptungen näher einzugehen.

Also was ist er denn nun, der Heilige Gral?

Der Heilige Gral ist kein Kelch und auch keine Blutlinie, er ist nicht einmal aus Materie. Richard Wagner war da im Prinzip schon auf der richtigen Spur. Man kann die Suche nach dem Gral durchaus als eine spirituelle Reise ins Innere verstehen. Eine Suche nach Erkenntnis und der Begegnung mit Gott. Dies war übrigens nicht nur die Ideologie der frühen Christen und Inhalt ihrer gnostischen Schriften, sondern vor allem die „*wahre Botschaft*" von Jesus Christus. Der Mensch, der Gläubige, sollte das Licht und das Göttliche in seinem Inneren entdecken und wahrnehmen.

Die mystische Gralssuche ist also eine geistige, spirituelle Initiation mit dem Universum. Eine Verbindung zwischen der materiellen und der transzendenten, göttlichen Welt. Und er ist ein Geschenk! Und eine Belohnung!

Ein Geschenk? Für wen und für was?

Für den Suchenden. Für den Pilgernden, der sich auf den langen, steinigen und entbehrungsreichen Weg gemacht hat, sich selbst – und damit auch Gott zu finden.

Den finde ich doch aber auch, wenn ich mich auf den Jakobsweg mache oder in Jerusalem den Kreuzweg begehe.

Nein!

Nein? Tausende machen das jedes Jahr und kommen begeistert und zum Teil völlig neu motiviert zurück. Ich kenne unzählige

Berichte, die davon erzählen, wie Menschen auf diesem Pilgerweg wieder zu sich fanden, sich selbst entdeckten und mit neuen Erkenntnissen und Zielen für ihr weiteres Leben zurückkamen.
Was ist dieses Geschenk, das die Pilgernden am Zielort in Santiago de Compostela bekommen? Einen Stempel dafür, erfolgreich diesen Weg bis zum Ende gewandert zu sein. Ein Beweis, eine Urkunde, ein Dokument für eine Zielankunft. Ist es das, was sie suchten?

Sie reduzieren für meine Begriffe die Pilgerreisen so vieler Menschen auf einen Vorgang, der vielleicht am Ziel ein bisschen zu nüchtern und bürokratisch gehandhabt wird. Das schmälert aber doch nicht die Leistung, die Wirkung oder die Erkenntnisse, die diese Pilgernden auf der Reise erleben oder empfangen.
Sehen Sie, Sie begehen jetzt zwei Fehler. Sie stellen das so dar, als ob ich diesen Vorgang verurteile oder bewerte und Sie haben nicht verstanden, dass die Belohnung dieser Pilgernden so rein gar nichts damit zu tun hat, was den mystischen Gralsucher erwartet.

Für meine Begriffe hinterfragen Sie eine Pilgerreise nach Jerusalem oder auf dem Jakobsweg.
Sie haben noch Lourdes vergessen. Einer der bekanntesten Wallfahrtsorte überhaupt. Diese Orte verbindet nämlich hauptsächlich eines.

Richtig. Nehmen wir noch Lourdes dazu. Was verbindet diese Orte?
Sie sind „in". Sie sind Mainstream. Es ist „chic", das mal gemacht zu haben. Und es regiert im Prinzip der Wahnsinn. Das Geschäft. Wirtschaftlicher Erfolg. Und ich füge hier noch ganz provokant den Platz am Petersdom im Vatikan hinzu. Sie sehen – ich lege mich am Schluss doch noch mit fast allen Institutionen an. Ich kann es eben nicht verhindern. Aber nochmals, und das ist mir wichtig: Ich verurteile und bewerte das nicht, ich hinterfrage gewisse Vorgänge, und das ist ein gewaltiger Unterschied.

Also bitte, hinterfragen wir doch mal aus Ihrer Sicht die Vorgänge an diesen, für viele Menschen so wichtigen, Orten.

Fangen wir mit dem Pilgerweg nach Santiago de Compostela, dem bekannten Jakobsweg, an. Was ist daran falsch?
Nichts.

Nichts? Sie haben gerade die ganze Zeit daran herumkritisiert und sagen, da ist nichts falsch daran?
Ja.

Ich begreife Sie manchmal einfach nicht. Liegt das an mir?
Sie begreifen es leider wirklich nicht. Wenn ich Ihre Frage beantworten soll, was „falsch" daran ist, bewerte ich etwas – was mir gar nicht zusteht, dies zu tun. Hinterfragen darf ich allerdings, weil ich damit nur meine Meinung und meine Einstellung dazu wiedergebe, ohne zu verurteilen. Als Beobachter.

Okay, ich tappe wohl immer in die gleiche Falle. An einer Wanderung auf dem Jakobsweg ist also nichts falsch. Gut. Aber wir wollen das nun dennoch hinterfragen.
Sehen Sie: Sehr viele Menschen begehen diesen Weg aus den unterschiedlichsten Motiven und Gründen. Und ja, ich bin auch davon überzeugt, dass sehr viele Pilgernde dabei einen Weg vor allem zu sich selbst und ihren Wünschen und Zielen finden. Das ist ja auch großartig und ein erster Schritt auf der Suche nach etwas Höherem oder einer heiligen Inspiration.

Allerdings kenne ich auch nicht wenige, die bei der Ankunft in Santiago de Compostela durchaus enttäuscht und unzufrieden reagiert haben, weil es da doch sehr nüchtern und abrupt zu Ende geht. Da werden halt nicht alle Erwartungen erfüllt, die nach einer so langen Pilgerreise erhofft und gewünscht werden. Dazu kommen noch die anderen Umstände, wie überfüllte Pilgerstätten, oder dass man wirklich selten alleine für sich ist.

Wir sind bei der mystischen Suche nach dem Heiligen Gral. Den werden Sie auf dem Jakobsweg nicht finden. Aber er ist zweifellos ein erster Schritt in die richtige Richtung.

Jerusalem, die Heilige Stadt. Ein wichtiger Ort für drei Weltreligionen.

Jerusalem ist zweifellos ein mystischer Ort. Sensationell. Aber wir sind jetzt schon mitten im Thema, Sie haben es selbst erwähnt. Drei Weltreligionen treffen dort auf engstem Raum aufeinander. Und wie eng und engstirnig es werden kann, zeige ich Ihnen an einem Beispiel, obwohl es noch unzählige mehr gibt. Jerusalem, die Grabeskirche – die Nische mit dem angeblichen Grab von Jesus Christus. Tausende Pilgernde stehen dort jeden Tag stundenlang an, um einen kurzen Blick in diese Grotte zu werfen oder diesen Ort zu berühren. Ein Gedränge und Geschiebe, dazu der Zeitdruck. Denn die drei Weltreligionen haben diesen heiligen Ort nach einem streng organisierten Zeitplan aufgeteilt, wer zu welcher Zeit beten darf. Jede der drei Religionen hat ein paar Stunden Zeit, ihre Anhänger und Gläubigen an diesen Ort zu führen, dann wechselt das sofort auf die Wartenden der anderen Religionen. Dass ein so komplizierter Vorgang nicht ohne Stress, Streit und nervige Begleitumstände vor sich gehen kann, ist vorprogrammiert, das führt auch nicht selten bis zu Handgreiflichkeiten der jeweiligen Priester untereinander. Und an so einem Platz, unter diesen Umständen und mit dieser Atmosphäre wollen Sie ernsthaft eine religiöse oder spirituelle Erfahrung machen?

Das hört sich in der Tat unentspannt und ernüchternd an. Machen wir weiter – Lourdes! Ich befürchte allerdings, dass meine Stimmung nicht besser wird. Und ja, ich denke, ich begreife schon jetzt, auf was Sie hinauswollen.

Lourdes, der legendäre Wallfahrtsort in Frankreich. Ich hatte jahrzehntelang eine ganz klare, allerdings wohl verklärte Vorstellung von diesem Platz. Die Grotte, das Licht, die Stimmung, die heilige, mystische Atmosphäre, ein Ort, an dem ein Wunder geschah. Eine Stadt, die von Tausenden Pilgerreisenden am Tag besucht – nein, überschwemmt wird. Diesen Ort dann zum ersten Mal wirklich zu sehen, ist ein Schock fürs Leben. Ein Jahrmarkt. Eine Einkaufsmeile. Nippes und Ramsch aus Plastik, wohin man schaut. Wirtschaftlich eine Erfolgsformel. Spirituell ein toter Ort. Man hofft auf eine Oase der Ruhe und Stille und findet sich in Disneyland wieder. Was soll ich dabei empfinden oder empfangen? Der erste Impuls ist eigentlich ein Fluchtimpuls, nichts wie weg!

Ich traue mich jetzt gar nicht mehr, nach dem Vatikan zu fragen.
Ja, sehr unangenehm. Machen wir es am besten kurz und schmerzlos. Der Petersdom in Rom. Einer der bekanntesten und heiligsten Orte der Welt. Ziel Tausender Pilgerreisender täglich. Schön für die Stadt Rom. Schön für den Vatikanischen Staat. Ursprung, Sitz und Quelle der römisch-katholischen Kirche.

Und? Was geschieht? Da hören Menschen einem alten Mann zu, der Thesen und Regeln, Vorschriften und Botschaften predigt, die seit über tausend Jahren weder verändert noch angepasst oder verbessert wurden. Die katholische Kirche lebt nach wie vor im Mittelalter und droht den Sündern, die wir ja alle angeblich sind, mit Bestrafung, Verdammung und Vergeltung.

Jetzt kommt der einzige wirkliche Vorwurf, den ich in diesem Buch vorbringe und der mich wirklich wütend macht und gleichzeitig auch ein bisschen resignieren lässt. Dieser Mensch, der das Amt des Papstes innehat, hätte die Macht, diese Welt wirklich nachhaltig zu verändern und zu verbessern. Die Kirche weiß von all diesen Dingen. Ihre Würdenträger kennen die Wahrheit und die Geheimnisse, die hinter allem verborgen sind. Doch was tun sie, seitdem es diese Kirche gibt? Verteidigen mit aller Kraft ihren Machtanspruch und ihre überholten Glaubensansichten.

Doch wer hört denn noch wirklich zu? Die katholische Kirche zerstört sich selbst durch ihr Handeln, ihr Wegschauen bei unangenehmen Themen innerhalb ihrer Institutionen und beim Verbergen und Leugnen der Wahrheit über das wahre Christentum und seinen Ursprung.

Es gab noch nie so viele Kirchenaustritte wie zu dieser Zeit. Das Vertrauen in diese Institution ist stark erschüttert. Die katholische Kirche ist eine aussterbende Spezies. Wenn Sie jetzt nicht aufpasst und sich reformiert und vor allem endlich wieder auf die Menschen zugeht, wird es keine Zukunft geben. Die Kirche, so war es ursprünglich vorgesehen, soll für die Menschen da sein – und nicht die Menschen für die Kirche, wie es jetzt praktiziert wird.

Puh! Ich habe Sie nun zum ersten Mal ein bisschen aufgebracht gesehen. Ein Thema, das sicherlich unter die Haut geht.
Ja, der Starrsinn und die fehlende Weitsicht dieser Herren ist eben einfach frustrierend. Zumal es ja doch auch so ist, dass viele Millionen Menschen Trost und Hoffnung in der Kirche finden oder zumindest danach suchen und endlich auf ein Zeichen warten, dass sich da irgendetwas bewegt.

Mir gefällt die Frauenbewegung Maria 2.0 sehr, denn die wehren sich langsam aber sicher immer vehementer gegen die Benachteiligung der Frauen in der katholischen Kirche und die Verweigerung des Vatikans auf Reformen und Veränderungen.

Wir sind noch immer auf der mystischen Suche nach dem Heiligen Gral.
Ja, das hat schon auch etwas mit der Kirche zu tun. Das Christentum sollte ursprünglich eine Einweihung bringen, die sich im tiefsten Inneren eines jeden Menschen verwirklicht. Beim Suchen und Entdecken der eigenen Seele sollte Gott gesucht, gefunden, verstanden und gefeiert werden. Die Fragen: **Wer bin ich, woher komme ich, wohin gehe ich?** sind Fragen, deren Antworten wir nur in uns selbst finden.

War die Taufe ursprünglich als eine Initiation gedacht, das Göttliche in seinem Inneren zu suchen und zu erkennen? Und mit dem göttlichen Licht gleichzeitig die Erkenntnis zu erlangen, welche Kraft und welche Macht die Seele hat? Sich mit Gott zu vergleichen, ist für viele bis heute Ketzerei und ein schweres Vergehen. Im Mittelalter hat dies unwillkürlich auf den Scheiterhaufen geführt.

Aber genau das ist der Sinn unseres Lebens: zu erkennen, wer wir sind und woher wir kommen. Ich sage es noch einmal, um es in das Bewusstsein der Menschen zu bringen. In der Bibel steht: Gott hat uns nach seinem Ebenbild erschaffen – wir müssen und wir sollten das wörtlich nehmen! Wir sind ein Teil des Alls. Wir sind aus den gleichen Bausteinen und Energien wie das All. Wir sind Eins mit dem All. Unsere Verdammnis ist nicht diese Einsicht, sondern, diese nicht anzuerkennen und stattdessen zu verleugnen.

Ich glaube, wir nähern uns langsam unserem Ziel. Und den Erkenntnissen, die wir schon zuvor erwähnt haben. Die Verbindung zwischen der materiellen und der göttlichen Welt.
Ja. Die Überwindung der scheinbar irdischen Wirklichkeit und die Vereinigung mit den universellen Energien im Quantenfeld ist der eigentliche Triumph des Lichts über die Finsternis.

Sie sagen, die Suche nach dem Heiligen Gral ist der direkte Zugang, der Kontakt mit den universellen, göttlichen Kräften. Und das Geschenk?
Der Besuch der Quelle.

Der Besuch der Quelle? Welcher Quelle denn?
Des Ursprungs von allem. Das Zuhause. Das **All**.

Nicht Ihr Ernst! Wie soll ich damit umgehen? Sie sitzen seelenruhig vor mir und sagen ohne jegliche, erkennbare Emotion, Sie haben die Quelle besucht? Ganz im Ernst – wie soll man so etwas glauben? Kann man so etwas glauben?
Vielleicht reicht es hier einfach nicht aus, zu glauben. Versuchen Sie es doch mit dem **Wissen**.

Ich kann zunächst gar nicht wirklich nachvollziehen, wie Sie so eine Aussage mit einer Ruhe und einer fast schon provozierenden Gelassenheit von sich geben können. Ich habe noch nie einen noch lebenden Menschen sagen hören, er war an der Quelle. Ich habe nicht mal annähernd so eine Aussage gehört. Das sprengt doch auch jegliche Vorstellungskraft.
Erstens – das stimmt nicht. Jimi Hendrix, „*I touch the Sky*". Schon vergessen? Nur ein Beispiel von Tausenden. Zuhören. Wahrnehmen. Augen und Ohren auf. Das gilt noch immer.

Zweitens – bin ich **nicht** wie Sie der Meinung, dass das etwas so wahnsinnig Außergewöhnliches ist. Wer sich entschlossen hat, diesen Weg zu gehen, ihn zu erkunden und zu entdecken, der wird wohl nach jahrelangem Suchen mit diesem Lohn beschenkt. Das **All**, das ewige Bewusstsein, lädt dich für einen kurzen Moment ein, es kennenzulernen.

Der Vorgang ist nur die Konsequenz aus den gesammelten Erkenntnissen aus all den Themen, die wir in diesem Buch behandelt haben. Das ist es doch, was ich die ganze Zeit versuche, zu vermitteln.

Der Antrieb, das Projekt ETERNITY ins Leben zu rufen, die Erschaffung der Bilder, unsere Gespräche über das Buch. Der Versuch, einen Impuls zu setzen, damit Menschen, die sich davon angesprochen fühlen, vielleicht dazu bereit sind, den nächsten Schritt zu gehen, sich näher mit all diesen Dingen zu beschäftigen. Die Zusammenhänge all dieser Dinge zu begreifen. Dass sie einen ähnlichen Weg gehen und ihr Licht im Inneren entdecken. Den Mut aufbringen, zu springen, auch wenn der Abgrund bedrohlich aussieht. Vertrauen zu sich und zu den universellen Gesetzen finden.

Verstanden. Die Botschaft ist angekommen. Ist Ihnen eigentlich bewusst, dass ich völlig unbedarft in diese Gespräche gegangen bin, sich dadurch aber mein gesamtes Weltbild verändert hat? Ja, dass ich aus diesen Gesprächen gehen werde und sich mein Leben ändern wird, ändern muss? Ich kann all diese Dinge unmöglich einfach ignorieren und so weitermachen wie bisher. Ich kann mir aber auch gleichzeitig nicht vorstellen, dass die Lesenden dies alles unberührt oder unbeeindruckt lässt. Das wird für viele Konsequenzen haben.

Nun ja, Sie haben vergessen, die zu erwähnen, die mich für einen Idioten, einen Verwirrten oder einen Schwätzer halten. Das ist eben die andere Seite der Medaille. Duale Welt. Und ja, ich hoffe natürlich auch, dass einige sich zumindest darüber Gedanken machen und vielleicht sogar versuchen, die neu gewonnenen Erkenntnisse in ihr Leben zu integrieren.

Die Quelle. Wie sieht es dort aus? Was fühlt man dabei?

Die Quelle alles Seins und der Ursprung von allem, was einmal war, ist und sein wird. Ein Ort voller Licht und Schönheit, frei von Raum und Zeit. Man fühlt und spürt die unendliche Verbundenheit aller Seelen. Alles findet gleichzeitig statt. Das begreift man in einem kurzen Moment der Erkenntnis. Es ist alles in unendlich viele Gelbtöne gehüllt, jedes Wesen ist von einem goldenen Licht umgeben. Es ist eine unglaublich intensive Vertrautheit und Nähe zu allem spürbar.

Das Vorhandensein der Gefühle Liebe und Geborgenheit ist so stark, dass man es vor lauter Wohlgefühl kaum aushält. Ein extrem starker Reiz, der einen beinahe zerreißt. Es ist für menschliche Verhältnisse zu viel, zu stark, zu göttlich. Aber gleichzeitig so unglaublich schön und angenehm, dass man sich an diese Gefühle für immer erinnert, sie nie vergisst und alles im Inneren sich danach sehnt, dies unbedingt wieder zu erfahren. Gefährlich, weil es eine ungeheure Sehnsucht nach diesem Ort auslöst. Gleichzeitig aber auch ein Hort der Hoffnung, zu wissen und zu erfahren, wer wir sind und woher wir kommen. Die Gefühle dort sind überwältigend und noch um ein Vielfaches stärker als die Energie in den sogenannten Powerträumen.

Ich frage mich, wie kann man mit so einer Erfahrung weiterleben? Und wie kommt man vor allem damit klar? Und wie kann ich eventuell so etwas auch erfahren?
Zu 1: Das Leben geht weiter
Zu 2: mit Gelassenheit
Zu 3: Nichts erzwingen

Das reicht mir nicht. Aber gar nicht. Ist die Frage zu persönlich, oder warum zögern Sie?
Ich habe doch gar nicht gezögert, sondern im Gegenteil sehr schnell geantwortet.

Ich bitte um ein paar mehr persönliche Einblicke.
Die Wahrheit ist: Hier gilt das Sprichwort *„Wo Licht ist, ist auch Schatten"*. Das heißt, einerseits ist die Begegnung mit diesem Licht so außergewöhnlich, dass man es nie wieder vergisst. Das Wissen darüber und die dabei empfundenen Emotionen sind gleichzeitig Grund für eine tiefe Dankbarkeit, die man in sich spürt und die einen voller Hoffnung und Zuversicht zurücklässt.

Die Schattenseite dieser Erfahrung ist die außergewöhnlich starke Sehnsucht der Seele, dies wieder und immer wieder zu empfangen und zu spüren. Da hat sich ein Tor in ein Reich geöffnet, das einem den Himmel verspricht. Ist das ein Blick in die Ewigkeit? ETERNITY?

Eine weitere negative Auswirkung ist die Auseinandersetzung mit meinem Körper, den ich sehr oft seit diesen Erfahrungen als Einschränkung oder Belastung ansehe. Das Problem dabei ist: Hat man einmal die Erfahrung gemacht, welche Kraft und welche Macht die Seele hat, wenn sie den Körper verlässt und welche unendlichen Welten und Freiheiten auf einen warten, muss das dazu führen, seinen Körper als Hindernis anzusehen. Aber genau das ist falsch. Denn er ist ein wichtiger Bestandteil unserer Dreifaltigkeit **Körper – Geist – Seele** und es ist angebracht, sehr aufmerksam auf ihn zu achten. Denn nur mit unserem Körper und den Erlebnissen in dieser Welt der Materie können wir diese Erfahrungen sammeln und empfinden, welche die Seele auf ihrem langen Weg der Entwicklung benötigt.

Was soll ich Ihnen empfehlen, um auch ähnliche Erfahrungen zu machen?

Gehen Sie mit Zuversicht und Gelassenheit den neuen Weg, für den Sie sich entschieden haben. Erkunden Sie langsam die fremden Welten und Eindrücke und überstürzen oder erzwingen Sie nichts. Glauben Sie an sich, an Ihre unsterbliche Seele und an die Kraft, die sie entwickeln kann. Glauben Sie an die Kraft Ihrer Gedanken und Gefühle und dass sich durch Ihr „neues Denken" Ihre Realität verändern wird.

Seien Sie nicht erstaunt und überrascht, wenn sich sehr schnell Ergebnisse und Ereignisse manifestieren. Es sind nur Resultate Ihrer Handlungen. Nehmen Sie sich vor, bewusst zu träumen, wagen Sie zu springen, wo ein Abgrund ist und vermeiden Sie negative Energien oder Menschen, die Ihnen nicht guttun.

Ich habe noch eine Bitte an Sie. Sie haben im Kapitel *Quantenphysik* **Ihre Ausführungen für uns zum besseren Verständnis in einer einfachen Formel zusammengefasst. Könnten Sie diese ebenfalls sehr komplexen Vorgänge, wenn ich mich auf die Suche nach dem Gral begeben möchte, nochmals in einer Art Formel wiedergeben?**

Sehr gern. Aber bitte, immer daran denken: Diese Erfahrung muss jeder selbst machen. Die Suche nach dem inneren Licht und nach dem Gral ist ein Weg der Selbsterkenntnis.

- Die Suche nach dem inneren Licht
- Das Erkennen des göttlichen Funkens
- Die Flamme der Erkenntnis erwacht
- Es öffnen sich weitere Tore der Erleuchtung
- Die Vereinigung der weiblichen und männlichen Energie
- Die Hochzeit/Vereinigung mit der **Liebe**
- Die Verbindung der Seele mit dem Quantenfeld des Universums
- Die individuelle Seele vereint sich mit dem universellen Geist
- Die Seele erlebt eine veränderte Wahrnehmung
- Im Moment der Erkenntnis erfährt die Seele die Wahrheit
- Der Besuch der Quelle ist überwältigend

Vielen Dank. Ich sage Ihnen eines: Für mich ist hier an dieser Stelle der Zeitpunkt gekommen, unser Gespräch zum Abschluss zu bringen. Aus spiritueller Sicht haben wir den Höhepunkt und das Finale erlebt, gefeiert und applaudiert. Ich denke, wir beide können jetzt zufrieden und erschöpft von der Bühne gehen und uns in Würde verabschieden.

Vielen Dank für die Zeit, die Sie sich genommen haben und für die herrlichen und so interessanten Thesen, Interpretationen und Eindrücke, die Sie mir und den Leserinnen und Lesern dieses Buchs vermittelt haben. Ich wünsche Ihnen und Ihrer Künstlergruppe von Herzen alles Gute und viel Erfolg für das Gelingen Ihres ambitionierten Projekts ETERNITY. Und ich wünsche den Menschen und dem gesamten Planeten Erde, dass der Impuls, den Sie aussenden, erkannt, angenommen und nachhaltig gelebt wird.

Dankeschön, das freut mich sehr! Ich bedanke mich ganz herzlich für Ihre Geduld und Aufmerksamkeit. Ich habe Sie ja manchmal nicht gerade geschont. Ich wollte sicher nicht unfreundlich sein, sondern Sie lediglich auf Ihre Schwächen und Fehler aufmerksam machen. Aber ich denke, Sie werden Ihren Weg suchen und finden. Vielleicht schreiben Sie ja auch eines Tages ein Buch darüber?

Wissen Sie, was ich heute Abend als Erstes tun werde? Ich stelle ein Licht, eine Kerze ans Fenster und schaue hinaus in die Dunkelheit. Und dabei stelle ich mir vor, wie jeder Mensch, weltweit, in

diesem Moment dasselbe tut. Mit einem Licht am Fenster oder der Tür steht, nach draußen sieht und auf ein Meer aus Milliarden von Lichtfunken blickt. Als Symbol für das Einssein mit Allem und den Sternen. Vielleicht leuchtet dann die Erde für einen kurzen Augenblick einmal heller als jeder andere Himmelskörper da draußen in diesen unendlichen Weiten.

Auf Wiedersehen, kleine Seele. Verirre dich nicht auf deinem Weg zurück.

Leuchte,
mein Licht.
Füll den Raum,
treib die Dunkelheit
hinfort.
Bring mich weg,
hol mich heim,
an jen' heiligen Ort.
Es ist kalt,
ohne dich,
düster und leer.
Mein Licht,
es geht aus.
Ich bin
nicht mehr.

SCHLUSSWORT

Liebe Leserin, lieber Leser dieser Zeilen,

vielen Dank, dass Sie sich die Zeit genommen haben, sich mit meinem Buch zu beschäftigen. Ich hoffe sehr, dass es mir gelungen ist, Sie an meinen Überlegungen, Nachforschungen, Erfahrungen und Interpretationen teilhaben zu lassen. Vielleicht konnte ich Ihnen das eine oder andere Thema sogar soweit näherbringen, dass Sie sich dazu entschließen mögen, tiefer in die Materie einzusteigen.

Doch was war es eigentlich, was Sie da in Buchstaben, Worten und Zahlen aufgenommen haben? Eine Neuinterpretation alter Thesen? Oder ein Manifest, ein Evangelium des Glaubens und des freien Willens? Sind Sie bereit für Ihren persönlichen Kreuzzug, um sich selbst und Ihr inneres Licht zu suchen und zu finden? Sind Sie bereit, sich von den Zwängen zu befreien, die Sie von anderen abhängig machen? Möchten Sie von nun an Ihren Impulsen und Gefühlen vertrauen? Haben Sie den Mut, Ihre Grenzen zu überschreiten und sich auf neue Erfahrungen und Begegnungen einzulassen? Sind Sie bereit dazu, sich Ihren Gefühlen zu stellen und Ihre Komfortzone zu verlassen, um Ihrer unbestimmten Sehnsucht nach Erfüllung einen tieferen Sinn zu geben?

Nehmen Sie **Ihr** Banner fest in die Hand und machen Sie den ersten Schritt, sich **selbst** bewusst zu werden. Bewusstsein ist die Kraft die einfach **alles** im Universum manifestiert. Es fällt uns wesentlich leichter, **eins** mit dieser Energie zu werden, wenn wir begreifen und verstehen, dass unser wahres **Ich** gleichfalls reines Bewusstsein ist. Eine rein spirituelle Essenz.

Sobald wir erkennen, wer **wir** wirklich sind, öffnen sich für uns die Tore des universellen Quantenfeldes, um einen Blick in die Ewigkeit zu werfen.

Ist der moderne Mensch grundsätzlich vom Weg und seiner Bestimmung abgekommen? Diese Frage müssen wir uns stellen und gleichzeitig Antworten finden, die uns als Gesellschaft und als Gemeinschaft in spiritueller Hinsicht reifen lassen. Es ist doch erstaunlich, dass Menschen in antiken, längst vergessenen Zeiten und aus alten Hochkulturen Zugang zu einem Wissen hatten, das wir uns heute wieder mühsam aneignen müssen.

Die moderne Wissenschaft und die Quantenphysik entdecken und erkennen, dass Naturwissenschaft und Religion durchaus gemeinsame Schnittmengen haben und dass Spiritualität der Schlüssel für viele offene Fragen ist. Fachleute aus den Bereichen Physik und Astronomie bestätigen durch ihre Forschungen die Grundlagen der hermetischen Lehren, erklären aber gleichzeitig, dass sie ihre Entdeckungen gar nicht mit Worten aus unserem begrenzten Wortschatz wiedergeben können.

Auch Jesus tat sich damit ja bekanntlich schwer und gab sein Wissen deshalb vorwiegend mit Gleichnissen an seine Anhänger weiter. Wie soll man denn auch mit einfachen Worten erklären, was so überwältigend und unbegreiflich ist?

Viele religiös veranlagte Menschen fragen sich bis heute, warum ein Gott das ganze Unrecht und Leid auf dieser Welt zulässt. Wir haben nach dem Lesen dieses Buches aber erfahren, dass dieses Bewusstsein nur das zurückgibt, was wir ans Universum aussenden.

In der Bibel steht im Johannes-Evangelium:
„Gott ist Geist. Gott ist Bewusstsein".

Jesus sagte:
„Ich bin das Licht der Welt. Wer mir folgt, wird nicht in der Finsternis umhergehen, sondern wird das Licht des Lebens haben. Denn ich weiß, woher ich gekommen bin und wohin ich gehe."

Buddha sagte:
„Wir sind, was wir denken. Alles, was wir sind, entsteht aus unseren Gedanken. Mit unseren Gedanken erschaffen wir die Welt."

Ist es nicht so, dass diese Worte nach dem Lesen dieses Buches eine ganz andere, viel klarere und wirksamere Bedeutung bekommen? Aus wie vielen Quellen wird uns die Wahrheit regelrecht ins Gesicht geschleudert? Sind wir denn nicht aufmerksam genug, dies zu erkennen und daran zu glauben?

Ich möchte an dieser Stelle noch einmal die Bedeutung von Boten und Botschaften in Erinnerung bringen und die vielfältigen Möglichkeiten, wie sie sich uns offenbaren. Eine gute Gelegenheit, auch noch einmal auf den Sänger Chris de Burgh zu verweisen. In seinem Lied „*The Words I Love You*" verbreitet er im Prinzip in wenigen Sätzen die gleiche Botschaft wie ich in diesem Buch. „*Come with me and you will see, the light that shines for eternity*"! Eine, wie ich meine, klare und eindeutige Botschaft, die auch wir als Künstlergruppe mit dem Projekt „ETERNITY – The Voyage Home" hinaus in die Welt senden möchten.

Denn wenn es so ist, dass wir vom Universum oder dem ALLbewusstsein das zurückbekommen, was wir mit unseren Gedanken und Taten aussenden, dann muss als Konsequenz aus dieser Erkenntnis mehr Liebe, Vertrauen und Zuneigung – und damit mehr Licht – in diese Welt kommen.
Erst wenn **nur** noch Möglichkeiten der **Liebe** vorhanden sind, ist das Reich Gottes verewigt und real.
Wie im Himmel, so auf Erden.
Amen.

PS: Dass dieses Buch polarisieren, ja einige Lesende vermutlich sogar provozieren wird, ist mir natürlich bewusst. Kann ich das beeinflussen? **Nein**. Will ich das beeinflussen? **Nein**. Es ist alles gesagt und getan. Der Prozess ist abgeschlossen.

Wenn Ihnen das Buch missfallen oder Sie sogar aufgebracht hat, kann ich Ihnen noch einen guten Rat mit auf den Weg geben. Werfen Sie es einfach aus dem Fenster! Vielleicht fällt es jemandem vor die Füße, dem es eine Hilfe sein wird.

Wenn Ihnen das Buch gefallen hat, bitte ich Sie, es weiterzuempfehlen oder weiterzureichen, damit möglichst viele Menschen, die Hilfe oder Hoffnung benötigen, die Möglichkeit bekommen, diese in den Inhalten dieses Buches zu finden.

Noch etwas: Sie können selbst dazu beitragen, die Welt ein bisschen heller, schöner und freundlicher zu machen. Helfen Sie mit, das Projekt ETERNITY den Menschen zugänglich und bekannt zu machen.
Nehmen Sie ein Foto von sich auf, zusammen mit einer Lichtquelle. Das kann eine Kerze, ein Feuerzeug, eine Taschenlampe … sein – seien Sie kreativ. Teilen Sie das Foto in den sozialen Medien unter Verwendung des Hashtags: #lights4eternity. Senden Sie **Ihr** Licht in die Welt und animieren Sie Ihr Umfeld, dies ebenfalls zu tun.
Weisen Sie dabei bitte auf das Projekt ETERNITY hin:
Instagram: @eternity_mmxx | Facebook: eternitymmxx

Hoffentlich gelingt es uns, gemeinsam eine Botschaft, die Botschaft der Liebe, in die Welt zu senden …

Wir sind alle **Eins**.

Vielen Dank!

*Wo immer
ein Weg zu Ende geht,
hieran zugleich ein
Anfang steht.
Jetzt und hier - bist du bereit?
Denn es ist Zeit ...
für die Begegnung mit der
Ewigkeit.*

Das Kunstprojekt

ETERNITY - The Voyage Home

- Kunst für alle Sinne -

Besuchen Sie uns im Internet:

www.eternitymmxx.com

Das ETERNITY Künstler-Team

*Jeder Mensch ist ein Teil des Universums
und trägt somit ein göttliches Licht in sich.*

Über die Autoren

Der Ulmer Kunstmaler Wolfgang Ihle beschäftigt sich nicht nur auf seinen großformatigen Gemälden mit spirituellen Themen und Energien, sondern verfasst ebenso Texte und Verse, welche seine Bilder in lyrischer Form ergänzen und begleiten. Nach dem Zyklus *Music of the Universe* konzentriert er sich seit 2018 auf sein neuestes Kunstprojekt "ETERNITY - The Voyage Home". Mit seinem neuen Buch ETERNITY - Der Weg ins Licht, lädt er die Leserinnen und Leser zu einem Blick hinter die Kulissen ein, und erklärt, wie jeder von uns sein göttliches Licht in sich selbst finden kann, um es in die Welt zu tragen.

Christiane Possmayer ist Künstlerin, Designerin und Lyrikerin. Die studierte Fremdsprachen-Korrespondentin ließ 2015 ihren Beruf hinter sich, um sich ihrer wahren Berufung, dem künstlerischen Wirken, zu widmen, erst-mals in den Bereichen Grafik- und Textil-Design. In 2017 gründete sie das Design-studio und Label *Pepperprint Creations*. Seit 2018 beschäftigt sie sich mit Kalligrafie und Schrift-kunst. Ihre zweite große Leidenschaft gilt dem Schreiben. Sie schreibt unter anderem Lyrik, Gedichte und Kurzgeschichten. Darin hält sie Visionen, Gedanken, und Emotionen fest und verarbeitet auf tief-gründige und bewegende Weise ihr persönliches Empfinden von "Allem was ist".

Quellen und Literaturhinweise

Für alle Zitate und Textbestandteile, welche fremdem Urheberrecht unterliegen, sind die jeweiligen Quellen und Urheber direkt an entsprechender Stelle im Buch genannt.

Alle sonstigen Inhalte und Informationen basieren auf persönlichen Erfahrungen und angeeignetem Wissen, welches ich im Laufe der letzten 35 Jahre, durch intensives Studium der jeweiligen Fachbereiche, erworben habe.

Die nachfolgend erwähnten Bücher sind Empfehlungen für Leserinnen und Leser, die interessiert sind, tiefer in ausgewählte Themengebiete vorzustoßen:

Das Original Kybalion – Die 7 Hermetischen Gesetze - William Walker Atkinson
Kybalion 2 - Die geheimen Kammern des Wissens - William Walker Atkinson
Die Astralwelt – Reise durch die feinstofflichen Welten - William Walker Atkinson
Der Meisterweg des Kybalion - Andreas Campobasso
Verschlusssache JESUS - Michael Baigent / Richard Leigh
Die Gottesmacher - Michael Baigent
Die Moses Schriftrollen - G.F.L. Stanglmeier
Die verbotenen Evangelien - Katharina Ceming / Jürgen Werlitz
Hieroglyphen - Gabriele Wenzel
Heilige Zeichen - Maria Carmela Betro
Ägypten – Dier Welt der Pharaonen - Regine Schulz / Matthias Seidel
Kosmologie für Fußgänger - Harald Lesch / Jörn Müller
Achte auf deine Gedanken - David Hamilton
Das Wunder der Gelassenheit - Nancy O'Hara
Der zwölfte Planet - Zecharia Sitchin
Auf den Spuren alter Mythen - Zecharia Sitchin
Stufen zum Kosmos - Zecharia Sitchin
Blick in die Ewigkeit - Dr. Eben Alexander
Was wünschst du dir vom Leben - Kurt Tepperwein
Die geistigen Gesetze – Kurt Tepperwein
Einmal Himmel und zurück - Mary C. Neal
Quantenphilosophie und Spiritualität - Ulrich Warnke
Warum der Mensch unsterblich ist - Dieter Schuster
Jesus Christus Quantenphysiker - Dirk Schneider
Gustav Klimt - Patrick Karez
Unbedingt - Jürgen Volk
Das gelbe Haus, Van Gogh, Gauguin - Martin Gayford
Ernst Ludwig Kirchner - Lucius Grisebach
Brücke - Ulrike Lorenz
Kirchner - Doris Hansmann

ETERNITY MMXX

Das Rad des Lebens
steht für den ewigen Kreislauf des Lebens.
Es symbolisiert den Weg unserer Seele,
von Geburt – Tod – Wiedergeburt.
Die acht Speichen des Rades deuten,
mit der Vollendung der Sieben,
das Ende eines Schöpfungszyklus an
und mit der Integration der achten Speiche,
bereits den Beginn des
neuen Zyklus.